河北省社会科学基金项目

金融发展、金融科技与经济增长

王艳芳　赵　鹆　胡海峰◎著

中国金融出版社

责任编辑：黄海清
责任校对：孙　蕊
责任印制：陈晓川

图书在版编目（CIP）数据

金融发展、金融科技与经济增长/王艳芳，赵鹞，胡海峰著 .—北京：中国金融出版社，2023.6

ISBN 978－7－5220－1910－9

Ⅰ.①金…　Ⅱ.①王…②赵…③胡…　Ⅲ.①金融事业—经济发展—研究—中国②金融—科学技术—研究—中国　Ⅳ.①F832

中国国家版本馆CIP数据核字（2023）第035755号

金融发展、金融科技与经济增长
JINRONG FAZHAN，JINRONG KEJI YU JINGJI ZENGZHANG

出版
发行　中国金融出版社

社址　北京市丰台区益泽路2号
市场开发部　(010)66024766，63805472，63439533（传真）
网 上 书 店　www.cfph.cn
(010)66024766，63372837（传真）
读者服务部　(010)66070833，62568380
邮编　100071
经销　新华书店
印刷　河北松源印刷有限公司
尺寸　169毫米×239毫米
印张　18
字数　240千
版次　2023年6月第1版
印次　2023年6月第1次印刷
定价　75.00元
ISBN 978－7－5220－1910－9

序

Preface

当前，金融科技的发展呈现两种力量：一方面，传统金融机构采用大数据、机器学习与人工智能等现代信息技术开展金融创新，持续提高经营效率与风险管理水平，属于持续性金融科技创新；另一方面，大型平台企业、科技初创公司涌入金融业，形成数据驱动的网络效应与复杂交织的业务生态，这是金融发展史上从未有过的新现象、新业态。中国走在了金融科技新业态的发展前沿。我从2012年开始将研究聚焦于科技对金融的影响，发表了一些金融科技论文和专著。时至今日，我很高兴地看到金融科技已经作为一个新兴研究领域，吸引着越来越多的中国学人去探索它的魅力，展开理论的翅膀，描绘金融科技的理论图景。

大型金融科技公司与互联网金融风险在同一时期出现，这是值得学术界好好研究的。其中，最重要的问题之一就是持续性金融创新与大型金融科技公司的颠覆性创新的关系及造成的后果。这个问题的焦点在于互联网平台办金融。一是互联网公司的股权结构与金融机构相比要复杂很多，这一方面是因为平台公司习惯于用交叉持股等方式强化业务生态，另一方面是因为平台公司用流量的思路给予了金融业务较高的估值。二是金融科技公司的收入结构不像金融机构那样透明，一些被平台视为科技相关的收入，其实质或者是贷款收入，或者是金融产品销售收入或其他金融业务收入，而真的科技收入占比不高。三是对金融科技公司的监管体系还在完善中，“同一业务，同一规则”的功能监管理念有待加强，特别是对于中国这样地域辽阔的经济体，机构监管与属地化监管需要保留，同时要管理好互联网平台跨地域经营的风险。因此，越来越多的国家和地区在接纳和发展金融科技新业态的同时，更加关注金融科技公司与传统金融机构公平竞争及监管套利问题。中国金融监管机构比较早地发现了风险，也制定了相应的风险整改措施，相关工作都在扎实推进中。

从学术研究的角度考察如此丰富多彩的金融科技创新是有挑战性的。我曾经说过，要能够“穿透”金融科技的各种新商业模式、应用、流程和产品等，识别出金融科技发展中的“不变量”。在微观层面，这种“不变量”就是金融功能，我在研究金融科技时，曾提出支付与清（结）算、信息处理和资源配置三大支柱功能，这种方法论有助于我们在快速发展、纷繁复杂的技术表象下，找到被掩盖的金融科技的金融实质，现在已有一些代表性研究成果出现。

王艳芳、赵鹞和胡海峰的新作《金融发展、金融科技与经济增长》探索了金融科技在宏观层面的“不变量”——金融发展。他们将金融科技问题纳入经典“金融发展与内生经济增长”理论框架，对金融科技两种力量的关系及影响经济增长的机制进行了研究。从理论上阐明金融科技新业态影响传统金融机构及经济增长的机制与传导途径。同时，他们还引进金融发展中的“消失效应”理论，并进行实证分析，表明金融科技新业态对中国金融发展的“消失效应”有纠偏作用。这丰富了有关金融科技研究的内容与观点，他们的研究还呼应了金融监管机构对公平竞争和监管套利的关切，考虑了金融科技公司单边发展对传统金融机构和经济增长的负面作用，首次用理论表明公平竞争、融合发展对于金融科技新业态健康可持续发展的必要性与重要性。

本书不足之处在于金融科技与经济增长关系的理论刻画尚欠深入，例如，本书仅从技术溢出、内生传导等视角进行了研究。另外，金融科技公司的网络效应、数字化定价等微观行为还没有构建起来并被纳入宏观分析框架。当然，学术研究无止境，希望本书的三位作者在金融科技研究领域持续深耕，未来有更多高水平的学术成果呈现。

赵鹞在金融科技一线工作，随我作了一些数字经济数字金融方面的研究，邀请我为本书作序，我欣然应允。

是为序。

谢　平

2022 年 9 月 29 日

目 录

Contents

第一章 引 言

金融科技作为数字经济的重要力量，其兴起与繁荣将对传统金融业及社会经济产生深刻、长远、持久的影响。本书将金融科技问题纳入经典“金融发展与内生经济增长”理论分析框架，对金融科技发展呈现的两种力量（传统金融机构的持续性金融科技创新，与以金融科技公司为代表的金融科技新业态）进行了区分，以金融科技公司为代表的金融科技新业态作为主要研究对象，从理论层面探讨了金融科技影响传统金融业发展及社会经济增长的机制与途径，并采用中国的数据进行了相应的实证检验。

本章主要是研究背景、问题的提出以及研究的意义，并指出本书的研究框架、研究方法、研究贡献以及金融科技发展指标的界定与选择；对金融科技相关知识进行了概述，具体介绍了金融科技的含义、金融科技兴起的原因、金融科技的技术基础以及金融科技运用的主要范围。

第一节 研究背景与研究意义

一、研究背景

金融作为现代经济的核心，在中国经济运行中发挥着举足轻重的作用，2019 年金融业对中国 GDP 的贡献率达 7.8%，与 2004 年的 4% 相比，增长了近一倍[①]。可见，金融在中国经济增长中的地位日益突出，

① 数据来源：根据《EPS 中国宏观经济数据库》计算得到。

对经济具有很强的作用力、渗透力与推动力，金融发展已成为经济增长中的重要因素与先导力量。21 世纪以来，随着大数据、人工智能、云计算等现代信息技术在金融领域的广泛渗透，金融科技（FinTech）在全球兴起与繁荣，金融发展由此进入了“金融科技时代”。因而，金融科技日益引起社会各界的高度关注，以至于“金融科技”一词已成为各社交媒体的热点词汇（Nakashima，2018；Milian 等，2019）。

当前金融科技的发展呈现两种力量：一方面，传统金融机构采用大数据、机器学习与人工智能等现代信息技术开展金融创新，持续提高经营效率与风险管理水平；另一方面，大型电子商务公司、信息科技巨头、科技初创公司（本书统称金融科技公司）涌入金融业，凭借技术优势与科技手段，直接面向终端用户提供金融产品与服务，进而带动更多资源支撑自身的科技研发与技术创新。如果说前者属于技术驱动的持续性金融科技创新（Sustainable FinTech）；那么后者则是金融发展史上从未有过的新现象，这种非银行金融科技公司涌入金融领域已成为当前金融科技发展的最显著特征（Arner 等，2016；Milian 等，2019）。数据显示，2016 年全球约有 8800 家金融科技公司，到 2019 年，全球约有 12000 家[①]金融科技公司。它们凭借技术优势，低成本、有效率地提供各种金融产品与服务，与以银行为代表的传统金融中介展开明显的竞争，加快了金融领域的变革（Goldstein，2019），极大地提升了金融服务的效率（易纲，2020；Philippon，2016），从而对金融行业产生长远、持久的颠覆性影响（McWaters，2015；Chiu，2016；Gomber 等，2017；Milian 等，2019）。

其中，支付领域是金融科技渗透最广、影响最深的金融领域（Millian 等，2019；Thakor，2020）。以移动支付为代表的电子支付正在成为越来越多国家和地区的消费者进行交易支付的首要选择。以中国为例，随着支付宝、微信支付等第三方移动支付平台的崛起，非银行电子支付

---

① 数据来源：Statista，“The Number of Fintech Startups worldwide as of February 2019，by Region”（https：//www. statista. com/statistics/893954/numberfintech-startups-by-region/）。

蓬勃发展，如图1-1所示，中国非银行电子支付笔数2015年为821.45亿笔，2019年已高达7199.98亿笔，短短4年，增长了8倍左右，而同期商业银行机构电子支付的笔数却远远低于非银行支付，且二者的差距越来越大。①

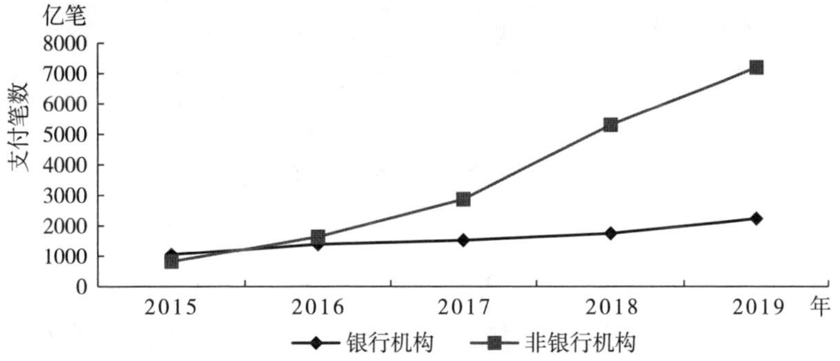

图1-1 2015—2019年中国非银行电子支付笔数

［数据来源：中国人民银行2015—2019年支付体系运行报告（www.pbc.gov.cn）］

同时，在借贷领域，大量来自非银行业的金融科技借贷平台介入投融资业务。金融科技借贷作为一种点对点、使贷款人和借款人直接匹配的互联网融资方式，同样起到了将社会储蓄转化为投资的“金融中介”作用。金融科技借贷平台还可以通过对贷款人进行风险评估与分类，仅收取发起费与服务费，极大地降低了交易成本，并缓解了信息不对称问题（Thakor，2020）。因而金融科技借贷获得快速增长，如图1-2所示，全球金融科技借贷平台的融资金额正在大规模地强劲增长，2015年这一金额为1275亿美元，3年后已经达到2049亿美元，增幅高达61%。

此外，非银行金融科技公司不断拓展自己的经营范围与经营类型，直接或间接地在金融产业的相关领域积极进行各种探索与实践，如金融咨询服务领域的机器人咨询等。机器人咨询可以在一定程度上摆脱人工咨询在情绪化、专业能力、执行能力、道德风险等方面的限制，提供更

① 数据来源：中国人民银行2015—2019年支付体系运行报告（www.pbc.gov.cn）。

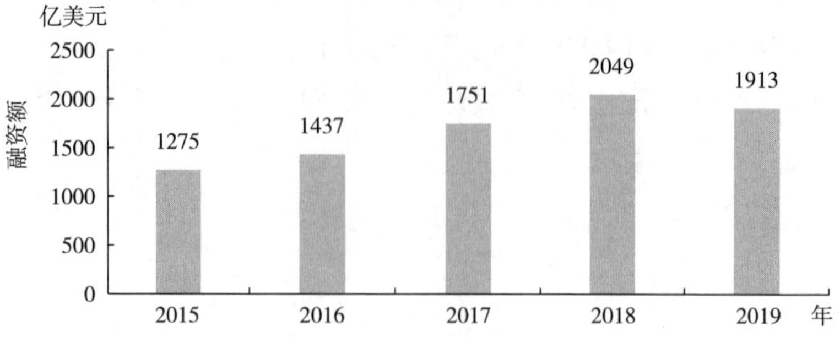

图 1－2　全球金融科技公司可融资额

（数据来源：CB insights 研究报告，《金融科技投资与行业趋势 2020》）

加精准、客观、透明的金融服务，并可以将财务决策深入消费者的生活场景，融入其日常消费、储蓄和投资等行为，从而彻底改变消费者的金融决策与金融行为。

综上所述，非银行金融科技公司涌入金融业所形成的金融供给侧新业态，加快了金融领域的变革（Goldstein，2019），极大地提升了金融服务的效率（易纲，2020；Philippon，2016），逐渐成为金融业创新的关键驱动力（Schueffel，2016；Gimpel 等，2018），并已演化为金融市场的核心特征（Arner 等，2016）。其兴起与繁荣对传统金融业及社会经济产生深刻而持久的影响（Milian 等，2019；Goldstein 等，2019）。

二、问题的提出

因此，正如 IMF（2019）指出，越来越多的国家和地区正在广泛接纳金融科技新业态，以防错失发展本国（地区）金融市场及促进经济增长的历史机遇。那么在金融科技新业态如此快速普及与迅猛发展背景下，金融将如何影响社会经济增长？

一方面，金融科技的兴起对传统的金融发展理论形成挑战。20 世纪 90 年代以来，“金融发展—经济增长”关系的研究主要建立在内生增长理论的基础之上（朱波，2007）。在内生增长理论框架下，银行作为金融中介，是市场经济中储蓄转化为投资的关键性制度安排（Gorton 和 Winton，2002）。然而金融科技的发展与创新对这一关键性假设形成挑战。例如，第三方支付机构不断创新支付技术，加速了货币资金流转速度，提高了资金转移效率；金融科技借贷使贷款人和借款人能够直接匹配，缓解了双方之间的信息不对称，起到储蓄转化为投资的作用。因而以银行为代表的传统金融中介不再是市场经济中储蓄转化为投资的唯一关键性制度安排。那么如何将金融科技问题纳入已有金融发展理论的分析框架？

与此同时，非银行金融科技公司涌入金融领域已成为当前金融科技发展的最显著特征（Arner 等，2016；Milian 等，2019）。首先，现代信息技术的发展与进步非常有利于金融科技公司替代传统金融中介，即金融科技公司会对传统金融机构形成威胁与挑战（Chiu，2016；Milian 等，2019），甚至引起较强的破坏性效应（Beck，2001；Hemmadi，2015；Gomber 等，2017；Chen 等，2019），进而给金融行业带来颠覆性的变革（Milian 等，2019；Goldstein 等，2019；Drasch 等，2018）。其次，金融科技公司也是传统金融中介的有效补充，并且传统金融中介可以向金融科技公司学习并与之开展合作，以达到提高自身服务效率的目的（Milne 和 Parboteeah，2016；Molnár，2018）。如果从局部的、静态的观点来看，两种观点均有一定的道理，但均未说明金融系统的动态演进过程，特别是没有解释现有的技术进步对金融机构竞争与创新的影响（Merton，1995）。那么，金融科技新业态影响传统金融中介的动态机制是什么？

另一方面，越来越多的实证研究显示，金融科技对经济增长发挥着重要的促进作用。如滕磊和马德功（2020）基于省级面板数据，采用北京大学数字普惠金融指数数据，研究证实数字金融能够促进社会经济的高质量发展；张勋等（2019）将中国数字普惠金融指数和中国家庭追踪调查（CFPS）数据相结合，基于普惠金融视角，研究证实数字金融促进了中国的包容性增长；钱海章等（2020）采用省级面板数据，研究证实中国数字金融发展促进了经济增长。然而对于金融科技如何促进经济增长，内在的机制与途径是什么，相关的研究尤其是理论上的探讨还远远不足，主要体现在以下方面：

第一，金融科技公司的技术与效率优势已得到业界与学术界的共识。如 Fuster 等（2019）利用美国贷款数据研究发现，金融科技公司处理贷款申请的速度比其他金融机构快 20%左右，并且快速度的贷款处理并不以高违约率为代价，金融科技借贷比其他借贷能够更灵活地调整供应。这表明，金融科技贷款比传统金融机构的贷款更有效率。除此之外，银行业的运营成本还远高于金融科技公司（Thakor，2020）。如 Welltrado（2018）研究发现，美国金融科技借贷平台 Lengding Club 的运营成本占贷款的比例仅为 2.7%，相比之下，银行业这一比例高达 7%。另外，金融科技公司还能够更快、更灵活地利用创新技术和以客户为中心的解决方案（Ansari 和 Krop，2012）。例如，Chiu（2016）指出，初创型金融科技公司虽然没有在金融领域提供产品和服务的传统和经验，但是它们更加灵活、更加安全，且效率更高。此外，它们不需要依赖现有的客群，其解决方案具有说服新客户的潜力；Phillippon（2016）认为，这些金融科技公司拥有传统银行所没有的高效率文化，它们不会被现有的金融体系所阻挡，并且愿意作出冒险的选择，因此金融科技公司会降低金融服务的成本。那么拥有技术与效率优势的金融科技公司将如何影响社会经济的增长？其本身作为金融发展与创新的一部分，能否影响宏观经济增长？此外，以金融科技公司为代表的金融科技新业态作为金融供给侧的“新金融”与以银行为代表的“旧金融”竞争又合作，二者能否通过协调发展推动社会经济的增长？

第二，2008 年国际金融危机以来，中国经济呈现出一定的过度金融化倾向。如中国金融资产规模在不断攀升，而且增长速度惊人。2007 年次贷危机之前，中国银行业金融机构的资产规模为 53 万亿元，而 2019 年已达 290 万亿元，是国际金融危机前的 5.5 倍，年均增长率超过 15%，远高于同期 GDP 的增长率；中国银行业资产规模占 GDP 的比重也从

2007 年的 196% 提高到 2019 年的 293%①。从金融机构的贷款余额来看，2000—2007 年中国金融机构各项贷款占 GDP 的比重在 100% 左右徘徊，但是在 2019 年，该比重已经达到 150% 左右，增长幅度达 50%（见表 1－1）。最新的相关研究也表明，这种以高杠杆率为主要特征的金融发展与扩张对中国经济增长的影响呈现出负相关或不显著的关系，如刘锡良

表 1－1 2000—2019 年中国金融机构各项贷款占 GDP 的比重

年份	金融机构各项贷款（亿元）	GDP（亿元）	各项贷款占 GDP 的比重（%）
2000	99371. 1	100280. 1	99. 0935
2001	112314. 7	110863. 1	101. 3094
2002	131293. 9	121717. 4	107. 8678
2003	158996. 2	137422	115. 6993
2004	178197. 8	161840. 2	110. 1072
2005	194690. 4	187318. 9	103. 9353
2006	225347. 2	219438. 5	102. 6926
2007	261690. 9	270232. 3	96. 8392
2008	303467. 8	319515. 5	94. 9775
2009	399685	349081. 4	114. 4962
2010	479196	413030. 3	116. 0196
2011	547946. 7	489300. 6	111. 9857
2012	629909. 6	540367. 4	116. 5706
2013	718961. 5	595244. 4	120. 7842
2014	816770	643974	126. 8328
2015	939500	689052. 1	136. 3467
2016	1066000	744127. 2	143. 2551
2017	1201000	827121. 7	145. 2023
2018	1363000	919281	148. 2681
2019	1531100	990865	154. 5216

数据来源：EPS 中国宏观经济数据库。

① 数据来源：EPS 中国宏观经济数据库。

和文书洋（2018）、黄宪和黄彤彤（2017）、马勇和陈雨露（2017）等。这说明中国传统金融发展存在一定的“消失效应”。那么金融科技兴起是否能够对传统金融发展的“消失效应”起到一定的纠偏作用，即能否通过赋能传统金融中介、激发传统金融中介的活力、提高传统金融服务的效率，进而推动中国社会经济的增长？

第三，金融科技公司的创新与崛起促进了相关人工智能、机器学习和深度学习等现代信息技术领域的人才培育，加快了金融科技相关人力资本的积累速度，并通过毕业就业、创业、转换雇主等途径造成金融科技人才向传统金融中介的转移和扩散，从而缓解了传统金融中介对金融科技人才的需求缺口。在此过程中，人才溢出带动知识溢出，故技术得以扩散。与此同时，为吸引和留住金融科技创新人才，传统金融中介需要具备良好的激励机制和环境，促使传统金融中介改善和提高自身的管理水平，进一步促进传统金融中介，经营效率的提高，从而提升整个金融部门服务经济增长的效率。

然而，当前金融科技类人才的短缺问题日益突出。如今银行高薪招聘金融科技人才已不再是新鲜事，各大银行的招聘中，已经明显呈现出招聘科技人才多于金融人才的趋势；例如，交通银行加速实施“金融科技万人计划”，常年招聘金融科技人才，其社会招聘对象中，几乎都是面向 IT 和金融科技专业的人才[①]。那么金融科技新业态是否通过促进相关人力资本的培养与积累，推动经济的内生增长？

此外，金融科技新业态发轫于信息科技巨头和具有创新活力的初创型企业。受其冲击，传统银行业的获客效率、风控效果、业务增长等方面得到极大的提升。从获客效率与业务增长方面来看，银行对人力的依赖正在变小，科技降低了金融业务进行运营的各项成本，因此银行业的成本结构得到进一步优化，同时内部操作的协调一致性得到极大增强，工作效率随之提高，业务实现持续的增长。如图 1 -3 所示，中国金融科

① 参见交通银行招聘网站（https：//job. bankcomm. com/）。

技的发展与商业银行全要素生产率的提高呈现高度一致同步性；另外，如图 1－4 所示，伴随着金融科技借贷的深化与发展，中国银行、中国农业银行、中国工商银行、中国建设银行、交通银行的经营成本逐渐下降。与此同时，大部分金融科技公司均从支付业务、借贷业务开始，逐渐扩张到其他相关的领域与产业。其技术应用也已从 IT 基础建设向前沿科技逐渐过渡，并在金融服务各个环节中实现越来越深层次的渗透。在此过程中，金融科技公司是否带来了技术溢出，通过促进技术进步，推动经济的持续增长？

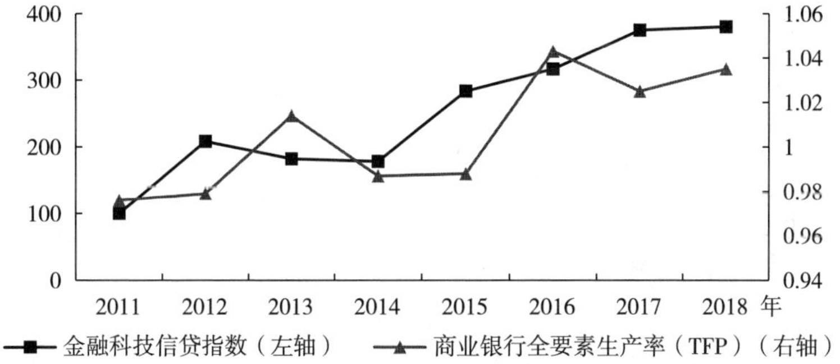

图 1－3 中国金融科技信贷指数与商业银行全要素生产率

（数据来源：北京大学互联网金融发展指数、BankScope 数据库）

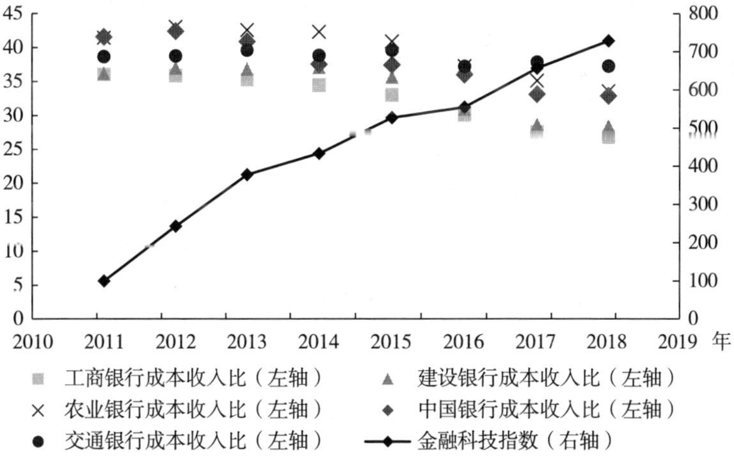

图 1－4 工行、中行、农行、建行、交行的成本收入比与金融科技指数

（数据来源：北京大学互联网金融发展指数、BankScope 数据库）

第四，大量文献证明金融发展具有双面性：在促进经济增长的同时，也可能对经济产生不利的影响（Arcand 等，2015；Barajas 等，2013；Cournède 等，2015a、2015b）。尤其在国际金融危机之后，对金融发展存在“消失效应”[①] 的研究日益引起学术界的关注。如 Rodrik（2008）曾质疑金融发展及金融创新是否使我们的生活有明显的改善；Rodrik 和 Subramanian（2009）认为，经济学家们可能过分强调了金融发展在经济增长中的作用；Wolf（2009）研究指出，在过去 30 年中，美国金融部门的增长速度是名义 GDP 的 6 倍，并认为“金融不再是一个仆人，而是成为经济的主人”[②]。那么金融科技作为数字时代的金融创新与发展，其单方面的过度发展是不是也会对经济增长产生一定的抑制作用，存在“消失效应”？这是不是意味着金融科技新业态的发展也要适度，我们应防止其过度扩张与无序发展？

三、研究的意义

针对以上问题，本书将金融科技发展的两种力量（传统金融机构的持续性金融科技创新，与以金融科技公司为代表的金融科技新业态）进行了区分，以金融科技新业态作为主要研究对象，将其纳入经典“金融发展与内生经济增长”的理论框架，从理论层面探讨了金融科技新业态影响传统金融发展及社会经济增长的机制与途径，并采用中国的数据进行了相应的实证检验。旨在回答以下问题：

第一，金融科技新业态如何动态影响传统金融中介？本书第四章基于金融科技公司存在效率优势的事实，在内生增长理论框架下，假定整个社会经济分为生产部门、R&D 部门、金融部门、家庭与人力资本部门，其中，金融部门进一步细分为金融科技公司与传统金融中介两个子部门，并引入 Krugman（1979）、Grossman 和 Helpman（1991）

---

① 具体是指金融发展对经济增长的促进作用消失或不显著。

② 英语原文为“Instead of being a servant，finance had become the economy's master”。

的“南北方”模型来解释金融科技公司与传统金融中介的相互作用，从而构造起一个异质性金融中介、一般均衡的多部门内生经济增长模型，以此从理论层面探索了金融科技新业态对传统金融中介的动态影响机制。

理论研究结果表明，金融科技新业态的技术溢出提高了传统金融中介的效率。实证检验结果也证明金融科技新业态显著提高了2011—2018年中国115家上市商业银行的技术效率。通过进一步的理论机制分析，发现：（1）金融科技新业态的技术外溢效应是动态变化的，且依赖其对传统金融中介的“破坏性效应”是否得到有效抑制；（2）如果传统金融中介主动缩小与金融科技公司的效率差距，将可以实现二者之间的均衡、协调、融合发展。

这一研究结论为传统金融机构加大金融科技投入、政府大力促进数字金融与数字经济的发展提供了理论依据。该结论表明金融科技新业态发轫于信息科技巨头和具有创新活力的初创型企业，本身就是数字经济的有生力量，应通过政策、制度加以引导，使其更好地服务实体经济的增长。同时，金融科技新业态与传统金融中介的竞争也并不完全是金融风险，在坚持“守正创新、服务实体”的指导原则下，金融科技公司为传统金融中介的数字化转型带来了积极的“技术外溢效应”，为传统金融中介及经济高质量发展增添了新的外部动力。

第二，金融科技新业态如何影响中国经济增长？本书第五章、第六章、第七章分别基于“技术溢出”“内生传导”“破坏性效应”等视角，探讨了金融科技驱动经济增长的机制、途径及负面影响的反向机制。具体如下：

首先，本书第五章继续延用第四章理论模型的基本假设与分析框架，基于“技术溢出”的视角，从理论层面探讨了金融科技新业态对宏观经济增长的积极影响。然后采用中国数据，对理论分析的结果进行了实证检验。理论与实证分析均发现：金融科技新业态能够直接促进社会经济的增长；与此同时，金融科技新业态与传统金融中介的协同发展可以有效推动社会经济的增长。继而，针对金融科技新业态与传统金融中介的“协同效应”对经济增长的影响，本书第五章进一步采用实证分析方法对中国传统金融发展与经济增长的关系进行了探讨，发现2013年以来，中国传统金融发展与经济增长的关系基本成负相关关系。然而，加入金融科技发展指标之后，实证分析发现，传统金融发展与经济增长虽然仍成负相关关系，但是金融科技与传统金融发展的交叉项却成显著的正相关关系。这一实证结果说明，金融科技与传统金融业协同发展的交互效应推动了中国经济的增长，同时表明金融科技的发展对中国传统金融发展的“消失效应”有一定的纠偏作用。

以上研究结论表明，政府及监管部门应对金融科技新业态采取积极推动、包容并蓄的态度。在风险可控的前提下，考虑对金融科技建立具有一定包容性的创新管理机制，多角度、多元化地看待金融科技，真正发挥金融科技服务金融改革发展与服务实体经济增长的作用。

其次，本书第六章沿用第四章、第五章所构建的理论模型，基于“内生传导”的视角，理论分析得出人力资本、技术进步是金融科技新业态驱动经济增长的重要内生传导渠道。然后，进一步采用中国各省份的人均受教育年限来代理人力资本的积累与发展，采用SFA方法测算得到的各省份的全要素生产率来代理技术进步，进行实证分析。实证研究结果确认了理论模型得到的研究命题，证实人力资本、技术进步是金融科技驱动经济增长的重要内生传导渠道。

这一研究结论表明，金融科技新业态通过人力资本、技术进步，对金融领域及其他相关产业领域带来积极的技术外溢效应，从而促进了经济的增长。即没有相关人力资本的培养及流动、没有相关的技术进步，金融科技新业态促进经济增长的效果将受到极大影响。这意味着，中国要加快金融科技人才，尤其是年轻新一代金融科技人才的培养。年轻一代人才在新经济、新金融以及发达的互联网环境下成长，他们对工作意义、工作价值、工作环境、自身成长以及与领导者的关系等方面都有新的认知，他们趋向于跳出传统固有的工作机制，偏向更为灵活和创新的工作方式。这就需要企业尤其是国有金融机构，打破原有僵化的工作制度，不断优化工作机制，打造更开放的工作环境，实行更灵活的内部人才流动机制。

再次，金融科技公司通过业务的持续扩张，带动了相关领域的技术进步，从而推动经济的增长。这进一步表明，可以鼓励传统金融机构及相关产业公司与金融科技公司进行合作，通过合作来实现其技术进步，从而有助于经济的高质量增长。因此，应通过鼓励金融科技公司与传统金融中介的合作，消弭制度隔阂与监管套利空间，努力缩小二者的效率差距，促进“新金融”与“旧金融”的均衡、协调与融合发展。

最后，本书第七章基于“破坏性效应”的视角，探讨了金融科技发展驱动经济增长的反向机制，即金融科技是否对经济增长产生一定抑制作用？其内在机制是什么？本书第七章将第四章的理论模型进行了拓展，把金融科技公司相对于传统金融中介的效率优势纳入模型，进行了进一步的深入分析，研究发现这种效率优势的单方面扩大对经济增长存在一定的抑制作用。这种抑制作用的机制是，如果传统金融中介不能加大金融科技创新力度，与金融科技公司的效率差距不断扩大，那么其发展将被来自金融科技公司“破坏性效应”（Disruptive Effect）的负面影响所主导，从而抑制金融科技公司“技术外溢效应”的最大化发挥，降低整个金融部门的整体效率，进而拉低实体经济的平衡增长率。进一步的数值模拟实验确认了这一理论分析结果，研究发现传统金融中介与金融科技公司的效率差距扩大，会首先消极影响整个金融部门的效率与产出，继而拉低社会总产出。

本书第七章还采用北京大学数字普惠金融指数（$fintech_{it}$）的平方项（$fintech_{it}^2$）作为解释变量，实证发现金融科技新业态对经济增长的影响呈现倒“U”形特征，即金融科技新业态的发展如果超过一定门限，那么对经济增长的影响将变为消极作用。这进一步说明金融科技新业态单方面的过度扩张与发展将对经济增长产生消极影响。因此，金融科技新业态的发展要适度，要防止其过度扩张与无序发展。这一研究结果表明，金融科技新业态对经济增长存在一定的消极作用。该发现为金融科技监管、防范金融科技的宏观经济风险提供了科学证据。

综上所述，金融在现代市场经济中具有强大的作用力、推动力和渗透力，金融科技的发展对中国商业银行的发展、金融市场的完善起到巨大的助推作用。因此，对以上问题的思考、研究和重视对于中国经济的发展具有重要的现实意义。本书的研究拓展了有关金融科技的理论，丰富了中国“金融科技与经济增长”关系的观点与内涵，有助于我们全面理解在数字经济时代，金融科技对于传统金融发展与经济增长的积极影响与消极影响，因此具有一定的理论意义和现实意义。

四、金融科技发展指标的选择

根据 Christensen（2003）、Lee（2015）的颠覆创新理论，当前金融科技的发展呈现出两种力量：“维持性金融科技”和“颠覆性金融科技”（Milian 等，2019）。“维持性金融科技”是指传统金融机构通过采用新技术进行增量创新，来保护其市场地位；“颠覆性金融科技”是指新型初创公司、科技巨头与大型电子商务公司进入金融领域，直接面向终端用户提供金融产品与服务，从而对已有的传统金融机构形成挑战（Jesse McWaters，2015；Chiu，2016；Milian 等，2019）。而当前的金融科技发展之所以具有革命性、之所以特别，正是因为这些年轻的新型金融科技公司在金融领域的“颠覆性创新”，它们通过引进新产品和技术，与现有的金融机构形成明显的竞争关系，致使金融领域的创新变化大部分发生在传统金融业之外（Goldstein，2019）。因而新型金融科技公司涌入金融领域已成为当前金融科技革命的显著特征。这也是金融发展史上从未有过的新现象，金融科技公司成为金融“赛道”上的“新运动员”。社会各界普遍关注这些“新运动员”在金融“赛道”上的比赛成绩，以及它们将如何影响金融业及社会经济。因此，本书提到的“金融科技”如不另外指出，均指金融科技公司的“颠覆性金融科技”，本书称其为“金融科技新业态”。

当前国内研究衡量金融科技发展水平的指标主要有三种：一是采用北京大学数字普惠金融指数来衡量中国金融科技的发展（邱晗等，2018；孟娜娜等，2020；钱海章等，2020）。二是采用文本挖掘方法构造中国金融科技发展指数，将金融科技在金融业运用的主要领域划分为不同的维度，然后在不同的维度挑选关键词。例如，在存贷款、投融资维度上，选择众筹、P2P、网络融资、网贷等关键词，继而借助百度搜索引擎，计算这些关键词每年出现的词频，结合因子分析法，合成中国金融科技发展指数（盛天翔和范从来，2020；于波等，2020）。三是采用中国第三方支付金额与金融科技贷款金额相加来衡量中国金融科技的发展水平（封思贤和郭仁静，2019）。其中，第三种衡量方法采用一个流量指标与一个存量指标相加得到，指标的科学性受到一定的影响；第二种方法，不能排除传统金融业的“持续性金融科技”（Sustainable FinTech）发展的影响。而第一种衡量方法主要源于第三方支付机构的微观数据，能够客观反映中国金融科技新业态的发展。基于此，本书有关金融科技的衡量与实证均采用北京大学数字普惠金融指数。

第二节　研究思路和研究框架

一、研究思路

本书将金融科技问题纳入经典“金融发展与内生经济增长”理论分析框架，将金融科技发展的两种力量（传统金融机构的持续性金融科技创新，与以金融科技公司为代表的金融科技新业态）进行了区分，以金融科技公司为代表的金融科技新业态作为主要研究对象，从理论层面探讨了金融科技新业态驱动传统金融业发展及社会经济增长的机制与途径，并采用中国的数据进行了相应的实证检验。具体研究思路如下：

首先，介绍了金融科技的历史演变、国外金融科技的发展现状以及中国金融科技发展的现状，从而说明金融发展已进入了“金融科技时代”。

其次，对相关研究文献进行了系统梳理。本书的研究主要与两类文献研究相关。第一类是本研究理论拓展与创新的依据：金融发展理论，即金融发展与经济增长关系的研究，重点回顾了金融发展理论的历史演进，以及2008年国际金融危机以来学术界对金融发展存在“消失效应”的关注，从而为本书采用“金融发展与内生经济增长”的理论框架进行数理模型建模提供了理论依据。第二类是关于金融科技新业态影响传统金融业发展的研究，对“融资领域”“支付领域”“货币领域”“监管领域”相关文献进行了系统梳理。基于文献的梳理，本书发现国内外学者已深刻认识到金融科技对传统金融业发展带来了深刻影响与冲击，但是仍有一些重要问题悬而未决，尤其是理论研究还很不足，远远滞后于当前金融科技发展的现实，学术界迫切需要发现金融科技与已有金融理论的联结。

为此，本书以金融科技公司效率领先这一事实为重要前提，在内生增长理论框架下，通过将金融部门细分为金融科技公司与传统金融中介，建立起一个异质性金融中介、一般均衡的多部门内生增长模型，以此从理论层面来探索金融科技新业态对传统金融中介的动态影响。同时，基于“技术溢出”“内生传导”“破坏性效应”等视角，探讨了金融科技驱动经济增长的机制、途径及负面影响的反向机制，并采用中国数据进行了实证分析，对相应的理论分析结果进行了验证。

最后，本书就金融科技新业态可能引发的风险与挑战等进行了进一步的研究与分析，并提出相应的政策建议。

以上的研究思路如图1-5所示。

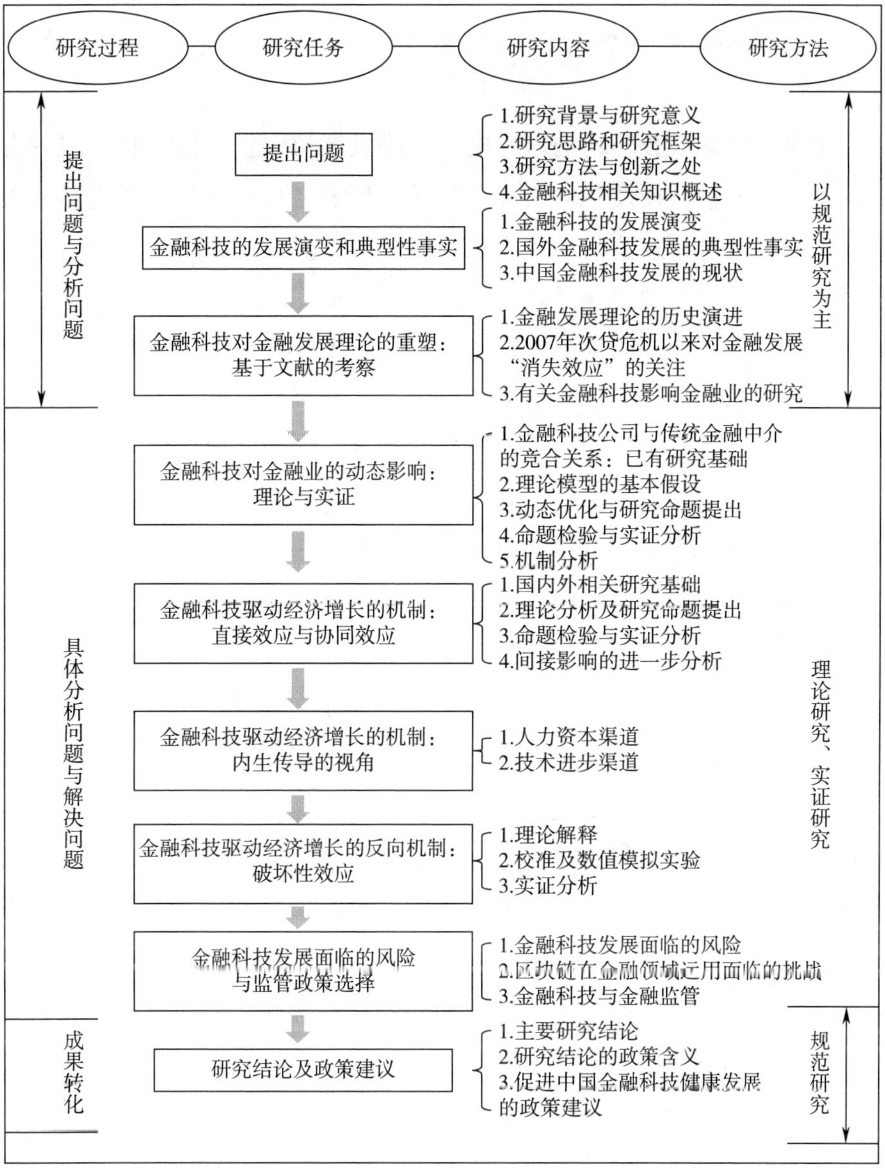
研究过程
研究任务
研究内容
研究方法
提出问题与分析问题
提出问题
1.研究背景与研究意义
2.研究思路和研究框架
3.研究方法与创新之处
4.金融科技相关知识概述
金融科技的发展演变和典型性事实
1.金融科技的发展演变
2.国外金融科技发展的典型性事实
3.中国金融科技发展的现状
金融科技对金融发展理论的重塑：基于文献的考察
1.金融发展理论的历史演进
2.2007年次贷危机以来对金融发展“消失效应”的关注
3.有关金融科技影响金融业的研究
以规范研究为主
具体分析问题与解决问题
金融科技对金融业的动态影响：理论与实证
1.金融科技公司与传统金融中介的竞合关系：已有研究基础
2.理论模型的基本假设
3.动态优化与研究命题提出
4.命题检验与实证分析
5.机制分析
金融科技驱动经济增长的机制：直接效应与协同效应
1.国内外相关研究基础
2.理论分析及研究命题提出
3.命题检验与实证分析
4.间接影响的进一步分析
金融科技驱动经济增长的机制：内生传导的视角
1.人力资本渠道
2.技术进步渠道
金融科技驱动经济增长的反向机制：破坏性效应
1.理论解释
2.校准及数值模拟实验
3.实证分析
金融科技发展面临的风险与监管政策选择
1.金融科技发展面临的风险
2.区块链在金融领域运用面临的挑战
3.金融科技与金融监管
理论研究、实证研究
成果转化
研究结论及政策建议
1.主要研究结论
2.研究结论的政策含义
3.促进中国金融科技健康发展的政策建议
规范研究

图1-5　本书研究思路

二、研究主要内容和框架结构

本书将金融科技问题纳入经典“金融发展与内生经济增长”理论分析框架，将金融科技发展的两种力量（传统金融机构的持续性金融科技创新，与以金融科技公司为代表的金融科技新业态）进行了区分，以金融科技公司为代表的金融科技新业态作为主要研究对象，从理论层面探讨了金融科技新业态驱动传统金融业发展及社会经济增长的机制与途径，并采用中国的数据进行了相应的实证检验。全书共分为九章，各章主要内容如下：第一章为引言，主要是研究背景、问题的提出以及研究的意义，并指出本书的研究框架、研究方法、研究贡献以及金融科技发展指标的界定与选择；最后对金融科技相关知识进行了概述，具体介绍了金融科技的含义、金融科技兴起的原因、金融科技的技术基础以及金融科技运用的主要范围。

第二章旨在说明金融发展进入了“金融科技时代”。为此，本章首先概述了金融科技发展的历史演进，表明金融与技术的融合由来已久，而当前金融科技之所以如此具有革命性、颠覆性，主要是源于非银行金融科技公司介入金融领域，直接面向终端客户提供金融产品与服务；其次介绍了国外金融科技发展的典型事实，表明世界各国都在积极接纳金融科技新业态，促进金融科技的发展；最后概述了中国金融科技发展的现状，表明中国已成为金融科技发展的受益国之一，金融科技的发展水平已居世界领先地位。

第三章围绕金融科技兴起对金融发展理论的冲击，对相关文献进行了系统梳理。首先回顾了金融发展理论的历史演进，以及 2008 年国际金融危机之后学术界对金融发展存在“消失效应”的关注，从而为本书采用“金融发展与内生经济增长”的理论框架进行数理模型建模提供了理论依据。其次基于“融资领域”“支付领域”“货币领域”“监管领域”等视角，就金融科技对传统金融业的影响进行了文献梳理。基于文献的梳理，发现国内外学者已深刻认识到金融科技对传统金融业发展带来了影响与冲击。但是仍有一些重要问题悬而未决，尤其是理论研究远远不足，学术界迫切需要发现金融科技与已有金融发展理论的联结。

为此，本书第四章从金融科技公司存在效率优势的事实出发，在内生增长理论框架下，通过将金融部门细分为金融科技公司与传统金融中介两个子部门，建立起一个异质性金融中介、一般均衡的内生经济增长模型，以此从理论层面探索了金融科技新业态对传统金融中介的动态影响，并提出了本章的研究命题。继而采用中国的数据对该研究命题进行了实证验证。研究发现，金融科技新业态促进了传统金融中介效率的提高，存在着显著的“技术溢出效应”，这一事实是金融科技公司与传统金融中介竞争与合作相互作用的结果。

第五章沿用第四章理论模型的基本假设与分析框架，基于“技术溢出”的视角，首先从理论层面探讨了金融科技新业态对宏观经济增长的积极影响。其次采用中国的数据对理论分析的结果进行了实证验证。研究发现，金融科技新业态的技术溢出能够直接促进社会经济的增长；与此同时，金融科技新业态的技术溢出还可以赋能传统金融中介、促进传统金融发展，二者的协同发展能够有效推动社会经济的增长。本章的实证分析还发现2013年以来中国传统金融发展对经济增长的影响存在“消失效应”，然而金融科技的介入对传统金融发展的“消失效应”有一定的纠偏作用。

第六章仍然基于第四章的理论模型，探讨了金融科技新业态驱动经济增长的内生传导渠道。首先理论分析发现，金融科技新业态通过促进人力资本发展、技术进步，进而推动了社会经济的增长。其次，采用系统GMM作为计量方法，参考“金融发展与内生经济增长”关系研究中常用的实证分析逻辑，采用中国省级面板数据，通过构建动态面板计量模型，对上述理论结果分别进行了实证检验。计量回归结果进一步证实，金融科技新业态通过人力资本与技术进步渠道显著地促进了宏观经济的增长。

第七章将第四章的理论模型拓展，把金融科技公司相对于传统金融中介的效率优势纳入模型，进行了进一步的深入分析，理论分析发现，这种效率优势的单方面过度扩大对经济增长产生一定的抑制作用。这种抑制作用的机制是，如果传统金融中介不能加大金融科技创新力度，与金融科技公司的效率差距不断扩大，那么其发展将被来自金融科技公司“破坏性效应”的负面影响所主导，从而抑制金融科技公司“技术外溢效应”的最大化发挥，降低整个金融部门的整体效率，进而拉低实体经济的平衡增长率。进一步的数值模拟实验确认了这一理论分析结果，发现传统金融中介与金融科技公司的效率差距扩大，会首先消极影响整个金融部门的效率与产出，其次拉低社会总产出。本章最后的实证研究发现，金融科技新业态对中国经济增长的影响呈倒“U”形特征，即金融科技新业态的发展如果超过一定门限，那么对经济增长的作用将变为消极影响。这一实证结果再次表明，金融科技新业态单方面的过度扩张与发展将对经济增长产生消极影响。

第八章指出，金融科技发展与应用使金融风险呈现新特征以及由此引发监管政策的选择。本章首先探讨了金融设施转化引发的技术性新风险、金融科技平台引发的垄断新风险等金融风险新特征。其次基于信息不对称与交易成本的视角，分析了区块链技术在金融领域运用面临的挑战。最后本章指出，以上问题与风险的存在给当前金融监管者带来前所未有的挑战。在这种背景下，监管科技作为科技与监管的结合，提高了监管的效率，成为金融监管下一步发展的方向与趋势。

第九章为结论与政策建议部分。本章对全书的研究结论进行了总结，并提出相应的政策建议，最后指出本书的局限及下一步研究的建议。

第三节　研究方法与创新之处

一、研究方法

本书在梳理和借鉴相关文献研究的基础上，从理论与实证两个层面探讨了金融科技新业态影响传统金融业发展及社会经济增长的机制与途径。具体研究方法如下：

（一）文献研究方法

本书第三章为文献研究部分，文献梳理是研究的重要基础之一，本书对金融科技、金融发展理论的相关研究文献进行系统梳理：（1）关于金融发展理论的历史回顾，发现20世纪90年代以来“金融与经济增长”关系的研究主要建立在“内生经济增长”理论的基础之上，在内生增长理论框架下，金融中介被纳入内生增长模型，从而使对“金融发展与经济增长”关系的研究更为细致与深入，也为本书采用“金融发展与内生经济增长”的理论框架进行数理模型建模提供了理论依据。（2）围绕金融科技对传统金融业的影响，从“融资领域”“支付领域”“货币领域”“监管领域”，系统地梳理了相关的研究文献。

（二）理论研究方法

本书第四章以金融科技公司效率领先这一事实为重要前提，在内生增长理论框架下，假定整个社会经济分为生产部门、R&D部门、金融部门、家庭与人力资本部门，金融部门进一步异质化为金融科技公司与传统金融中介两个子部门，并参考Krugman（1979）、Grossman和Helpman（1991）的“南北方”模型来解释金融科技公司与传统金融中介的相互作用，从而构建起一个异质性金融中介、一般均衡的多部门内生经济增长模型，以此来分析金融科技新业态对传统金融中介的动态影响机制。

第五章沿用第四章理论模型的基本假设与分析框架，进一步从理论层面探讨了以金融科技公司为代表的新业态对宏观经济增长的积极影响。第六章仍然基于第四章的理论模型，对金融科技新业态驱动经济增长的内生传导渠道进行了分析。第八章进一步将第四章的理论模型拓展，把金融科技公司相对于传统金融中介的效率优势纳入模型，发现这种效率优势的单方面扩大对经济增长存在抑制作用。

（三）实证研究方法

本书采用了多种研究方法进行实证分析，如本书第六章参考Caner

和 Hansen（2004）、Kremer 等（2013）和 Wang（2015），采用了动态面板数据门限回归的方法，对中国传统金融发展的“消失效应”进行了分析。同时，本书还采用了系统 GMM 法对中国金融科技与经济增长的关系进行了实证分析。这种多种研究方法的运用能够确保本书的研究结论是恰当和可靠的。

（四）数值模拟实验方法

本研究理论模型得到的结果比较复杂，因而采用了比较静态分析方法，参考已有的文献，设定有关基准参数，利用数值模拟实验对理论模型推导的结果进行了进一步的量化分析，以更直观地刻画理论模型分析的结果。

二、研究贡献与创新之处

本书的创新之处主要体现在理论模型上的拓展与内容上的创新两个方面。

（一）理论模型的拓展

本书建立了一个研究金融科技与经济增长关系的一般性理论分析框架。本书将金融科技问题纳入经典的“金融发展与内生经济增长”理论分析框架，把金融科技发展的两种力量（传统金融机构的持续性金融科技创新，与以金融科技公司为代表的金融科技新业态）进行了区分，假定整个社会经济分为生产部门、R&D 部门、金融部门、家庭与人力资本部门，金融部门进一步异质化为新型金融科技与传统金融中介两个子部门，并参考 Krugman（1979）、Grossman 和 Helpman（1991）的“南北方”模型解释金融科技公司与传统金融中介的相互作用，同时参考 Pagano（1993）设定了物质资本积累方程，参考 Lucas（1988）设定了人力资本积累变动方程，参考 Aghion 和 Howitt（1992）设定了 R&D 部门的变动方程，从而构建起一个异质性金融中介、一般均衡的多部门内生经济增长模型，从理论上阐明金融科技新业态影响传统金融发展及社会经济增长的机制与传导途径。

该理论模型既嵌入了传统金融中介机构的经济功能，又充分反映了金融科技公司效率领先的特征，因而拓展了现有的金融发展理论，为金融科技相关的研究增加了一个有意义的一般性理论分析框架。本书第四章、第五章、第六章以及第七章均以该理论模型为基础，进行了相关的理论分析。

（二）内容的创新

本书研究内容与视角上的创新主要有以下三点：

1. 本书对金融科技驱动经济增长的机制、途径以及产生负面影响的反向机制进行了考察。本书第五章、第六章、第七章基于“技术溢出”“内生传导”“破坏性效应”等视角，深入探讨了金融科技对经济增长的积极影响与消极影响，尤其是发现金融科技新业态单方面的过度扩张与发展，将使其脱离服务实体经济的初心，会对经济增长产生抑制作用。因此，本书的研究丰富了有关“金融科技与经济增长”关系的观点与内涵，有助于我们更加全面地理解数字经济时代下，金融科技对于经济增长的积极影响与消极影响。

2. 本书就金融科技兴起对传统金融发展理论的冲击，进行了较为全面的文献梳理。本书第三章重点围绕“融资领域”“货币领域”“支付领域”“监管领域”，对金融科技影响传统金融业的相关研究成果进行了系统的梳理与总结。通过文献的梳理，本书发现，在传统金融发展理论分析框架下，银行作为金融中介，是市场经济中储蓄转化为投资的关键性制度安排，然而金融科技的发展与创新对这一关键性假设形成挑战。如第三方支付机构不断创新支付技术，加速了货币资金流转速度，提高了资金转移效率；金融科技借贷则使贷款人和借款人能够直接匹配，缓解了双方之间的信息不对称，起到储蓄转化为投资的作用。因而以银行为代表的传统金融中介不再是市场经济中储蓄转化为投资的唯一关键性制度安排。因此，有必要将现有金融发展理论进行相应的拓展。这为本书后续的理论模型创新奠定了基础，对推动中国金融科技与经济增长关系的研究也具有一定意义。

3. 本书将金融科技发展与中国传统金融发展的“消失效应”联系在一起，进行了实证分析。本书第五章就金融科技公司与传统金融机构的协同发展效应对经济增长的影响，进一步采用中国的数据，进行了深入的实证分析，研究发现2013年以来，中国以高杠杆为特征的传统金融发展对经济增长的促进作用不再显著，呈现出负相关的“消失效应”，然而金融科技的发展对这种“消失效应”有一定的纠偏作用。因此，本书丰富了现有关于“金融科技与经济增长”关系研究的内容与观点，为传统金融机构加大金融科技投入、政府大力促进数字金融与数字经济的发展提供了参考依据。同时表明，金融科技新业态并不完全是金融风险，在坚持“守正创新、服务实体”的指导原则下，通过政策、制度加以引导，金融科技新业态可以为传统金融中介的发展与转型、经济增长带来积极的影响。

第四节　金融科技相关概念介绍

一、金融科技的含义

金融科技（FinTech）是 Financial Technology 的缩写，2011 年被正式提出，之前主要是美国硅谷和英国伦敦的互联网技术创业公司将一些信息技术用于非银行支付交易的流程改进、安全提升，后来这些科技初创公司将车联网（IoV）、大数据、人工智能（AI）等各种最前沿的信息与计算机技术应用到证券经纪交易（Brokers）、银行信贷（Lending）、保险（Insurance）、资产管理（Wealth/Asset management）等零售金融业务领域，形成不依附于传统金融机构与体系的金融 IT 力量并独自发展起来。

目前学术界对于金融科技还没有统一的概念（Milian 等，2019；Schueffel，2016）。金融科技最早由 Bettinger（1972）定义为“银行专业知识与现代管理科学技术、计算机技术的结合”。但是更多的学者认为“金融科技”一词源于花旗集团在20世纪90年代初发起的旨在促进技术合作的“金融科技”（FinTech）的项目（Hochstein，2015a；Hochstein，2015b；Arner等，2016；Schueffel，2016）。目前关于“金融科技”的定义主要有三类：一是从技术的视角，把金融科技归为技术范畴，认为金融科技是“用于支持或启用银行和金融服务的计算机程序和其他技术”（如《牛津英语词典》）[①]；二是从产业与行业的视角，认为“金融科技是一个由利用技术提高金融服务效率的公司组成的经济产业”（如Wikipedia，2016），Schueffel（2016）也认为金融科技是一个全新的金融行业，它通过运用技术来改善金融活动；三是从金融的视角，把金融科技归结为金融范畴内技术支持的金融服务解决方案（如Arner等，2016）。

因此，Milian等（2019）建议从综合的视角来理解金融科技，可以把金融科技看作“许多利用信息技术优势的创新型公司活跃于金融行业”。FSB（2017）将金融科技定义为“利用现代科技进行金融创新，创造出新的金融业务模式、应用、流程或产品，从而对金融市场运行和演化造成重大影响”，特别强调了科技对金融服务的赋能作用。鉴于金融科技迅速发展的事实，金融稳定委员会（FSB）这一关于金融科技的宽泛定义被巴塞尔银行监管委员会（BCBS）所采纳（Thakor，2020）。

巴塞尔银行监管委员会将金融科技分为支付结算、存贷款与资本筹集、投资管理、市场设施四类。（1）支付结算主要包括面向个人客户的小额零售类支付服务（如PayPal、支付宝等）和针对机构客户的大额批发类支付服务（如跨境支付、外汇兑换等）。（2）存贷款与资本筹集主要包括P2P网络借贷和股权众筹，即融资方通过互联网平台，以债权或股权形式向一定范围内的合格投资者募集小额资金。（3）投资管理主要包括智能投资顾问和电子交易服务，前者运用智能化、自动化系统提供投资理财建议，后者提供各类线上证券、货币交易的电子交易服务。

---

① Oxford English Dictionary. fintech（http：//www. oxforddictionaries. com/definition/english/fintech）.

(4) 市场设施类既包括客户身份认证、多维数据归集处理等可以跨行业通用的基础技术支持，也包括分布式账户、大数据、云计算等技术基础设施。在上述四类业务中，前三类业务具有较明显的金融属性，一般属于金融业务并纳入金融监管；第四类并不是金融行业特有的业务或技术应用，通常被界定为针对金融机构提供的第三方服务。

虽然对于金融科技的含义还存在不同的表述，但在两点上已达成共识：(1) 金融科技是现代信息技术与金融服务的联结；(2) 大量具有信息技术优势的初创企业及大型 IT 企业、电子商务公司涌入金融业是当前金融科技最显著的特征。这些新型金融科技公司凭借技术优势，灵活高效地提供金融产品与服务，从而对以银行为代表的传统金融业造成威胁与挑战，并对社会经济产生深刻、长远、持久的影响。具体体现在以下五个方面：第一，金融科技促进了数字经济发展。21 世纪以来，以电子商务、共享经济等为代表的新经济开始超越传统制造业，并成为实体经济发展的新引擎，金融科技服务则为新经济的发展提供了必要的金融基础设施。第二，金融科技促进传统行业转型升级。金融科技不仅是新经济的基础与延伸，也促进传统行业实现转型升级。例如，移动支付等新技术新业态新模式不断涌现，深刻改变了我国社会生活的方方面面，提高了传统零售、餐饮服务业的收银效率，更以支付为切入点帮助上述行业实现了流程优化和数字化运营，在用户管理、仓储物流等方面提能增效。第三，金融科技刺激了消费增长。相关研究显示，人均互联网消费贷款越高的城市，人均网络消费金额越高，二者相关系数为 0.85。第四，金融科技推动了传统金融机构的数字化升级。随着金融科技的崛起，传统银行纷纷拥抱变化，积极采用移动互联、大数据、云计算等数字技术对其业务流程、技术系统进行大规模升级与改造，使其金融服务范围得以扩大、服务效率得以提高。第五，金融科技服务乡村振兴。金融科技通过互联网将金融服务覆盖至农村及偏远地区。农村金融长期以来都是我国金融体系的薄弱环节，是亟待补齐的民生短板。数据显示，近年来我国农户和农业生产的信贷需求满足率均不到 30%，远低于工商信贷满足率54.2%的水平。而金融科技在一定程度上提高了农村用户在移动支付、网络贷款、理财等金融服务方面的可获得性。

二、金融科技服务的基本特征

（一）低利润率

低利润率是金融科技公司的重要特征之一。身处信息时代的人们越来越容易得到各种信息，以信息为载体的服务也在向免费化转变。现在，金融科技公司普遍采用互联网平台商业模式（Platform Mode）改造、提升传统金融服务及产品以获得强大的网络效应（Network Effects），然而在此之前，公司必须经历一个高投入、低增长的阶段（见图1－6），即在平台商业模式下，平台的用户规模必须达到一个特定的门槛（Y点），才能引发足够强度的网络效应吸引新的用户加入，在网络效应的正向循环作用下，用户规模有望实现内生性的持续高速增长（只需突破Y点，用户规模即可自动达到Z点），从而使整个平台能够自行运转与维持，该用户规模门槛被称为“临界数量”（Critical Mass）。由于平台在前期（X点到Y点）需承担较高的沉没成本，如规模庞大的广告营销、用户补贴、研发创新等，其通常在用户规模突破临界数量（Y点）后才能实

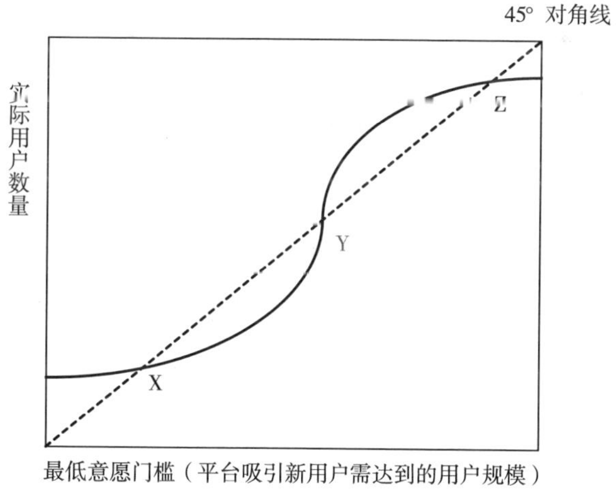

图1－6　平台用户市场成长生命周期

现大量盈利。同时，由于用户的多边属性，平台的各类服务及产品的生命周期都较短（Z 点以后即进入新的瓶颈期），只有平台持续创新、持续“烧钱”、推出新的所谓“爆点”产品，才能形成有效的、持续的用户锁定（Lock-in of Users）。因此，金融科技公司不得不更多重视资源投入的效率，而不是将考核重点放在企业的收入或盈利水平上，整体只能维持相当低的利润率。

（二）轻资产

因金融科技公司利润率低，故其只能选择轻资产的规模增长路径。这里的“轻资产”不仅指金融科技公司只需要很低的固定资产或者固定成本就能展业，还指其成本边际递减使这些公司能够以低利润率支持大规模的发展。与此同时，金融科技公司充分利用技术优势，在其展业初期，普遍使用现成的基础设施，如银行账户体系、转接清算网络、云计算资源等，甚至发挥其独特的平台商业模式优势，用“羊毛出在狗身上”的方式将业务成本转嫁给第三方，从而最小化其运营成本。

（三）高创新

金融科技公司轻资产的特征，使其不像传统金融机构那样“笨重”，战略选择、组织架构、业务发展更加灵活，易于创新创造。同时，金融科技公司在“基因”上继承了互联网公司“不创新则死”的信条，它们将各种前沿技术与理念拿到金融领域去试验、试错，快速迭代产品，急于推出具有破坏性创新（Disruptive Innovation）的产品，这已经超越了传统金融语义下的金融市场与产品层面的“金融创新”。

（四）上规模

金融科技公司一般起步门槛较低，需要毫不保留地发挥网络效应以获得快速增长的能力，并且其采用的创新技术使其业务规模爆炸性增长但不必付出对应的成本，其边际成本反而在递减，进一步促使其规模快速增长。值得注意的是，金融科技公司所使用的技术必须是能够支持业务快速增长的。如果这项技术不能或者需要长时间的培育才能形成快速增长的潜力，哪怕它足够创新，也不会被金融科技公司采纳，故而金融科技公司的创新本质上是“拿来即用”，是应用层面的资源整合，很少会主动进行基础层面上的创造，因此从观感上让人普遍感到所谓的“浮躁”。

（五）易合规

如前所述，高创新赋予金融科技公司快速上规模的技术优势，但其资产轻，抵御风险的能力弱，如何在创新收益与合规成本之间权衡是金融科技公司必须面对的。因此，便利监管、通过技术创新满足合规要求，进而降低法律合规与风险管理的成本是金融科技公司的不二选择，即优秀的金融科技公司不仅有业务增长的技术优势，还应有易于监管合规的技术优势，并且这种技术也能够边际递减合规管理的成本，这将是金融科技公司不同于传统金融的重要方面——合规不再源自金融机构的外部约束压力，而是真正内生化为金融机构的发展动力，这也将是金融科技能够作出的重大制度创新。

三、金融科技兴起的原因

（一）银行的危机，金融科技的契机

任何新生事物的兴起、蓬勃发展都离不开有利的外部条件，都有其必然性。金融科技和中国互联网金融都兴起于2008年国际金融危机之后，这不是一种巧合，2008年国际金融危机恰是它们兴起的重要原因之一。2008年国际金融危机给银行业造成沉重打击，尤其是大型银行业金融机构。危机之后，学界、监管部门将危机主要归因于大型金融机构所形成的系统风险（Systemic Risk），进而发展出一系列用于度量、管理系统风险的监管方法，加强了对银行业金融系统的监管。特别地，巴塞尔银行监管委员会将一批大型银行金融机构定义为系统重要性金融机构（Systematically Important Financial Institutions，SIFIs），并增加了银行的监管资本要求。因此，危机之后的银行业面临双重压力：一是针对银行业的强化监管措施加大了银行业的监管资本压力，直接压缩了其业务经营范围及空间。二是在全球舆论中银行业金融机构成为金融危机的“罪魁祸首”，特别是政府动用公共资金注入银行体系以避免 SIFIs 的倒闭，这直接导致民众特别是年轻人对银行业失去了信心。此时，这种“天时”给了那些没有在危机中受到影响及责难的互联网公司以金融科技的方式提供银行服务的绝好契机，其快速获得了民众、舆论的认可与青睐。

（二）银行的“客户”，金融科技的“用户”

2008 年国际金融危机之后，银行业金融机构的客户结构也在深刻发生变化，最明显的就是年轻客群（个人及对公）表现出相当不同于成熟客群的行为偏好。这些年轻客群生活在数字时代，高度依赖互联网及数字设备，在国外被称为“Generation Z”。他们个性意识重于集体习惯，在消费行为上偏好能解决个性需求的产品及服务。他们不再是银行及传统金融机构的“客户”——在有限的、标准化的、既定的范围内被动选择产品及服务。他们作为“用户”，主动获取多样化的金融产品及服务以构建（主动构建或借助外部力量构建）自己期待的个性化金融需求解决方案。然而，银行及传统金融机构对于金融消费者“客户”向“用户”的根本转变察觉过迟、反应过慢、应对不力，直接给了金融科技千载难逢的发展机会，最直接的表现就是银行业金融机构的客户正在被金融科技锁定，变成其用户、“粉丝”甚至会员。

（三）传统金融的“脱媒”，金融科技的“触媒”

实际上，以银行为代表的传统金融部门的资金融通功能弱化并不是金融科技或者互联网金融出现后才开始的。早在 20 世纪 60 年代的美国，就出现了“金融脱媒”（Financial Disintermediation）的问题，当时在存款利率上限管制的条件下，当市场利率水平高于存款机构可支付的存款利率水平时，存款机构的存款资金流向收益更高的证券，从而限制了银行可贷资金。

信息不对称（Asymmetric Information）与交易成本（Transaction Cost）是金融发展与创新的根本动力。有观点认为互联网金融是“去中介”的，并采用“金融脱媒”这一理论判定互联网金融将颠覆掉银行、证券等传统金融中介机构。但本书认为，这是对“金融脱媒”理论的片面理解。的确，传统金融中介理论认为，金融中介的主要职能是从最终借款人买进初级证券，并为最终贷款人持有资产而发行间接证券。在这一过程中，金融中介利用了借贷中规模经济的优势。从贷款方看，金融中介机构从事投资或经营初级证券投资，其单位交易成本可以远低于大多数个体贷款者（P2P 借贷的贷款端）的投资，并有着两个相较于个人贷款者的绝对优势：一是金融中介机构能够进行多样化投资，降低风险；二是金融中介机构可以调整期限结构，能够大幅度降低流动性风险。从借款方看，相较于个体借款者（P2P 借贷的借款端），金融中介机构能够吸引无数债权人的资金从事大规模借贷活动，相关好处可以通过贷款优惠条件、利息支付、红利分配等形式分到债务人、债权人和股东身上。金融中介机构的这种生产性活动使资金使用更有效，从而增加资金的社会价值。金融中介机构具备两个技术优势：一是分配技术有助于提高整个社会的储蓄和投资水平以及促进储蓄在各种投资机会之间的有效配置；二是中介技术能够通过协调借贷双方的不同金融需求和生产各种金融产品进一步降低交易成本。因此，传统金融中介理论实质上强调了货币金融中介、非货币金融中介以及证券市场之间的竞争与替代关系，这种替代关系的关键就在于交易成本。

在交易技术不发达的时候，金融中介机构可以利用技术上的规模经济降低交易成本，随着交易技术的进步，金融中介在交易成本上的优势不复存在，金融中介就失去其存在的意义，于是“去中介”“金融脱媒”等思想就出现了。但几十年来，美国等发达国家的金融实践表明，金融中介不仅没有消失，各种各样的非银行金融中介反而发展起来，传统金融中介理论框架下的“金融脱媒”无法回答这一问题。

到了 20 世纪 90 年代中期，著名经济学家 Merton（1995）提出了金融功能观（Financial Functional Perspective）。Merton（1995）大大拓展了传统金融中介理论。其核心思想是，金融体系的基本功能稳定，但金融机构的构成及形式却是不断变化的，应该以金融体系需要发挥的功能为依据，寻求最好的组织机构，即在金融中介机构的竞争发展中，谁能更充分发挥金融体系的功能，谁就能走得更远。更为重要的是，Merton 提出的“金融创新螺旋”（Financial Innovation Spiral）从根本上揭示了金融中介与金融市场的动态关系：金融中介是金融产品走向市场的推进器，原先小规模、独具特色的金融新产品或服务日臻完善，逐步为人们熟悉和接受后，交易规模会不断扩大，产品形式日趋标准化，金融产品或服务就从金融中介转向金融市场，形成一个新品种的交易市场。由于金融市场在大规模、标准化产品的交易中比金融中介更具成本优势，并且随着技术进步驱动金融创新加速，各种新金融产品的交易市场迅速增长。同时，市场上的参与者（包括金融中介）在市场上套利，进一步促使交易量迅速增长，边际交易成本迅速降低，这又反过来促使金融中介的新产品与服务不断增加，依此螺旋演进，金融中介向着理论上边际成本为零的极限逼近，不断靠近完全市场（Perfect Market）的状态。因此，金融产品与服务的提供者既不是单纯的金融中介，也不是单纯的金融市场，而是金融中介与金融市场的循环。换言之，当金融市场还不很发达并且其他非银行金融中介还不够壮大的时候，银行是金融体系中履行资金融通效率最高的组织形式。一旦非银行金融中介，如证券、保险、基金等的发展使它们资金融通的效率超过银行，则会出现银行层面的“金融脱媒”，又如金融市场直接融资的资金配置效率超过银行和非银行金融中介时，就会出现金融部门层面的“金融脱媒”，但金融中介与金融市场的关系不是简单的替代性竞争关系，而是相互补充和促进的，是动态的金融创新螺旋，因此，我们不能把银行层面的“金融脱媒”视为整个金融部门在经济中重要性的下降，至少金融中介因信息不对称的长期存在而会长期存在，只是其组织形式会不断变化，向着能够充分降低交易成本，发挥组织效率的方向演进。

而金融科技公司的低成本与高效率使其有了“触媒”的发展机会，从而获得快速发展，给传统金融机构造成巨大的威胁与挑战。正如 Philippon（2016）发现，在过去 130 年，美国金融服务的单位成本一直保持在 2% 左右，并没有明显的变化，因此他认为过去的金融创新并没有为消费者带来显著的好处，也没有提高金融系统的整体效率，金融服务仍然是昂贵的。为此，他提出“金融科技为什么没有早一点发生”的疑问。Philippon（2016）间接指出，成本高昂的金融服务是当前金融科技兴起的主要原因。另外，金融科技公司面临的监管负担较轻，这也大大降低了金融科技公司提供服务的成本。Buchak 等（2018）通过美国的数据，实证发现监管套利为金融科技的兴起贡献了 60%，而技术进步则只贡献了 30%，即监管套利是金融科技兴起的主要原因。Thakor（2020）也表达了同样的观点：金融科技公司面临的监管比传统金融机构要轻松很多。

四、金融科技的技术基础

金融科技发展的技术基础主要是为金融科技业务提供技术支撑的新一代信息技术，如云计算、大数据分析、人工智能、物联网、分布式账本技术等（见表 1 -2 底部“技术基础支持”栏）。这些技术使收集、存储、处理、采用金融交易数据的成本大幅降低，并且可以用于识别单个消费者的行为，从而极大地促进了金融发展与金融创新。

表 1 -2　　　　金融科技的服务范围与技术基础

项目	存款、贷款与融资	支付、清算与结算		投资管理	保险
		零售	批发		
主要产品与服务	众筹 在线借贷市场 移动银行 信用评估	移动钱包 点对点转账 数字货币	B2B 外汇批发 数字交换平台	高频交易 复制交易 电子交易 机器人咨询	移动服务使用 大数据 风险定价 合同制定
技术基础支持	门户网站与数据聚合 生态系统（包括基础设施、开源、APIs） 数据运用（大数据分析、机器学习、预测性建模） 分布式账本技术（区块链、智能合同） 安全技术（客户识别与认证） 云计算 物联网、移动技术 人工智能（机器人、金融自动化、算法）				

（一）大数据

金融数据主要包含三类：一是人类在活动过程所产生的各类数据；二是信息系统产生的审计、日志等数据；三是物理世界产生的数据，即通过摄像头、传感器等数字设备在监测中采集的数据。金融机构获取金融数据主要有三种途径：一是自身运营积累数据，即金融机构应用系统在日常经营中持续产生和储存数据；二是外部采集数据，主要采集企业的舆情数据和个人的行动数据；三是从第三方购买数据，当前金融机构购买的主要是企业数据。

大数据技术的应用提升了金融行业资源配置效率，强化了风险管控能力，有效促进了金融业务的创新发展。现阶段，金融大数据技术主要应用于银行业的信贷风险管理（供应链金融风险管理）；证券业的行情、股价预测，辅助智能投顾决策；保险业的骗保识别与风险精算定价等。

（二）云计算

云计算是指，通过高速网络，将大量独立的计算单元相连，提供可扩展的高性能计算能力。简单而言，是通过网络以自助服务的方式获得所需要的 IT 资源（包括但不限于计算能力、存储能力、带宽等）的模式。金融云计算（金融云）是利用云计算的模型构成原理，将各金融机构及相关机构的数据中心互联互通，构成云网络，将金融产品、信息、服务分散到云网络当中，以提高金融机构迅速发现并解决问题的能力。云计算技术不仅可以提高金融行业的数据存储能力，还能发挥增强数据安全、加快信息共享速度、提高服务质量、降低运营成本的作用，是未来金融机构取得竞争优势的重要砝码。

上“云”目前已成为传统企业进行数字化转型的主要路径之一。“云”平台可以整合各业务板块，有助于统一管理，也为大数据、人工智能等技术应用提供了重要的基础支撑。对于传统金融机构来说，目前主要将渠道服务、内部支持、客户服务、管理信息等非核心系统放在“云”端。其中，典型应用场景有网络安全管理、网上贷款平台支付清算、保险个性化定制等。金融机构大多依托云计算的计算、存储、网络等核心功能，构建底层的技术支撑和运营生态系统。同时，各类金融机构也在逐步推进云计算在风险控制、支付结算等金融核心业务中的探索应用。

未来，云计算技术在金融领域的应用广度和深度将进一步提升。对于传统金融机构来说，可逐渐实现核心业务上“云”；对于金融科技公司来说，则可以搭载云计算，为客户提供成本更低、效率更高的新业态模式，同时还可以赋能更多的传统金融机构提升金融服务的能力与品质。

目前，中国金融机构上“云”已经取得了一些成就。相关数据显示，2018 年中国金融机构中应用云计算技术的占比为 41.18%，计划应用云计算技术的占比为 46.80%，共计 87.98%。其中，近七成使用云计算技术的金融机构自建私有“云”，搭建“云”平台。[①]

（三）人工智能

人工智能的通用技术主要包含机器学习、模式识别与人机交互三类。机器学习是一种实现人工智能的方法，被广泛应用在专家系统、认知模拟、数据挖掘等领域；模式识别是通过算法来研究模式的自动处理和判读，广泛应用在机器视觉、自然语言理解、生物特征识别等领域；人机交互致力于缩小人类心智模式与计算机、机器或机器人完成既定任务之间的隔膜，被广泛应用在地理空间跟踪、触觉交互、脑电波识别等领域。

通过对金融产品、服务方式、风险管理等方面的改进，人工智能正在重塑金融业的模式和形态。例如，替代人类向投资者提供投资顾问服务的“智能投顾”在证券行业的应用，通过金融机构行为数据监控、人企关联关系图谱、金融舆情分析等场景发展监管科技等。

（四）移动互联与网络

移动互联网的发展离不开移动通信技术的进步。自 20 世纪 80 年代以来，移动通信技术几乎每 10 年实现一次技术跨越，在此基础上出现的移动支付成为人们衣食住行医等各方面离不开的基本金融服务。

---

① 数据来源：中国信息通信研究院 2018 年的调查报告，《金融行业云计算技术调查报告》。

从发展方向来看，未来互联网技术主要是物联网。物联网金融是指，将物联网技术实现的全面感知、可靠传输和智能应用与金融深度融合，催生出新的金融业态。物联网对金融的作用主要表现为以下几个方面：通过物联网对海量数据信息的挖掘缓解信息不对称问题；发挥万事万物互联互通特征，促进各部门信息的整合与共享；通过“物联网 + 大数据 + 预测性算法 + 自动化系统”降低交易成本、优化资源配置；改造金融组织架构、管理模式和服务方式，推动金融经营管理模式变革，提高金融运行效率。

（五）分布式账本技术（区块链）

区块链本质上是一种分布式账本技术（DLT）。区块链技术的主要特点是点对点、可追溯与难以篡改，被认为可以解决中心式结构中存在的数据安全、协同效率和风险控制等问题，有效缓解信息不对称、对账结算复杂、协作效率低下等金融痛点问题。

当前区块链技术在金融领域的探索主要有供应链金融、电子票据、跨境支付、资产管理和银行间客户信息共享、跨机构对账清算等，其中供应链金融和贸易融资是目前商业银行在区块链技术运用方面的最主要探索实践场景。部分金融机构已经开始探索区块链技术在资本市场业务的应用场景。比如，交通银行于 2018 年在国内金融市场上，首次推出基于分布式账本理念和区块链技术的证券化产品，被称为“链融”。区块链技术可以在基础资产的形成、转让、发行、存续期监控、二级市场证券交易等方面具有良好的应用前景。

此外，在保险理赔和再保险交易中，保险机构也可以利用区块链技术进行数据共享，并缓解信息不对称问题，从而有可能缩短承保和理赔流程，提高交易的安全性，从而可以减少交易纠纷。另外，基于云计算技术的区块链开放平台模式可以有效提升区块链技术对于金融机构的可用性，为区块链技术在金融服务领域的大规模应用提供了较为坚实的支撑。由此可见，中国也已经开始就“区块链 + 金融”的部分场景，积极进行应用实践探索，逐步从概念验证走向具体实践。

总之，金融科技生态系统是“科技支撑—成果转化—产业主体—情景应用—数据资源重建”的完整产业链。其中，科技支撑主要就是以云计算、人工智能等为代表的新一代信息技术；成果转化主要包括孵化器、监管平台、专业服务机构等；产业主体是银行业、企业与金融科技公司等；场景应用主要包括金融服务、安全监管、企业交易、城市治理等；数据资源重建是将生态系统底层基础设施与各种特定场景有机连接起来，利用大数据、云计算等技术，准确结合数据，规范生产，创新挖掘重要社会资源的过程。例如，监管技术、大数据信贷、支付结算等都是数据资源重构的应用体现。技术与金融不再是设施、渠道等浅层次的技术应用环节，而是“金融 + 技术”的深度融合，从而可以挖掘和重构社会数字资源，创造新的生产方式。

五、金融科技的主要服务领域

当前金融科技产业像一种拓扑结构，主要囊括了以下领域：（1）借贷；（2）支付、清算与结算领域；（3）投资管理服务领域；（4）保险领域（Navaretti 等，2017；Thakor，2020）。具体到每一个领域，金融科技革新体现为不同的金融产品与服务。

（一）融资领域

在这一领域，如表 1－2 所示，金融科技新业态主要体现为众筹、在线贷款市场、移动银行等，但是大多数金融科技服务之间有交叉。公众、投资者和监管机构的大部分注意力基本都集中在不同于银行的融资机制上，特别是众筹和 P2P 借贷。Gomber 等（2017）提出，众筹作为常见的互联网融资方式，当前共有四种形式：一是以捐赠为基础的众筹（Donation-based），此类众筹的特点是提供资金的人不会因其支持某一项目而获得任何补偿；二是以奖励为基础的众筹（Reward-based），人们会获得（非金融）物质或非物质补偿，如某种产品或服务；三是众筹贷款（Lending-based，也称作点对点贷款，即 Peer to Peer，简称 P2P），出资人以利息的形式获得融资补偿；四是基于股权的众筹（Equity-based），基金出资方以获得股权作为回报，并有权要求获得公司部分权益，这种形式的股权主要针对的客户群体是一些并未在交易所上市的初创公司，因此交易能力有限。其中，P2P 借贷既属于众筹的一种，也属于在线借贷市场。

目前，金融科技公司中从事网络借贷业务的公司比例最高，数据显示在全球前五十（TOP50）金融科技公司中，从事借贷行业的占比最高，约为 30%，有 15 家公司上榜，其中美国的 Lending Club 是第一家上市的 P2P 网络借贷公司[①]。这些网络借贷公司直接面向公众提供借贷产品，具有很强的普惠性，尤其补充了传统金融机构对中小企业以及个人消费者金融服务的不足。这主要是因为网上借贷的商业模式非常灵活，信贷门槛相对较低，流程快捷简单，并且很多网上贷款的利率比较优惠，同时还可以凭借互联网平台拓展一些增值服务，因此拓宽了中小企业以及消费者的融资渠道。

网络借贷公司的核心优势主要在于信息的获取。它们通过收集企业及消费者的财务、物流甚至工作经历、教育背景等信息，进行大数据分析与机器学习，评定信用等级与发放贷款，从而打破了传统银行业的借贷业务模式。但是不同的网络借贷公司，其业务的切入点有很大差异：有的以零售服务行业中的小微企业为主要客户对象，如美国的 On Deck 公司；有的则以年轻白领为主要客户群体，为其提供分期贷款业务，如中国的“趣分期”。

（二）投资领域

在投资管理领域，主要的金融科技创新有高频交易（HFT）、复制交易、电子交易与机器人咨询等。其中，机器人咨询最受业界与学术界的关注，也常被称为机器人投顾、智能投顾。其工作原理是通过量化算法为用户推荐适合其风险偏好的投资组合，而量化算法离不开各种量化

① 数据来源：CB Insights，《2019 全球金融科技趋势报告》。

模型。

例如，在全球机器人咨询领域有名的平台公司 Wealthfront，就采用了均值—方差最优化（MVO，Mean-Variance Optimization）的量化模型，作为其提供投资咨询的理论基础。这一模型最初由诺贝尔经济学奖获得者 Markowitz（1952）提出，他定义了“投资者偏好”，通过发现“有效边界”决定给定风险水平下（用方差衡量）最大化预期收益或给定预期收益下最小化风险的最优资产组合。

再如，“聚爱财”作为一家资产配置平台，以 MVO、B-L、Risk Parity 等量化模型为基础，多维度地为客户进行金融资产配置。该平台还通过机器学习，对投资者的风险偏好、投资习惯等个人信息进行分析，进而精准地为投资者推荐最优的资产组合。这种智能投顾商业模式，能够摆脱人工服务在情绪化以及专业能力等方面的不足，并且更加精准、客观与透明。

另外，因为数据分析的主体是机器人，智能投顾能够降低定制化服务的成本。比如在美国，很多退休人员需要专业的投资顾问为其提供服务，但因为美国投资顾问服务的价格非常高，造成只有极少数退休人员能够获得这一服务。然而智能投顾的出现，不仅降低了服务的成本，还能产生“规模效应”，无限扩大服务投资者的数量，从而极大限度地缓解这一难题。

（三）运营与风险管理

金融机构的核心能力之一是将金融理论与信息技术相结合运用到内部管理与风险控制中，以最大化收益、最小化风险。传统金融机构一直高度重视 IT 在内部运营与风险管理中的作用，作为新兴金融中介的金融科技也应有“易合规”之义，同时需要监管政策与措施的持续引导。

以区块链技术为例，商业银行各个业务系统与后台的工作往往面临流程长、环节多等问题，而区块链具有创建大型、低成本网络的能力，可以成为商业银行改造银行后台、优化基础架构的工具。

金融科技在保险领域的创新服务主要体现在移动服务使用、大数据分析、风险定价、合同制定等。保险业是一个历史悠久的传统金融服务行业，其实质是进行风险规避，通过对未来的不确定性风险进行概率估算，从而达到对未来风险进行管理的目的，并为未来的风险转移进行定价。保险行业的这一本质决定了其天然与大数据分析、人工智能等新一代信息技术紧密相关。因而金融科技一直在保险领域渗透，推动了保险领域商业模式的创新，提高了保险服务的效率，从而促进了保险业的发展与进步。物联网便是首先在健康保险、财产保险中得到应用推广，进而推动商业保险模式的创新。例如，美国的奥斯卡健保公司（Oscar）与Misfit公司合作，共同开发一个针对健康管理的项目。Misfit公司是一家智能穿戴医疗设备生产商，它实际上只是一个智能终端，通过传感器对客户的健康状况进行跟踪，收集其相关的信息和数据，从而可以使奥斯卡健保公司的重点转向预防补偿，取代之前的事后补偿。这样一来，传统上困扰奥斯卡健保公司的风险评估成本得到大幅度的降低，并且可以使其更加准确地进行风险评估以及相应的定价。再如，基于使用来付费的保险（UBI）作为一种基于物联网技术的车险商业模式，在国外得到迅速推广。如美国车险公司Progressive与美国车载摄像头的生产厂商Zubie进行合作，共同推出了UBI项目。其理论依据便是，应该根据驾驶人员的行为是否安全进行区别定价，安全的驾驶行为应该得到鼓励与保费上的优惠。

（四）支付清算与基础设施

金融科技发挥技术领先的优势，重构了包括支付清算、登记结算、征信风控、信息安全等金融基础设施，并在此基础上繁衍出自己的生态系统。目前，金融科技最活跃并最有成效的领域是支付领域，分布式账本的出现使金融科技逐渐由国内零售支付转向跨境支付，并已出现商业原型。但是，不应鼓励采用脱离中心化管控的区块链跨境支付网络，因为这极容易形成脱离法律与金融监管的跨境洗钱网络，甚至新型地下钱庄。

（五）信息安全与数据资产

国家金融信息安全是维护一国金融稳定的基石。随着金融行业数字化、信息化、网络化水平的快速提升，针对金融行业的网络犯罪愈演愈烈，亟须发挥金融科技在反欺诈、反洗钱等领域的重要作用，提升金融监管能力。

同时，金融活动产生的数据有着日益货币化趋势，其确权、登记、交易、转让及证券化使部分金融数据成为数据资产。这不仅会形成新型的交易市场，还可与期权等金融理论结合，将传统模式下无法度量的金融风险显性化、指标化、计量化，有助于全面提升金融风险管理能力。

（六）用户体验

人工智能等金融科技高度重视并善于运用各种技术、理念去不断改善用户体验，提升人机交互的便利性、友好性、智能性。目前，其发展正从支付的便利性、安全性向投融资的自动化、智能化的方向提升，积极开发能够辅助甚至代替初级金融从业人员的产品，这也是其与传统金融竞争的“主战场”。当然，在这一“主战场”上，传统金融机构与金融科技公司不是纯粹的竞争关系，而是竞合关系，决定个体公司成败的因素也不会仅限于用户体验与人机交互本身，而是由各自的基础设施、运营管理、风险控制与资金运作效率等综合决定。

第二章　金融科技的发展演变和典型性事实

本章旨在说明金融发展已进入“金融科技时代”。为此，本章首先概述了金融科技发展的历史演进，表明金融与技术的融合由来已久，而当前金融科技之所以如此具有革命性、颠覆性，主要源于非银行金融科技公司的涌入；其次介绍了国外金融科技发展的典型性事实，表明金融科技在全球范围内的兴起，各国（地区）都在积极接纳金融科技新业态，以防错失发展本国（地区）金融市场及促进社会经济增长的历史机遇；最后介绍了中国金融科技发展的现状，具体概述了中国金融发展的进程及金融科技的兴起、中国金融科技中心城市的建设情况，以及金融科技影响中国金融业发展的主要特征事实等。

第一节　金融科技的发展演变

科技一直影响着金融业，金融业传统上也一直是新技术的主要用户与积极采用者，金融科技并不是一个新故事（Goldstein，2019）。Arner等（2016）[①] 认为，金融科技的发展经历了三个阶段，如图 2 - 1 所示，将 2008 年国际金融危机之后的阶段称为金融科技 3.0 时代或金融科技 3.5 时代，以区别于之前模拟技术运用的金融科技 1.0 时代与数字技术广泛采用的金融科技 2.0 时代。在金融科技 1.0 时代与 2.0 时代，金融

① Arner 等（2016）对于金融科技发展阶段的划分得到 Thakor（2019）的认同与引用。

业的科技革新主要由以银行为代表的传统金融中介主导。但是进入金融科技 3.0 时代，大量具有技术优势的新型科技公司涌入金融领域，直接向企业或公众灵活高效地提供金融产品和服务。本节将具体对金融科技发展历程进行回顾，以更好地把握当前“金融科技时代”的特点。

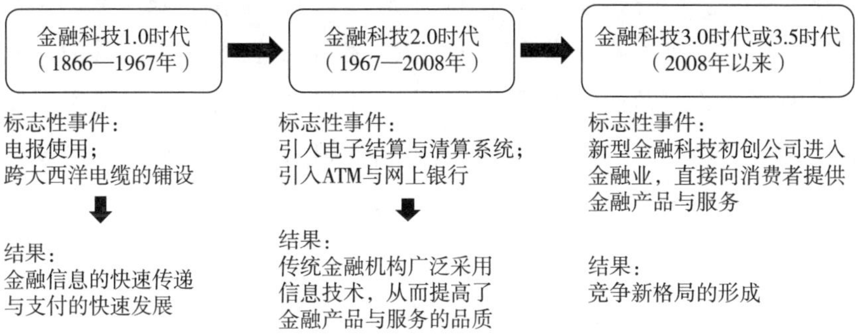

图 2－1　金融科技发展的三阶段

一、金融科技 1.0 时代

回顾世界金融发展史，可以发现金融和技术的融合由来已久，二者之间一直紧密联系并相互促进。19 世纪末，金融与技术的融合造就了金融发展史上第一个“金融全球化”时期。在这段时期，电报、铁路等技术支撑了跨境之间的金融联系，使金融信息、金融交易与金融支付在世界范围内快速传输。同时，金融部门也为开发这些技术提供了必要的资金支持。正如著名经济学家凯恩斯在其 1919 年的文章《合约的经济后果》中生动刻画了“金融全球化”初期金融与技术的关系：“伦敦居民早上一边喝着早茶，一边打着远洋电话订购全球产品，数量是他认为合适的，而且有可能送到他家门口台阶上提前交货；并且他可以在同一时刻，以同样的方式，投资世界任何一个角落的自然资源或新创企业，投资不费吹灰之力。”

随后第一次世界大战的爆发严重制约了“金融全球化”的进程。然而，战争期间产生的新技术快速发展与普及，尤其是通信和信息技术。

很多技术被开发成商业上可以推广与利用的产品，如IBM等公司利用战时编译码技术开发出世界最早期的计算机；得克萨斯州一家仪器公司于1967开始生产手持金融计算器；全球电信网络于1966年成立。类似的技术创新还有施乐公司于1964年推出的第一个商业版本电传传真机——长途静电复印（LDX）。这些技术进步为下一阶段金融科技发展的2.0时代提供了基本必要的联通设施，并极大地推动了金融创新。其中，最具有里程碑意义的金融创新实践是20世纪50年代美国银行间信用卡协会的成立。在此之后，美国消费者开始使用信用卡。这一重大金融创新对美国之后的消费革命发挥了强有力的支撑作用。

二、金融科技2.0时代

1967年，英国巴克莱银行推出世界上第一台自动取款机（ATM）标志着金融科技2.0时代的到来。此后一直到1987年，金融服务业的技术运用从模拟技术发展到数字技术，并为第二个“金融全球化”时期奠定了重要基础。

美国的清算所银行间支付系统（Clearing House Interbank Payment System，CHIPS）随后于1970年成立。始建于1918年的Fedwire，也在20世纪70年代初发展成为一个电子系统，而不是之前的电报系统。此外，为解决国内支付系统跨国界互联互通的需要，环球银行金融电信协会（SWIFT）于1973年成立。通过这些支付领域的创新，全球金融业的关系更加密切，当然伴随着的风险也同时放大。例如，1974年德国赫斯塔特银行（Herstatt）的倒闭使德国外汇现货交易的清算机制陷入混乱，并且对国际金融市场造成严重影响。在证券领域，美国纳斯达克交易所（NASDAQ）在1971年成立，这使固定证券佣金制就此终结，标志着证券从实物交易逐渐向今天的全电子证券交易过渡。

在这一时期，信息技术被金融机构在其业务中所推广使用。其中，比较有名的“金融+技术”融合案例就是所罗门兄弟公司（Solomon

Brothers）的迈克尔·布隆伯格于1981年开发出的创新市场解决方案系统（Innovation Market Solutions，IMS），即彭博终端机，之后彭博终端机被越来越多的金融机构所采用。另外，随着计算机技术的发展与风险管理技术的日益成熟，金融机构大多数的书面工作已被取代，这样可以更好地管理内部风险。

因此，金融科技2.0时代的一个核心特征就是金融机构开始大量雇用技术人才进行新技术的开发与采用。如高盛（Goldman Sachs）3.3万名员工中约三分之一是工程师，这一比例远远超过了领英（LinkedIn）、推特（Twitter）或脸书（Facebook）等信息科技公司。[①] 互联网的出现也为金融科技的发展奠定了基础。电子银行于1980年在美国、英国出现，此时的电子银行是传统实体银行经营模式的数字版本。存款人通过账户访问服务，无须亲自前往银行提取资金。而银行通过分析数据，可以更好地了解借款人真实的信贷风险，同时使金融产品的提供更符合消费者的风险状况。到20世纪80年代末，金融服务业很大程度上已发展成为"数字产业"，其基础是全球金融机构、金融市场参与者和客户之间的电子交易。美国富国银行从1995年开始可以进行在线账户查询。但是此时金融科技的发展并没有被视为是"金融科技"（Arner等，2016）。

到21世纪初，银行的内部流程以及与零售客户的互动机制基本已经完全数字化，金融服务业中IT支出比例的增加凸显了这一事实。英国于2005年出现第一家没有实体分支银行的直销银行（如ING direct、HSBC direct）。此外，监管者也越来越多地使用技术，特别是针对证券交易的监管，计算机化的交易记录已成为资本市场监管最常见的参考信息来源。

三、金融科技3.0时代

2008年国际金融危机以来，金融科技发展进入3.0时代。金融科技

① 数据来自Arner等（2016）。

3.0 时代的显著特征便是非银行领域的技术初创公司、大型科技巨头纷纷涌入金融领域，直接面向公众和消费者提供金融服务与金融产品，从而对传统金融业造成颠覆式的持久影响。

2008 年国际金融危机是西方国家金融发展史上的一个巨大转折点，其爆发动摇了传统银行业的品牌形象、稳定性经营形象，同时公众也对银行业拥有与提供金融资源的合法性问题产生质疑。如美国 2015 年的一项调查显示，美国消费者对花旗银行的信任度仅为 37%，而对亚马逊和谷歌的信任度分别为 71% 和 64%，可见美国消费者对科技公司的信任度超过了他们对银行的信心①。越来越多的消费者认为，银行业务可以是任何机构都可以提供的商品与服务，正如 Beck（2001）提到："银行业是必要的，但银行不是。"②

另外，2008 年的国际金融危机还对西方国家的人力资本流动产生巨大影响。随着金融危机演变成经济危机，美国约 870 万工人失业，许多金融从业人员要么失去工作，要么薪酬降低很多（Arner 等，2016）。但是非银行金融科技公司涌入金融领域，使它们获得新的就业机会与发展机遇。其从业人员的教育背景与专业知识，一方面使非银行金融科技公司非常了解金融市场与金融工具，另一方面也使它们非常了解传统金融产业的痛点所在，因而它们的加入促进了金融科技的创新与快速发展。

四、金融科技 3.5 时代

综上所述，国际金融危机是西方国家金融科技 3.0 兴起的主要原因，然而在亚洲与非洲，金融科技的发展却主要是源于经济发展的内在需求驱动。因此，发展中国家的金融科技变革与 2008 年后西方国家的金融科技变革存在很大不同，为此将其区分开，称前者为金融科技 3.5 时代。

---

① 数据来自 Arner 等（2016）的文章。

② 英文原文是"Banking is essential, banks are not"。

（一）亚太地区的金融科技发展

亚太地区的金融科技发展迅速，如中国香港和新加坡在不到一年的时间里就创建了三个 FinTech 加速器，从而成为世界上金融科技加速器最密集的地区。这种快速增长是多种因素共同作用的结果。

在机构效率方面，该地区传统银行业的 IT 支出远落后于欧美国家的水平，银行效率比较低，因而公众很容易接受非银行金融科技公司提供的高效率、低成本的替代产品与服务。如在中国，许多贷款人和借款人选择在金融科技借贷平台上投资或借款，是因为其成本更低、回报更好、便利性更强，尽管这些平台在明确的监管框架之外运作，并且风险较高。

在基础设施方面，该地区银行业的分支网络分布远不及欧美，如欧洲每 10 万人拥有 62.5 个分支机构，而亚太地区每 10 万人只拥有 12.5 个分支机构，银行基础设施没有覆盖完全，而基于移动服务的金融产品能够拓宽金融服务的可获得性，对公众的吸引力更强，因此金融科技获得快速发展。

还有以下因素也极大地促进了该地区金融科技的发展：一是该地区拥有大量年轻有活力的数码人才，特别是印度和中国有大量的信息工程和信息技术毕业生，这为金融科技快速发展提供了必要的智力支撑；二是本身低效的金融资本市场为金融科技替代方案创造了机会；三是大量人群没有享受到金融服务，很多人还没有银行账户，同时一些中小微企业很难从银行渠道获得融资，这为金融科技的快速发展提供了市场；四是该地区不太严格的数据保护和竞争政策，促进了金融科技公司的快速壮大。

（二）非洲地区的金融科技发展

非洲地区的金融科技发展情况与亚太地区有许多共同特点，但其发展的性质和方向又有所不同。与亚洲相比，非洲地区的银行覆盖范围更为有限，亚洲约 60% 的家庭能够获得正规或半正规金融服务，而非洲地区则最多为 20%。该地区金融科技发展的主体主要是电信公司。如通过手机创建移动货币，以此提供基本的支付和储蓄服务，这项金融科技创新是在菲律宾首创的，在肯尼亚和坦桑尼亚取得了巨大的成功。在这两个国家，移动货币为客户提供了一种低成本且安全的汇款、支付方式，从而有力促进了当地的经济发展。

非洲最著名的金融科技发展案例是2007年沃达丰推出的Safaricom移动货币产品M-Pesa。在成立后不到5年的时间里，通过该平台支付的款项已经超过了肯尼亚GDP的43%，为此，肯尼亚的中央银行需要对M-Pesa供应商进行监管，因为该支付平台对于金融监管已经具有了系统重要性。然而M-Pesa的巨大成功却无法在其他地方复制。迄今为止，非洲地区金融科技主要运用在移动货币服务、支付和储蓄、信贷和小额保险等领域。

第二节　国外金融科技发展的典型性事实

一、金融科技投资热点地区发生转移

金融科技在全球范围内得到快速发展，数据显示，2018年全球金融科技领域投融资数量创历史新高，全球范围内共有1707个项目获得总计390.57亿美元的融资，比上年增长15%。从地域分布看，亚洲地区尤其是东南亚地区已取代北美成为当前金融科技领域新的投资热土。2018年，亚洲地区金融科技创业公司共计有516个项目获得220.65亿美元融资，比上年增长38%，其中东南亚地区增速则达143%。值得关注的是，蚂蚁金服在2018—2019年一直在东南亚地区积极布局，与印度尼西亚Dana、泰国Asceno、柬埔寨PiPay、菲律宾Mynt、马来西亚Touch'n Go和越南Napas等建立合作关系，拓展移动支付业务；同时积极寻找新的战略投资标的，如在2019年1月再度完成了对印度尼西亚Akulaku公司1亿美元D轮融资的领投。印度在2019年第二季度金融科技交易量一度超过中国，但在随后第三季度中国交易量又上升，再回亚洲金融科技最

大交易中心地位。①

二、非银行金融科技公司快速发展

金融科技公司与传统银行业之间既有竞争关系又有合作关系。然而银行业虽然也在数字化转型，但是由于受监管、经营机制、资产负债表波动等因素的制约，银行业与金融科技公司的合作非常谨慎，对金融科技公司的投资与并购也非常小心。数据显示，2013—2019 年，仅有 20 家金融科技企业被银行业并购。但是新介入金融业务的金融科技公司却到处并购，以抢占市场份额。

国际金融危机之后，金融科技公司呈现快速增长的态势，其中一些中期成长型创业公司受到创业资本的青睐，成就了一批独角兽企业。数据显示，2019 年在全球范围内金融科技领域共有 48 家独角兽企业。从行业规模来看，金融科技在房地产相关金融服务领域的体量遥遥领先于其他行业，数额高达 13 万亿美元，其次为学生贷（1.4 万亿美元）、车贷（1.25 万亿美元）。鉴于金融科技所能服务的行业广度极为宽泛，大多数金融科技公司仅选择一个行业切入，就能获得高速发展。从行业类别来看，金融科技在保险领域从 2016 年开始发展，起步较晚，但是发展稳定，大多数保险科技公司聚集于获客渠道领域，约占 35%；保险运行业务领域约占 32%。此外，金融科技公司开始向一些新的投资领域渗透，并创造出更多传统金融持牌业务之外的全新且可商业化的投资标的，如汽车、游轮、音乐版权、艺术品等。② 从地域上看，目前金融科技新的投资领域主要是由美国、中国、英国等国家推动。金融科技公司相关的融资也主要发生在这些国家。

---

① 数据来源：CBInsights，《2019 全球金融科技趋势报告》。

② 数据来源：CBInsights，《2019 全球金融科技趋势报告》。

三、金融科技中心与全球金融中心日益重叠

美国、英国等金融业发达国家正在利用资本、人才等优势，加大对本国金融科技中心的建设力度。如表 2 – 1 所示，2019 年全球金融科技中心有北京、旧金山（硅谷）、纽约、上海、伦敦、深圳、杭州等城市，其中，纽约、上海、伦敦等全球金融中心正在逐渐发展成为金融科技中心城市，金融科技中心与全球金融中心越来越重叠。

表 2 – 1　　　　2019 年全球金融科技中心城市榜单前二十

城市	国家	2019 年总排名	较 2018 年变动
北京	中国	1	—
旧金山（硅谷）	美国	2	—
纽约	美国	3	—
上海	中国	4	+1
伦敦	英国	5	-1
深圳	中国	6	+1
杭州	中国	7	—
芝加哥	美国	8	—
新加坡	新加坡	9	—
悉尼	澳大利亚	10	+1
东京	日本	11	+2
亚特兰大	美国	12	+6
巴黎	法国	13	+2
广州	中国	14	+2
香港	中国	15	-5
墨尔本	澳大利亚	16	+17
西雅图	美国	17	-5
斯德哥尔摩	瑞典	18	-1
南京	中国	19	+5
孟买	印度	20	+6

数据来源：CBInsights 发布的《2019 全球金融科技趋势报告》《2019 金融科技中心城市报告》。

四、金融科技监管体制日趋完善

随着金融科技的快速发展，针对金融科技业的监管明显提速。各国相关部门正在加快推出一系列规范金融科技产业发展的相关政策。在宏观政策发布层面，欧洲银行管理局明确在2019年提出其工作重心之一就是研究金融科技创新面临的新风险；美国众议院的金融服务委员会也在2019年成立了金融科技工作组、人工智能工作组，以加强金融科技监管。在微观政策执行层面上，监管沙盒与监管技术开始应用。英国、韩国、印度等国家已开始建设金融监管沙盒，从而加强对金融科技相关业务领域的监管。有些国家或地区的监管部门还专门针对金融科技领域的恶意违法行为出台了相应的处罚举措。

五、金融科技发展各有所长

目前，各个国家都在探索适合本国国情的金融科技发展模式，比较有代表性的国家有美国、英国、新加坡与印度。如表2-2所示，美国金融科技更多以技术驱动发展，其金融科技的体系比较成熟与完整，信息服务业态占据主导地位。金融科技业务重点集中在网络贷款、消费金融与智能投顾等领域。英国金融科技发展增速非常明显，以2019年为例，金融科技融资额同比增长45%，其金融科技创新主要集中在支付结算与贷款领域，首创的监管沙盒制度已成为全球范本①。亚洲的新加坡在政府顶层设计、资金来源、监管沙盒等方面处于世界领先，2019年举办的新加坡金融科技节已成为全球较大的金融科技活动，其金融科技品牌运营非常成功。印度的金融科技发展呈现快速增长态势，其交易量于2019年一度超过中国。

---

① 数据来源：CBInsights，《2019全球金融科技趋势报告》。

表 2-2　　四国金融科技发展概述

国家	金融科技发展特点
美国	1. 规模最大，体系相对完整成熟 2. 重点集中在网络贷款与消费金融、财经智能筛选平台以及智能投顾
英国	1. 增速明显（2019 年融资金额同比增长 45%） 2. 主要集中于支付结算与贷款 3. 首创监管沙盒制度成为全球范本
新加坡	1. 政府顶层设计、资金来源、监管沙盒都处于世界领先 2. 举办新加坡金融科技节（全球最大金融科技活动），金融科技品牌运营非常成功
印度	市场广阔，2019 年明显增速，一度交易量超过中国

第三节　中国金融科技发展的现状

改革开放的40 余年也是中国金融发展与变革的40 余年。40 余年来，中国金融业发展经历了巨大的变革，并取得前所未有的成就。改革开放之初，中国现代金融业的发展刚刚起步，全国没有一家真正的商业银行，四大国有银行实际上只是附属于央行、专职某项业务的专业银行，央行此时还兼具部分商业银行的职能。而如今，现代金融体系已建立并日渐成熟。本节将按时间脉络对中国改革开放以来金融发展的历史演进进行梳理，指出中国金融发展已进入“金融科技时代”。

一、中国金融发展的进程及金融科技的兴起

改革开放以来，中国金融业的发展先后经过起步阶段、金融体系的形成阶段、现代金融体系的完善阶段及金融科技的兴起阶段。

（一）中国金融发展的起步阶段

第一阶段为金融业的起步阶段，时间跨度为 1978—1990 年。在此阶段主要是商业银行的恢复和重建。改革开放之初，中国人民银行兼具宏观调控与部分商业银行职能，全国没有一家真正的商业银行。因此，改

革开放以来中国金融的发展与改革是从银行机构的独立和重建开始的。

在这一阶段，资本市场也开始起步发展。标志性事件是中国国债于1981年开始恢复发行。同时在20世纪80年代初企业债券开始出现。中国保险业在这一阶段也开始得到恢复和发展。除银行业、资本市场、保险业开始起步之外，中国信托业、融资租赁业、外汇市场、基金等其他金融领域也开始恢复发展。如中国第一家信托投资公司“中国国际信托投资公司”于1979年成立；第一个外汇调剂中心于1985年在深圳市设立；中国银行和中国国际信托投资公司于1987年合作开办“中国投资基金”。

（二）现代金融体系的形成与调整阶段

第二阶段为中国金融体系的形成与不断调整阶段，时间跨度为1991—2000年。在这一阶段，中国银行业的改革继续进行，突出的特征是专业银行逐步向现代商业银行的转变。1994年，国家开发银行、中国进出口银行与中国农业发展银行3家政策性银行的成立，标志着政策性业务从国有银行剥离。此外，城市信用社在这一阶段开始进行改制。1995年，中国人民银行成立城市合作银行领导小组，推动城市信用社向城市商业银行转变，在这种背景下，北京、上海、天津、深圳、石家庄等一批城市信用社逐步改建成为现代的城市商业银行，如石家庄信用社于1996年5月改制为石家庄商业银行（后更名为河北银行）。同时，为降低国有银行的不良资产，中国于1999年成立了信达、长城、东方和华融4家金融资产管理公司，此后中国国有银行的一些历史遗留问题得到解决，其不良资产率大大降低，为之后国有商业银行上市提供了良好的基础。除以上银行业市场化改革措施外，中国还从20世纪90年代初开始对银行存贷款利率进行市场化改革探索。

在这一阶段，中国还建立了比较完善的银行间市场体系，具体包括同业拆借市场、银行间债券市场与票据市场。1996年1月，全国统一的同业拆借市场正式建成，2000年银行间同业拆借规模达6728.08亿元，日均交易量达26.81亿元，与前一年（1999年）的银行间同业拆借规模3296.10亿元、日均交易量13.11亿元相比，短短一年增加了一倍。此外，1995 年通过的《中华人民共和国票据法》使中国票据市场有了可依的法律和制度，这极大地促进了中国票据市场的规范和发展。

与此同时，中国证券市场体系逐渐形成与发展。1990 年，上海证券交易所与深圳证券交易所成立。之后，中国逐渐形成了以债券和股票为主体，多种证券形式并存，包括证券交易所、市场中介机构和监管机构的全国性资本市场体系。这为中国改革投融资体系、推动企业转换经营机制等发挥了重要作用。

在此阶段，中国保险市场也取得明显发展。商业保险业务逐渐成为中国社会保障体系的重要组成部分之一，为保障人民生活、稳定社会作出了重要贡献。截至 2000 年末，全国保险公司机构总数达 33 个，保费收入也连年递增（见图 2－2），1994 年以来，保费收入从 376.42 亿元上升至 2000 年的 1598 亿元，增长了数倍。同时，中国外汇管理体制外也在向市场化进行改革。另外，除银行业、证券业、保险业、外汇市场之外，其他金融行业也取得了较快的发展。

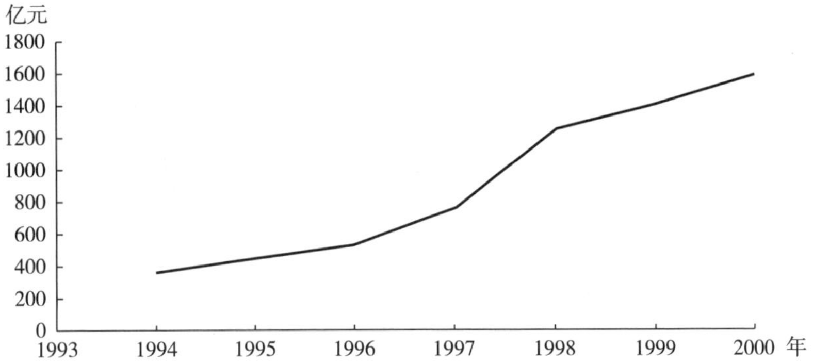

图 2－2　1993—2000 年的保费收入

（数据来源：EPS 中国宏观经济数据库）

（三）现代金融体系的完善阶段

第三阶段为现代金融体系的完善阶段，时间跨度为 2001—2008 年。中国自 2001 年成为世界贸易组织（WTO）成员之后，全面加快融入世界金融体系的步伐。与此同时，大量商业银行在这一阶段实现改制和上市，金融开始混业经营。因而此阶段中国金融发展的显著特点便是商业银行上市、金融市场对外开放以及金融业混业经营开始并流行。

其中，混业经营的特点越来越显著，银行、证券与保险开始广泛合作。如中国银行通过银证银保合作、银行控股公司、金融控股公司以及总行投资银行部等途径参与混业经营。另外，资产证券化等混业经营的金融创新产品也开始试点并取得一定发展。

（四）金融科技兴起阶段

2008 年国际金融危机之后，金融科技在中国日渐兴起与繁荣发展。随着金融科技的兴起，金融体系变得越发复杂，金融的边界也越发模糊。以金融科技公司为代表的金融新业态迅速崛起，由此改变了传统以银行占主导、资本市场为补充的金融格局，使整个金融体系向多元化的金融业态发展。金融科技的发展还有效地提高了金融服务的可获得性和便捷性，并降低了金融交易的成本，提高了金融服务尤其是资金支付和结算的效率。表 2 – 3 列出 2013 年第一季度到 2019 年第四季度的中国网络支付与移动支付的数据。近年来，中国网络支付与移动支付业务的快速发展，如 2019 年中国银行业金融机构共处理移动支付业务 375. 52 亿笔，处理金额为 202. 93 万亿元，均比 2013 年增长 20 多倍；非银行支付机构共发生网络支付业务 2867. 47 亿笔，金额为 143. 26 万亿元，与 2013 年相比分别增长了 1770% 和 1454%①。可见，金融科技的快速发展加快了金融领域的变革，极大地提高了金融服务的效率。目前，中国金融科技的相关行业规模、产品质量、运营水平持续快速提升，支付市场和网络融资规模已位居世界第一。中国是金融科技的受益者，是全球金融交易最活跃、支付最便利、成本最低、效率最高的国家之一。

根据 2019 年《全球金融科技 100 强》报告，排名前十的金融科技公司有 3 家来自中国，分别是蚂蚁金服、京东数字科技、度小满金融。另外，陆金所、金融壹账通、我来贷也均进入前五十。这些金融科技公司

---

① 数据来源：中国人民银行 2013—2019 年《中国支付体系运行报告》。

表 2－3　　2013—2019 年中国银行业金融机构电子支付情况

季度	网上支付		移动支付	
	笔数（万笔）	金额（亿元）	笔数（万笔）	金额（亿元）
2013Q1	525000	2150400	19800	11000
2013Q2	578700	2478600	37100	20700
2013Q3	607400	2789600	49800	29000
2013Q4	656400	3189100	60700	35700
2014Q1	631600	2877500	65900	38900
2014Q2	668100	3211400	94700	49200
2014Q3	708300	3655900	128400	61600
2014Q4	849500	4015300	163400	76100
2015Q1	712400	6029300	137600	397800
2015Q2	1039800	4642600	228600	268100
2015Q3	821200	4328100	454200	181700
2015Q4	1063700	5182000	563300	234600
2016Q1	1044300	6578400	561500	521300
2016Q2	1102700	4740400	613700	293200
2016Q3	1160700	4339300	662900	353300
2016Q4	1310000	5191300	733000	407700
2017Q1	1129700	6587800	930400	606500
2017Q2	1177700	4733900	862200	392400
2017Q3	1208700	4398900	972200	492600
2017Q4	1341700	5030400	990400	537700
2018Q1	1210100	6357600	1096300	708200
2018Q2	1387100	4873900	1492400	628800
2018Q3	1489300	4952400	1693500	654800
2018Q4	1614800	5079100	1770800	782200
2019Q1	1628600	6226800	1969000	866200
2019Q2	1873800	4868000	2373400	794600
2019Q3	2153900	4956300	2727400	861100
2019Q4	2162300	5297300	3073400	949200

数据来源：中国人民银行 2013—2019 年《中国支付体系运行报告》。

的实力与排名充分体现了中国金融科技行业在全球范围内的领先发展态势。①

---

① 数据来源：毕马威和金融科技投资公司 H2 Ventures 联合发布的《2019 年全球金融科技 100 强》。

二、中国金融科技中心建设情况

北京、上海、深圳、杭州等金融科技中心正在加速形成。北京作为培育初创企业的摇篮，催化了各类金融科技产业与新业态；上海作为国际金融中心，汇聚了金融科技发展的资源优势；深圳孕育出腾讯、微众银行、平安科技等一批知名金融科技公司，成为粤港澳大湾区金融科技发展最具活力的新兴创新中心。其他城市如广州、南京、青岛等也紧随其后，金融科技发展的步伐在不断加快。

（一）北京金融科技中心的建设进展

北京作为首都拥有总部政策优势，加上中关村奠定的良好金融科技发展基础，构建起催化金融科技产业发育的重要生态。

一是致力于建设金融科技孵化器。北京于 2017 年开始建设“金融科技孵化器”项目，主要目的是为金融科技初创公司提供一个人才、资源、信息、技术等交流平台，同时发挥服务平台的作用，为金融科技初创公司提供投融资、挂牌等服务，最终实现企业与市场的有效衔接，从而促进金融科技产业发展。

二是全力支持科技成果转化。一方面，北京市政府加大财政资金投入，专门设立支持科技成果转化的专项资金。另一方面，进行税务政策调整，科研等资金可以税前扣除，以助力金融科技公司的发展。

三是加快大数据产业的发展。如创建京津冀大数据产业协同创新平台，为三地大数据产业的发展提供智力支撑；召开中国国际数据大会，为相关的高校与数据企业搭建沟通交流的平台；中关村聚焦全球信息技术的前沿，全力塑造“中国硅谷”的品牌形象。

四是北京作为中国的首都与政治中心，加快针对金融科技监管的步伐。如 2019 年北京成为中国金融科技监管沙盒的第一个试点地区。

（二）上海金融科技中心的建设进展

在国际金融中心与金融科技中心日益重叠的背景下，推动上海建设成为具有国际影响力的金融科技中心，成为其作为国际金融中心不可或缺的一部分。上海拥有众多优质高等学府，这为金融科技的发展提供了充足的人才储备；并且上海市成熟、完善的金融市场为金融科技的发展提供了重要的要素支持。综上所述，上海具备成为国际金融科技中心的先天优势。

因此，上海致力于打造具备全球影响力的金融科技生态圈，力求形成金融科技产业的集聚效应。目前，由科技型研发机构、金融科技市场、金融机构等构成的金融科技生态圈在上海已初具雏形。上海金融科技园区于2019年建立；上海推进综合性金融资产交易平台等机构的改革创新，并完善交易所定价方式，保护初创企业产权，同时做好金融科技监管，帮助科技型企业在资本市场融资；上海还承办众多以金融科技为主题的论坛、研讨会，为金融科技专业人士提供知识交流、经验分享的平台。

（三）其他城市金融科技发展的探索实践

除北京、上海外，国内其他一些城市也在探索自身的金融科技发展道路。杭州利用蚂蚁金服的影响力以及浓厚的互联网基础与创新氛围，致力于打造“数字经济第一城”，2019年推出“钱塘金融人才”专项计划，计划到2022年引进与培育金融领军人才100名、金融高级管理人才3000名、金融青年人才3万名，2019年由中国互联网金融协会和世界银行共同支持建设的全球数字金融中心正式在杭州启动。①

综上所述，各大城市均在积极探索适合本地的金融科技发展道路，在基础配套设施建设、金融科技人才引进及培养、对金融科技企业的财税政策支持以及营造金融科技的发展氛围等方面不断地探索创新，其中设立“金融科技联盟”已成为各地发展金融科技产业的标配。

---

① 数据来源：浙江大学互联网金融研究院，《2019金融科技中心城市报告》。

三、中国各地激励金融科技发展的措施

中国各地为激励金融科技的快速发展，均积极开展金融科技应用在本地试点工作并发布了一系列推动金融科技发展与应用的相关政策，如表2-4所示，这些金融科技政策概括为以下五个方面。

第一，在技术方面，催生前沿技术、推动金融科技的场景化运用，加大对金融科技底层技术创新和应用的支持力度。鼓励在支付清算、融资产品与服务、智能营销、保险等应用场景和有效的监管下安全应用创新技术，支持金融科技底层技术研发，加强金融科技基础设施建设。

第二，在营商环境方面，构建风险防范体系、建设市场化专业服务体系、建设金融科技标准化服务平台、协助金融科技企业申请相关牌照、推动金融科技业务与产品的标准化建设、建立金融科技监管制度（如监管沙盒）、优化司法环境与金融宣传环境。支持金融科技企业成果转化、产业化，支持企业发起设立产业发展基金，培育金融科技新业态，支持行业自律和研究交流，营造良好创新创业生态。

第三，在空间布局方面，形成金融科技企业集聚区。吸引金融科技企业在金融科技聚集区域聚集，引导设立金融科技实体。对入驻金融科技集聚区的企业发放资金补助、扶持金融科技龙头企业，使其发挥带头作用。

第四，在金融科技生态系统建设方面，积极推进高校与企业的创新合作、培养金融科技人才、设立金融科技孵化器批量孵化、打造推进产学研融相结合的平台服务体系、支持行业自律和研究交流、优化金融科技产业结构。加快培育金融科技产业链，支持高端要素聚集，鼓励金融科技领域孵化加速和协同创新等专业服务体系建设等。

第五，在金融支持方面，对金融科技企业落户、金融科技企业租购房进行财政补助。设立专项风险补偿金、建设覆盖企业全生命周期的基金投资体系。优化科技金融的资金支持方式，积极发展创投、上市、债

券等直接融资。创新科技金融产品和融资方式，增加对科技型企业的有效金融供给。

表 2－4　　　　中国各地出台的促进金融科技发展的政策

省份	时间	政策名称	主要内容
北京	2018 年	《北京市促进金融科技发展规划(2018 年—2022 年)》	培育金融科技产业链；开展金融科技制度创新，包括监管创新（监管沙盒）、金融科技标准化平台建设；加强重点政策支持；拓展金融科技应用场景；优化金融科技空间布局，并实施全面监管
北京	2018 年	《关于首都金融科技创新发展的指导意见》	支持金融科技底层技术研发；支持金融机构借助金融科技创新发展，支持金融机构与国内外金融科技企业开展战略合作；加强金融科技基础设施建设；通过深入开展互联网金融风险专项整治提升金融科技行业发展质量；建设市场化专业服务体系；加强金融科技场景应用；建设金融科技示范区；支持全市金融科技产业多点布局；积极防控金融科技风险，探索沙盒机制和金融风险管理实验区；加强金融科技国际合作，在京设立中国中心或孵化器、举办金融科技领域国际研讨会、展会和交流论坛；大力培养、引进金融科技人才
北京	2018 年	《关于促进海淀区金融科技产业创新发展的若干措施》	鼓励金融科技场景示范应用；吸引金融科技企业在金融科技聚集区域聚集；引导设立金融科技实体；加强金融科技创新引领，完善人才培养体系，支持金融科技企业成果转化、产业化；支持企业发起设立产业发展基金，培育金融科技新业态；支持行业自律和研究交流，营造良好创新创业生态；优化区域金融科技营商环境，试点允许符合条件的金融科技企业开展含“金融科技”字样的工商登记注册
北京	2018 年	《关于支持北京金融科技与专业服务创新示范区（西城区域）建设的若干措施》	支持金融科技企业和专业服务机构入驻和发展，支持金融科技企业提升自主创新能力；争取金融监管部门在示范区设立监管实验区；大力拓展金融科技应用场景；支持金融科技优秀人才发展，支持金融界、科技界国内国际交流合作；支持金融科技企业开展多渠道融资；支持高端要素聚集，鼓励金融科技领域孵化加速和协同创新等专业服务体系建设等

续表

省份	时间	政策名称	主要内容
福建	2019 年	《厦门市人民政府关于大力建设金融强市打造金融科技之城的意见》	做强做优金融产业，鼓励厦门市本地企业与异地金融机构并购重组、打造产融结合品牌，提升“产融云”等政银企对接平台、发展绿色金融、建设多层次资本市场、做强现代保险服务业、实施财富管理新路径；抢抓金融科技发展机遇，强化金融科技的技术支撑，培育金融科技领军企业和独角兽企业；深化金融科技成果应用，支持金融科技应用在城市管理中；塑造科技生态，优化金融科技创新的制度环境，开展区域监管沙盒试点；推进两岸金融业融合发展，健全两岸特色金融服务体系；提升金融国际化水平，支持外资金融机构聚集发展；加快金融集聚区建设；打造一流金融营商环境，金融监管、司法环境、金融宣传环境（海峡金融论坛）
广东	2017 年	《关于促进福田区金融科技发展的扶持措施（试行）》	实施专项扶持，计划未来 5 年累计安排 5 亿元的金融科技专项扶持资金用于“创新项目评奖、青年人才培训支持、重点实验室支持”；培育种子力量。着重扶持培养各细分领域的龙头企业；针对初创型金融科技企业特点，重点突出补短板、降成本、控风险，政府适度前期扶持，后期市场化运行；建设蜂巢体系。通过建设金融科技产业园区、孵化器、加速器等，批量培育，加快构建金融科技蜂巢生态体系
广东	2018 年	《广州市关于促进金融科技创新发展的实施意见》	鼓励银行业、保险业、资本市场类等金融机构应用金融科技；加大对金融科技的扶持力度，给金融科技主题给予一次性落户奖励给予金融科技研发补助；定期举办广州市金融科技大赛，规划建设金融科技园区（小镇）和众创空间；利用金融科技加强金融风险防控；组织保障，建立广州金融科技发展联席会议、加大财政资金扶持、加强交流合作
辽宁	2018 年	《沈阳市加快推进科技和金融结合试点工作方案》	建设覆盖企业全生命周期的基金投资体系，包括引进各类股权私募投资机构以及建设沈阳市科技创新基金建设；完善满足企业多元化融资需求的信贷支持体系，包括风险补偿资金功能、支持科技金融专营机构及类金融机构发展、应急转贷资金、推进科技保险发展；建立科技型企业多层次资本市场培育体系，包括建立科技金融结合重点企业库、推进科技型企业股份制改造、鼓励企业在主板、创业板上市融资等；打造推进产学研融相结合的平台服务体系，包括组建沈阳科技金融联盟、建设科技金融重点示范园区等

续表

省份	时间	政策名称	主要内容
四川	2019 年	《关于支持金融科技产业创新发展的若干政策措施》	加大招引力度，实施落户奖励、项目资助；加强孵化培育，设立创业奖励、成长奖励，创新应用奖励，贡献奖励等；强化融资支持，包括产业基金支持、拓宽创投融资渠道、鼓励直接融资；优化政务服务，优化头部企业政务，强化产品推介；完善配套服务，包括数据资源支持、行业交流和自律发展、产业配套服务；提升监管技术，探索金融沙盒监管模式、强化监管技术交流；成立金融科技技术专家组，健全工作机制；制定金融科技企业分类认定标准
上海	2020 年	《关于加快推进上海金融科技中心建设的实施方案》	推动金融科技关键技术研发；全面提升金融科技应用水平，提高金融科技服务实体经济能力；全要素促进金融科技产业集聚，包括科技公司、金融机构、金融科技高端人才；推进金融科技监管创新试点，在长三角地区完善监管协同，推动金融科技监管信息共享；全方位营造一流金融科技发展环境，建立金融科技展示平台、设立金融科技类项目评奖、加大对金融科技人才的支持与鼓励
浙江	2019 年	《杭州国际金融科技中心建设专项规划》	聚力开发金融科技核心技术，并加强金融科技核心技术在金融、金融信息安全、金融监管领域的应用；构建金融科技基础设施，打造金融云服务平台，建设数据信用体系、金融标准体系，开展金融科技监管沙盒实践；发展金融科技重点产业，包括智能移动支付、数字普惠金融、金融信息系统技术（IT）服务与智能投顾、分布式金融服务等相关领域优势产业及其应用的创新发展，支持“蚂蚁金服”等金融科技领先企业创新发展，助推一批金融科技优势企业快速成长；打造金融科技创新生态，围绕核心技术、基础设施、重点产业三个金融科技生态圈层，加快金融科技人才培养与引进，完善金融科技企业培育、孵化、加速机制，着力促进产学研深度融合，优化金融科技产业结构和产业链条，加强金融科技国内外交流合作，拓展和丰富金融科技应用场景
浙江	2018 年	《宁波保税区管理委员会关于加快推进金融科技产业创新发展的实施意见》	鼓励金融科技企业及相关机构集聚，发展落户奖励、成长奖励、平台奖励（对经省级以上认定的金融科技相关交易中心、检测中心、数据中心、存储中心等公共平台且取得相关资质的，给予资金奖励）、技术奖励、应用奖励；提供金融支持，包括专项风险补偿金、人才保障奖励；建立保障机制，设立金融科技专家咨询委员会、设立金融科技产业投资促进中心

四、金融科技影响中国金融业发展的主要特征事实

（一）加快金融体系的变革

当前中国金融业正在经历技术驱动型的变革，中国的金融发展也由此进入“金融科技时代”。“金融科技时代”最显著的特征是，新型非银行金融科技公司介入金融业务领域，直接面向公众提供传统金融产品与服务，并获得一定的市场份额，对传统银行业的经营产生真正的威胁，其代表的金融新业态已经成为中国金融业供给侧的新范式，因此银行主导型的金融体系正在悄然变革。例如，用户可以使用支付宝、微信等第三方支付平台账户中的金额进行交易，该账户还可以通过关联的余额宝等理财产品产生利率并可按需赎回，持有客户存款不再是由传统银行机构垄断，用于支付的资金也不再限于银行的存款账户。因此，金融科技的发展打破了银行业的垄断，模糊了金融业务的范围，改变了公众关于“谁能提供金融服务”的看法。

目前，中国已是金融科技发展领域的领先者，在很多方面引领着全球金融业的变革与创新。例如，支付宝于 2015 年 3 月推出面部识别支付后，万事达卡紧跟着在 2015 年 7 月推出；阿里巴巴在 2010 年就开始利用其电子商务平台的信用评分数据对中小企业进行贷款，而美国和日本则在 2012 年才开始推出①。

中国这种金融科技化转型既有需求驱动、政策驱动，更是由中国金融市场本身存在的不足所驱动。如表 2 – 5 所示，在金融科技兴起的 2012 年，中国实体银行的基础设施还远远落后于美国、英国这些老牌金融市场发达的国家，中国每百万人口中无银行账户的人口达 432 人，而同期美国仅为 10 人，英国近乎没有；中国每十万人中，商业银行的分支机构仅为 7.7 个，而美国是中国的 5 倍；中国每十万人银行 ATM 的个数是

---

① 道格拉斯·阿纳，亚诺斯·巴韦里斯，罗斯·伯克利．金融科技的发展：金融危机后的新模式［J］．新金融，2018（5）：9 – 15.

37.5 台，而同期美国高达 173.43 台，英国为 124.28 台。这意味着当时中国实体银行的基础设施与发达的金融业国家相比，差距非常大。

表 2-5　　2012 年中国、美国、英国银行设施分布情况

指标	中国	美国	英国
每百万人口中无银行账户的人口（人）	432	10	1
无银行账户人口占比（%）	36	2.7	2.5
商业银行每十万人中银行分支机构（个）	7.7	35.2	24.2
每十万人中银行自动柜员机（个）	37.51	173.43	124.28

数据来源：世界银行。

而金融科技赋予中国缩小这种发展差距的机遇，使中国可以绕开西方发展实体银行基础设施的老路，通过普及数字银行等银行业新范式，迅速提升用户享受金融服务的广度与深度。2011—2014 年，中国新增网银客户 1.11 亿户，新增个人银行账户增长 19%，网上支付增长 24%；2020 年，中国数字银行客户已达 9 亿，而 2012 年这一数字仅为 3.8 亿。阿里巴巴旗下的芝麻信用管理（Sesame Credit Management）通过与其他数据点的连通，为超过 9 亿中国人提供信用评定；中国银联在不到 15 年的时间里成为全球最大的支付服务提供商。

总之，以非银行金融科技公司为代表的金融新业态已经成为中国金融业供给侧的新范式，银行主导型的金融体系正在悄然发生变革。在“金融科技时代”，中国金融业发展将存在两种力量：一是传统金融机构上网，大力发展网上银行等金融科技新商业模式；二是由互联网金融或金融科技公司主导的金融科技新业态。

（二）推动支付领域的深刻革命

从历史发展的角度看，支付工具经历了“金属货币→纸币→刷卡→移动支付”的演变过程。2013 年以来，随着支付宝、微信支付等支付平台的崛起，中国移动支付蓬勃发展，2019 年中国移动支付规模达 1014.32 亿次，全球排名第一。近年来，中国移动支付的规模平均每年增长 181%，其在电子支付中的比例不断提升，从 2013 年的不足 1% 飙升至2017年的8.4%。[1]

目前，中国移动支付渗透率居全球领先地位，而美国移动支付规模与中国相比，规模小、增速慢，如2016年其支付规模仅为1120亿美元，不足中国的1%。[2] 另据数据显示，2017年中国使用电子支付的成年人比例为76.9%，农村地区使用电子支付的成年人比例为66.51%；此外，2016年中国手机支付比例高达77%，而对于欧美发达国家，2016年美国这一比例为48%、英国为47%、德国为48%、法国为38%；日本作为移动支付的起源国，手机支付比例也仅为27%[3]。这些数据均反映出中国移动支付的超高渗透率。

中国数字技术的快速发展与普及也为中国支付领域的变革提供了良好的技术基础保障，如表2－6所示，2012年中国信息技术渗透率水平已经很高，SIM卡数量达11.04亿张，3G/4G接入移动用户比例为28.9%，互联网用户达6.18亿元，网上银行渗透率为40.5%。

表2－6　　中国技术渗透率

技术类型	渗透水平
SIM卡数量	11.04亿张
3G/4G接入的移动用户比例	28.9%
互联网用户	6.18亿人
网上银行渗透	40.5%

数据来源：世界银行。

（二）提高金融服务的效率

金融科技公司在金融领域的广泛渗透，虽然对传统商业银行的经营造成一定威胁，但同时也对商业银行的发展产生积极促进作用。发展实践表明，金融科技公司快速发展的过程也是传统商业银行不断降低成本，改善金融服务效率的过程。如图2－3所示，随着金融科技借贷的深化[4]，

---

① 数据来源：《中国支付体系发展报告》、Wind数据库。

② 数据来源：《中国支付体系发展报告》、Wind数据库。

③ 数据来源：《2017年中国普惠金融指标分析报告》，腾讯信息可视化实验室数据。

④ 采用北京大学互联网金融发展指数中的分项信贷指标来衡量。

中国代表性商业银行的全要素生产率也在波动中逐渐攀升①；与此同时，银行的经营成本也在逐渐下降，如图 2 – 4 所示，工行、农行、中行、建行、交行的成本收入比近年来一直在下降。

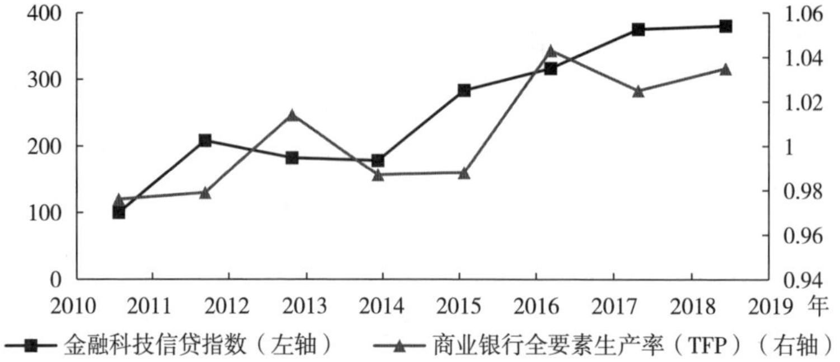

图 2 –3　中国金融科技信贷指数与商业银行全要素生产率

（数据来源：北京大学互联网金融发展指数、BankScope 数据库）

另外，受支付宝、微信支付等第三方支付平台的冲击与影响，传统银行业的支付效率虽然仍大幅度落后，但与其效率差距正在逐渐缩小。如表 2 – 7 所示，非银行笔均支付金额②远低于银行，这说明非银行金融科技公司能够从小额支付交易中获利或者生存下来，而对于传统银行部门来说，小额的支付交易并不能使其产生足够的利润（Li 等，2017）。由此表明，非银行金融科技公司的支付效率远高于银行。同时，银行的笔均支付金额也在降低，从 2015 年的 2. 38 万元降至 2019 年的 2. 17 万元，并且与非银行金融科技公司笔均支付金额的差距正在大幅减小，如 2015 年银行与非银行金融科技公司之间的笔均支付差额在 2. 3 万元左右，而 2019 年这一差额减小至 1. 1 万元左右。这表明银行与非银行金融科技公司在支付方面的效率差距正在缩小。

---

① 商业银行的效率用全要素生产率（TFP）来衡量，本书采用包络法（DEA），选择包括工行、农行、中行、建行、交行在内的共 20 家代表性商业银行的投入与支出数据计算得到中国商业银行 2011—2018 年的 TFP，其中投入数据包括客户存款、利息支出等数据；产出数据包括贷款、利息收入等数据。金融科技发展采用北京大学互联网金融发展指数来衡量。

② 指平均每笔支付金额。

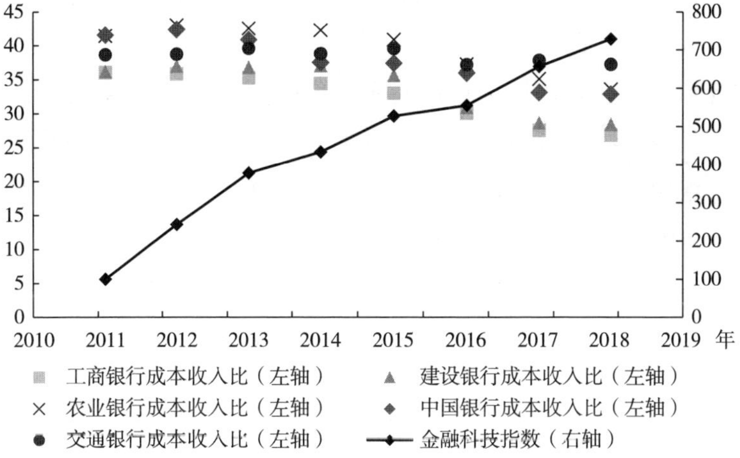

图 2－4　工行、农行、中行、建行、交行的
成本收入比与金融科技指数

（数据来源：北京大学互联网金融发展指数、BankScope 数据库）

表 2－7　　　　　　　　　　中国电子支付情况

年份	支付笔数（亿笔）		支付总额（万亿元）		平均每笔支付额（万元）	
	银行支付	非银行支付	银行支付	非银行支付	银行支付	非银行支付
2015	1052.34	821.45	2506.23	49.48	2.3816	0.0602
2016	1395.61	1639.02	2494.45	99.27	1.7874	0.0605
2017	1525.80	2867.47	2419.20	143.26	1.5855	0.0499
2018	1751.92	5306.10	2539.70	208.07	1.4497	0.0392
2019	2233.88	7199.98	2607.04	249.88	1.1670	0.0347

注：数据来源于中国人民银行 2015—2019 年支付体系运行报告（www.pbc.gov.cn）。

第四节　本章小结

本章首先概述了金融科技发展的历史演进，发现技术与金融的融合由来已久，科技实际上一直影响着金融业，金融业传统上也一直是新技术的主要用户与积极采用者，金融科技并不是一个新故事。在金融科技

1.0时代与2.0时代，金融业的科技革新主要由以银行为代表的传统金融中介机构主导，但是进入金融科技3.0时代，大量具有技术优势的新型科技公司进入金融领域，直接向企业或公众灵活高效地提供金融产品和服务，正是这些新型金融科技公司对传统金融业产生了颠覆性的影响。此时，金融领域的科技革新并非由传统的金融中介主导，而是来自传统金融业之外的新型科技公司，因此也被称作“金融科技革命”。由此可见，非银行金融科技公司涌入金融业是当前金融科技革命的主要特征。

其次，介绍了国外金融科技发展的特征事实，发现世界各国都在积极发展金融科技，接纳金融科技新业态，以防错失发展本国金融市场及促进社会经济增长的历史机遇；结合中国金融科技的发展现状，重点回顾了中国金融发展历程，以及金融科技在中国的兴起、中国金融科技中心的建设等情况，表明中国是金融科技发展的受益国，金融科技的发展水平已居世界领先地位，并进一步分析了金融科技影响中国金融业的特征事实，主要是加快了中国金融市场转型与金融体系变革、推动了支付领域的深刻革命、提高了金融服务的效率等。

综上所述，金融科技的发展与创新对传统金融业产生革命性的影响，全球金融业发展进入“金融科技时代”。

第三章　金融科技对金融发展理论的重塑：基于文献的考察

由第二章的分析可知，随着金融科技在全球范围内的兴起与繁荣，金融发展进入了“金融科技时代”。那么，如何将金融科技这一新问题纳入已有的金融发展理论？为此，本章就金融科技兴起对金融发展理论的冲击进行系统的文献梳理。首先回顾了金融发展理论的历史演进、国际金融危机以来学界对金融发展“消失效应”的关注，从而为本书采用“金融发展与内生经济增长”的理论分析框架进行数理模型建模提供了理论依据。然后围绕金融科技对传统金融业的影响，重点从“货币领域”“支付领域”“融资领域”等金融功能视角，对相关文献进行了系统梳理。由此指出，金融科技对金融发展理论的冲击性影响。

第一节　金融发展理论的历史演进

一、早期的金融发展理论

金融对经济发展发挥重要作用的观点可以追溯到 Bagehot（1873）和 Schumpeter（1911）。Bagehot（1873）从贸易的角度说明了金融与经济之间的相互关系。之后 Schumpeter（1911）第一次创造性地把金融中介的发展置于经济发展的中心地位，并以银行家为例强调了金融在经济发展中的地位，认为功能完善的银行系统能够给成功概率大的创新项目提供融资支持，从而刺激社会创新，推动经济增长。

20 世纪 50 年代到 60 年代成为早期研究金融发展理论的一个高峰期。Gurley 和 Shaw（1955）论述了金融中介在储蓄转化为投资过程中的重要作用，重点强调了金融的这一作用。Patrick（1966）把金融发展与经济增长的关系分为两类："需求追随"型和"供给领先"型，认为在经济发展的早期阶段，"供给领先"型关系占主导地位，但随着经济的发展，"需求追随"型关系将占主导地位。Hicks（1969）印证了 Patrick（1966）"供给领先"型的观点，同样认为金融发展对新技术的应用提供了大量的资本，并认为工业革命的发生在很大程度上源于金融发展的刺激。Goldsmith 可以说是比较金融学的开山鼻祖，在其 1969 年的著作中用 35 个国家的数据对金融与经济的关系进行了实证研究，最后发现金融发展与经济增长之间存在着大致平行的关系，Goldsmith（1969）奠定了金融结构和金融发展理论的研究基础。

二、"MS 学派"思想

Mckinon（1973）和 Shaw（1973）提出著名的"金融抑制"与"金融深化"的论断，他们通过构造经济模型阐明了金融抑制的危害、放松金融抑制与实施金融深化的原因及结果。Mckinon（1973）与 Shaw（1973）认为，发展中国家所实施的限制存贷款利率等"金融抑制"政策无助于经济的增长，强调经济增长的前提是金融不能处于抑制状态，因此对政府干预金融部门进行了批判。他们观点和思想被称为"MS 学派"。

在 Mckinon（1973）与 Shaw（1973）之后一直到 20 世纪 80 年代末，有一批经济学家对"MS 学派"的理论框架进行了补充和完善。Mathieson（1980）认为发展中国家要实施金融改革，需同时采取稳定化政策。Galbis（1977）在 Mckinon（1973）与 Shaw（1973）基本理论与政策主张的基础上，认为金融主要通过储蓄资源的配置来促进经济的增长，因此在社会资源一定的条件下可以加速整体经济的增长。

由此可见，“MS 学派”的“金融抑制”理论的相关研究主要针对发展中国家。由于中国属于发展中国家，且金融领域在不断发展和变革，因此涌现不少关于中国“金融抑制”问题的研究，尤其是针对中国农村金融领域的研究。如米建国和李建伟（2002）认为，中国金融发展中仍存在比较严重的金融抑制问题，具体表现为市场结构不健全、金融产品结构单一、融资结构不合理、融资体制存在制度性障碍等问题。冯元照（2011）认为，中国的金融抑制及发展不足主要体现在四个方面：金融体系不够健全及金融市场高度垄断阻碍了资金自由流动和价格机制自发作用；金融资源价格扭曲，存在金融抑制；国有银行改革不到位；金融融资工具单一，渠道集中，资本市场利用不足。郭卫（2002）指出，中国农村金融抑制的主要体现为农村金融的二元化结构特征与农村金融体系的畸形发展，并指出了中国农村金融抑制所产生的不良后果。

总之，“MS 学派”的理论思想产生了很大的影响，许多发展中国家及转型国家受其影响相继尝试金融自由化以促进经济增长。但在实践中，这些国家的金融自由化进程往往会造成金融体系的风险，金融效率并没有得到显著提高。而韩国、印度等国家和地区在 20 世纪 80 年代实施的相反的“金融抑制”政策却实现了经济的持续高速增长。这充分说明了“MS 学派”理论思想的局限性，但其精髓的理论思想充分表明“金融抑制”或金融发展不足所带来的经济后果。“MS 学派”的思想实际上是经济自由主义、一般均衡理论在金融理论中的应用。

三、“金融约束论”

“金融约束论”实质上是政府干预理论在金融发展理论中的进一步应用，本质上就是认为市场是不完美的，所以需要政府来干预。“金融约束论”提出后很快引起学术界的极度关注。如青木昌彦（1999）就将

Hellman、Murdock 和 Stiglitz（1997）的文章，收编在其《政府在东亚经济发展中的作用：比较制度分析》一书中。Demetriadesa 和 Luintel（2001）对韩国金融约束的实施效果进行了研究，认为韩国银行系统的垄断、政府对存款利率控制程度的提高等金融约束情况是韩国存在金融抑制现象的根源。当然也有学者对“金融约束论”提出质疑，如 Barth 等（1999）对 Hellman 等（1997）提出的金融约束观点表示质疑，认为对银行的活动实施限制会降低银行的特许权价值。

在此需要特别注意的是“金融约束论”与“融资约束论”的区别，前者的英文表述为 Financial Restraint，后者的英文表述是 Financial Constraint，由其英文表述的差异，也可看出二者之间的差异。“融资约束”是一个财务概念，一般是指企业融资时面临的各种限制，也可泛指融资面临的限制。而“金融约束”是一个宏观经济的概念，是指政府对金融市场的干预和限制。

四、金融发展与内生经济增长理论

Romer（1986）和 Lucas（1988）提出“内生增长理论”之后，很多学者把金融纳入“内生增长理论”的框架来分析金融发展对经济增长的影响。如 Greenwood 和 Jovanovic（1990）在 Romer（1986）和 Lucas（1988）等研究模型的基础上，将金融中介的发展纳入内生增长模型，认为金融中介的存在可以消除投资项目所面临的特定冲击，如果没有金融中介，在冲击发生后，个体投资者将无法选择合适的技术。Bencivenga 和 Smith（1991）从单个投资者面临的流动性风险出发，建立了一个将金融中介纳入内生增长框架的内生增长模型，以此来分析银行作为金融中介所发挥的资源配置效应，最后研究表明，拥有金融中介部门的经济增长率比没有金融中介部门的经济增长率可能更高。Pagano（1993）建立了一个凸性增长模型来说明在内生增长理论的框架下，金融发展可以通过资本生产率、金融部门的转化效率、储蓄率来影响经济的增长。

Greenwood 和 Smith（1997）在 Bencivenga 和 Smith（1991）研究的基础上，把金融市场加入金融系统，认为金融系统可以消除流动性风险，并增加生产性投资在储蓄中的份额，从而提高储蓄转化为投资的效率以及资源的配置效率，同时研究认为金融中介能够确定性地促进经济增长率，而证券市场只有在经济主体的风险规避偏好足够强烈时，才比金融中介对增长的促进作用更强。

由此可见，在内生增长理论框架下，对金融发展与经济增长关系的研究更为细致和深入，可以说 20 世纪 90 年代以来的金融与经济增长关系的研究是建立在“内生增长理论”的基础上，“内生增长理论”框架下金融与经济关系的相关研究范式主要有以下两类：第一，主要关注点是金融发展促进经济增长的微观机制，一般从家庭效用函数最大化入手，在内生增长模型中引入信息不对称、风险、监督成本等因素，对金融部门存在的合理性和作用进行了论证和研究，如 Bencivenga 和 Smith（1991）、Greenwood 和 Smith（1997）等；第二，将金融中介部门或金融因素纳入内生增长模型，从多个视角对金融与经济的关系展开研究，如 Greenwood 和 Jovanovic（1990）、Pagano（1993）等。

第二节 次贷危机以来对金融发展“消失效应”的关注

以上传统的金融发展理论过度强调金融发展在经济增长中的积极促进作用，忽视了金融发展的负面影响。而 20 世纪 90 年代以来频繁爆发的金融危机充分说明金融发展的双面性：在促进经济增长的同时，也可能对经济产生不利的影响（Arcand 等，2015；Barajas 等，2013；Cournède 等，2015）。因此 2007 年次贷危机之后，金融发展的负面影响即金融发展存在“消失效应”的研究日益引起学术界的关注。很多学者围绕金融发展“消失效应”的影响因素及后果，进行了相关研究。本节将对这些研究进行梳理。

一、国外的相关研究

金融发展的“消失效应”也常被称为“金融发展过度”（Too Much Finance），最早由 Arcand 等学者于 2012 年在其名为“金融过度发展了吗?”（Too Much Finance?）的工作论文中正式提出来[①]，认为金融一旦发展过度，将很难能履行其促进创新、优化资源配置、降低风险等职能。然而在这之前，已有学者对“金融过度发展”问题有所涉猎。早在 20 世纪 70 年代，Minsky（1974）、Kindleberger（1978）均强调了过度金融发展对宏观经济增长的负面影响。Tobin（1984）认为，金融部门会过度占有其他部门的稀缺资源，如人才。Easterly 等（2000）的研究表明，金融发展和经济增长之间存在凸性和非单调关系，当私营部门的信贷达到 GDP 的 100% 时，经济产出的波动性开始增加。Levine（2002）认为，金融发展对增长的作用存在边际效率递减的特点。

2007 年次贷危机的爆发使金融发展的消极影响作用再次引起学术界关注。如 Rodrik（2008）曾质疑，金融的发展与创新是否使我们的生活有明显的改善；Rodrik 和 Subramanian（2009）认为，经济学家们可能过分强调了金融发展在经济增长中的作用；Wolf（2009）研究指出，在过去 30 年中，美国金融部门的增长速度是名义 GDP 的 6 倍，并认为“金融不再是一个仆人，而是成为经济的主人”。[②]

Büyükkarabacak 和 Valev（2010）的研究发现，家庭信贷（Household Credit）的过度扩张将会增加金融危机发生的概率并导致贸易条件的恶化；Krugman 和 Wells（2011）采用美国过去 40 年经济数据研究后发现，金融并未提高生产能力，反而是具有破坏性的；Rousseau 和 Wachtel（2011）考察了金融自由化对经济增长关系的影响，发现金融深化对经

---

① 该文章正式的发表日期为 2015 年，2012 年提出“Too Much Finance”的观点时还是工作论文（Working Paper）。

② 英语原文为“Instead of being a servant，finance had become the economy's master”。

济增长的影响可能变得很小。Capelle-Blancard 和 Labonne（2016）的研究结果显示，金融发展和经济增长的正向关系消失；Arcand 等（2015）使用 162 个国家 1960—2010 年的数据研究发现，金融与经济增长之间存在负相关关系。Cournède 等（2015a、2015b）通过调查经合组织国家 50 年的数据，发现在过去的 50 年里，银行和其他中介机构对家庭和企业的信贷增长速度是经济活动的 3 倍，并且在大多数经济合作与发展组织（OECD）国家，金融业的进一步扩张可能放缓经济而不是促进增长。

二、国内的相关研究

对于中国，2008 年国际金融危机之后资产价格飙升，突出体现在房地产价格的持续上涨，并且资本市场大起大落，中国经济的整体杠杆率也呈现快速上涨态势，这些现象的出现促使国内学术界也重新思考金融发展与经济增长的关系，对金融发展的负面影响的研究逐渐得到重视。如张金清和陈卉（2013）认为，中国在 2006 年后进入金融超前阶段，并在 2007 年达到顶峰，预测未来一段时间，中国金融发展的综合水平都接近或达到相对超前阶段。黄宪和黄彤彤（2017）对中国“金融超发展”问题进行了研究。刘锡良和文书洋（2018）从经济现象和金融化指标的国际比较视角，提出中国金融存在总量上的过剩及结构性的过度金融化，且改革开放以来的 40 年间，金融发展在银行业和货币化水平上的深化并没有对经济增长率作出显著的贡献。

第三节 金融科技影响传统金融业的相关研究：基于国外文献的考察

金融科技作为当今金融业创新的关键驱动力（Gimpel 等，2018），其快速发展加快了金融领域的变革（Goldstein，2019），极大地提高了金融服务的效率（Philippon，2016），并逐渐成为金融市场的主要特征

（Arner 等，2016）。特别是，大量具有信息技术优势的新型非银行科技公司涌入金融领域，直接向企业或公众灵活高效地提供金融产品和服务，逐渐发展成为金融供给侧的新业态。因此，学术界日益关注金融科技变革对金融业的冲击。本节基于最新文献研究，围绕金融科技对金融业的颠覆性影响，重点从“支付领域”“货币领域”“融资领域”“监管领域”四个层面展开分析。

一、支付领域

进入 21 世纪，现代信息技术的发展为移动支付等新形式数字支付的发展与创新铺平道路。支付系统的创新以越来越快的速度出现，支付也成为受金融科技冲击最大的金融领域（Thakor，2020；Millian 等，2019）。

随着支付宝、微信支付、贝宝（PayPal）支付等第三方数字支付快速兴起，以现金、支票、银行卡等为关键因素的传统支付结构与体系正在被取代，逐渐形成新的数字支付体系（Gomber 等，2017）。这种新的数字支付体系不仅有谷歌、亚马逊、百度、腾讯这样的互联网巨头参与，也有传统金融机构的积极参与（Contini 等，2011）。整个支付系统受金融科技的影响在不断变革中创新与发展。

其中，移动支付作为数字支付的自然演变，使移动交易更加可行与便捷，用户可以不受时间、空间限制，随时随地进行实时支付（Thakur 和 Srivastava，2014）。移动支付也从最初专注于部署移动设备以利用现有网上银行和网上购物机会，转向引入 App（Application 的缩写）应用程序（Gomber 等，2017）。凭借 App 等程序，移动支付服务使支付更加便捷，并且使实时转账成为可能（Li 等，2017）。

此外，数字支付体系中的“电子钱包”对金融体系相对比较落后的发展中国家影响比较大。Thakor（2020）介绍了肯尼亚的 M-Pesa，它允许用户将钱存入与手机相连的账户，用其支付商品和服务，并可随时提取，因此 M-Pesa 提供了许多银行的基本服务，但是却没有依赖银行账户与存款，并且 M-Pesa 已将业务拓展到支付之外的银行服务，如贷款、向房东支付租金、国际汇款等。这种支付领域的新发展对于欠发达国家来说是一种有希望替代传统支付的可行方法（Contini 等，2011；Merritt，2010），将对世界经济产生有意义的影响（Tee 和 Ong，2016）。

由上可知，以移动支付为代表的数字支付呈现出强大生命力，应用日益普及。因此，越来越多的学者认为无现金社会将要到来，如 Arvidsson（2018）指出，瑞典可能在 2030 年成为首个不使用现金的国家；Abdullah 等（2020）指出，数字支付将导致一个无现金社会的到来，为此马来西亚正在加强无现金社会的发展，印度也于 2016 年停止高面额银行纸币的流通，朝着无现金社会迈进。可以说不依赖信用卡、借记卡、现金的无现金社会是世界上大多数政府的理想形式，正在成为世界各国政府的追求目标（Tee 和 Ong，2016）。无现金社会中，假钞等犯罪问题会明显减少，企业能够以更高的可视性进行交易，而政府可以防止现金交易所导致的税收流失（Manda 和 Margana，2019），降低现金处理、管理和运输等方面的成本（Bhaskar 和 Benjamin，2013）。

但是基于现阶段制度与法律以及技术条件，尚不能完全取消现金，原因如下：一是 G20 数字普惠金融高级原则要求有关政府部门和企业更多注重数字经济发展对弱势群体的伤害。无现金社会是有准入门槛的。从支付本身看，一些欠缺银行服务和银行服务不足的群体，如老年人、文盲、残障人士会因为不善于或无法使用电子支付工具而被无现金社会排斥。因此，政府和企业在推进无现金社会时要考虑到这些弱势群体的金融支付需求，并加大力度避免他们被进一步金融排斥。二是监管部门要更加重视个人信息保护。无现金社会是有社会代价的。现金支付的最大好处是能够最大限度保护交易双方的交易信息与个人隐私。无现金社会全程、全面记录个人的支付信息，其中难免涉及个人隐私，一旦这些敏感信息被大规模泄露，将造成重大社会影响，甚至造成不可挽回的损失。特别是在中国，互联网正在全面渗透人们的生活与工作，此时无现金社会更加需要监管部门加强个人信息保护，加大信息泄露与不当使用的法律惩处力度。

国家货币体系本质上是公共品（Public Good），其中现金服务也是国家公共服务的重要组成之一。现金和货币服务绝对不能丝毫具有商业活动的排他性（Excludability），任何个体都不能因任何原因被剥夺使用现金和货币服务；国内居民与国外游客都一样有无条件使用该国现金和货币服务的权利。同时，现金与货币服务是非竞争的（Nonrival），任何人接受现金与货币服务时不能妨碍其他人同时接受和使用这样的服务。商业性质的电子支付因使用群体庞大所带来的“网络效应”（Network Effect）使电子货币具有日益稳定的内在价值（Intrinsic Value），同样，具有无限法偿的现金的价值稳定也取决于有多少人使用它。由于公平品产生的搭便车（Free-riding）广泛存在，理性的个体不会为“维护法定货币信心”作出任何私人努力，甚至会减少这方面的私人投入。因此，在市场经济环境下，过度的支付工具发行和竞争（如比特币等）会产生社会整体的无效率，这无疑会降低法定货币的价值，削弱人们对法定货币的信心（Ritter，1995）。“无现金社会”目前为止仍旧是一个开放式问题。

二、货币领域

区块链是一种点对点的分布式账本技术，以其为底层技术的加密资产日益引起社会各界的关注。其中，比特币作为最具代表性的加密资产，被认为是一种分散的、匿名的和假名的数字系统，其特点是没有任何政府或其他法律实体的支持，不能兑换黄金或其他商品，依靠点对点网络和加密技术来完成交易（Nakamoto，2008）。Ateniese 等（2014）指出，比特币是一种基于区块链（分布式账本技术）的点对点交易电子现金系统，其认为比特币成功的一个关键因素是去中心化，不需要建立甚至不支持建立可信的第三方权威机构。Richer 等（2015）同样认为比特币具备可验证、速度快、交易加密、成本低廉等优势，因此比特币会给银行业带来重大创新。此外，Dwyer（2015）指出，比特币可以利用点对点网络和开源软件等来阻止双重消费，创造交易的最终性，并且比特币具有正价值，其价值取决于对比特币的需求和供应，他认为“数字货币”[①]可以在国际汇兑领域广泛应用，并且可能降低政府从通胀中创收的能力。

然而区块链技术支撑的加密资产充当法定货币几乎不可能。首先，加密资产并没有权威背书，Gao（2013）指出，加密资产只是一种数字交换单位，并没有法律上的意义，也没有法定货币背书。其次，加密资产本身存在突出的金融与非金融风险，Guo 和 Chow（2008）指出，加密资产面临五大核心挑战：安全威胁、加密资产系统崩溃的危险、法定货币体系的影响、被非法利用的危险，以及本身价值波动频繁、不稳定的风险。如 Cheah 和 Fry（2015）采用 2010 年 7 月 18 日至 2014 年 7 月 17 日期间比特币 Coindesk 指数的每日收盘价进行了计量经济学分析，发现比特币存在投机性泡沫，比特币的基本价格显示为零。尤其越来越多的事实证明比特币等加密资产多被用于贩毒、洗钱等非法活动，如 Foley 等（2019）对比特币交易服务非法活动的程度进行校准，结果估计大约 46% 的比特币交易与非法活动有关。再次，加密资产并不能减少交易的成本，Chiu 和 Koeppl（2017）指出，加密资产仍然存在“双花”的问题，他们研究估计比特币会导致 1.4% 的消费福利损失。近年来的国外研究已经开始将研究重心从加密资产及市场本身的特质特点转移到加密资产与传统金融市场的联系上来，同时，研究对象也已经开始从比特币等加密资产转向到稳定币。国内相关研究尚在起步阶段。相较于已有的研究文献，中国人民银行数字货币研究所课题组（2022）在理论机制方面补充了稳定币、加密资产（比特币）与外汇市场联系的微观机制，这是现有文献较少着墨之处；其研究发现具有代表性的国际货币（欧元、日元）与非代表性国际货币（人民币）分别与美元稳定币相关性的差异

---

① 很明显，此处打引号的“数字货币”并非数字货币，加密资产不具备货币的基本职能，故而不能称为“货币”。下文如无特殊说明，数字货币均指央行数字货币或法定数字货币。

性表现，有助于中国学界全面研究加密资产、稳定币对发展中国家可能带来的负面影响。最后，比特币转换为法定货币还需第三方的介入。比特币的特点是点对点支付，但是许多比特币交易需要“中间人”介入，将比特币转换为法定货币（Thakor，2020）。如 Mt. Gox 作为最大的比特币交易平台，主导了比特币的早期发展，2014 年以前处理了全球 70% 的比特币交易，没有这一中介，人们就无法将比特币的价值转移到法定货币，比特币在世界范围内的交易将面临巨大困难。可见，尽管比特币与传统金融基础设施“脱媒”，但建立一个具有中介作用的基础设施以实现比特币与法定货币之间的转换，仍然是重要与必需的（Cai，2018）。

因此，Thakor（2020）认为，把比特币看作一种投资比看作一种货币更为合适，他指出比特币虽然是一种交换媒介，但目前它只用于有限数量的商品，只占整体支付的微小部分；同时，比特币的价值波动大，没有存款保险，面临黑客攻击、盗窃等安全问题。因而以比特币为代表的加密资产并不适合作为法定货币。正如 Luther（2016）认为，加密资产替代现有货币的唯一可能性存在于货币非常脆弱和货币管理不善的国家。

由上可见，在货币领域，区块链技术支撑的加密资产并不能充当货币，也不能充当信用的最高形式，更不能发挥价值尺度、流通手段、贮藏手段等货币职能，因而比特币等加密资产并不能充当法定货币。事实也证明，目前没有一个国家或地区成功采用加密资产作为自己的法定货币。但是加密资产的产生与发展却促使各国央行开始研发法定数字货币，并尝试实践。法定数字货币（Digital Currency）是央行主导下的中心化货币，与比特币等分散化加密资产（Cryptoasset）存在本质差异。法定数字货币只是货币形式与货币载体的变化，其作为信用的本质并没有变化。它与加密资产没有共性，其发行目的是货币的运行更高效、更安全，成本更低廉。因此，央行发行的数字货币是法定货币的最新形态（Berentseen 和 Schar，2018）。

Thakor（2020）认为，央行发行法定数字货币存在以下好处：

（1）存款将直接可以存入中央银行账户，因而家庭和企业将会要求商业银行在保证资金安全的前提下进一步提高存款利率，这会督促商业银行进一步提高自身的经营管理水平；（2）中央银行可以直接向家庭支付存款利息，从而使货币政策变得更易执行，尤其是负利率的货币政策会更容易、更便利地实施。因为在纸币现金时代，如果实施负利率，储蓄者“宁愿把钱塞进床垫而不是放在银行”（Bordo 和 Levin，2017）。Barrdear 和 Kumhof（2016）研究表明，法定数字货币的引入将降低实际利率、扭曲性税收及货币交易成本，因而会使实际 GDP 增长 3%。Davoodalhosseini（2021）指出，与现金相比，法定数字货币的成本仅为交易价值的 0.25%左右，并且法定数字货币的引入将可能导致美国的消费增加 0.12% ~0.21%，加拿大的消费增加 0.04% ~0.07%。

因此，国外很多学者认为央行应该发行数字货币。Bjerg（2017）基于货币政策三元模型，评估了法定数字货币实施的三种不同情景：（1）法定数字货币、现金、商业银行存款并存；（2）取消现金，法定数字货币与商业银行存款共存；（3）取消商业银行存款，法定数字货币仅与现金共存。他建议中央银行与商业银行均应引入央行数字货币，成为货币创造者。Gouveia 等（2017）也认为法定数字货币将成为一种银行间结算机制，很可能在未来几年内发行，央行数字货币将尽可能地类似于现金被投入使用。

三、投融资领域

（一）拓宽融资渠道

在现代市场经济中，企业的资金融通主要通过银行与资本市场来实行。然而，随着金融科技的兴起，非银行金融科技公司有能力创造出一个更大、更具竞争力、更多样化的信贷市场（Anagnostopoulos，2018）。如众筹等金融科技新业态作为一种点对点、绕开传统金融中介、使贷款人和借款人能够直接匹配的网络借贷方式，呈现出强大生命力，并迅速发展成为一种新的全球现象（Rau，2018）。它们通过汇集许多小额资金来进行融资，积少成多（Belleflamme 等，2014），经常可以融到惊人的金额，逐渐发展成为市场经济中新的融资渠道（Cai，2018），拓宽了企业尤期是中小企业的融资渠道。总之，金融科技借贷在融资领域的作用日益突出，主要体现在以下三个方面：

第一，金融科技借贷填补了金融市场中的信贷缺口（Hodula，2021），扩大了银行服务的覆盖面，补充了银行在金融中介功能方面的不足（Molnár，2018；Milne 和 Parboteeah，2016）。Jagtiani 和 Lemieux（2018）通过对 Lending Club（美国知名在线贷款平台）的消费者贷款数据进行分析，发现 Lending Club 的贷款活动已经渗透到传统银行服务未曾涉及的领域内，如人均分支银行较少的地区、经济落后的地区。Havrylchyk 等（2018）也得到类似结论，网络借贷已经扩展到银行分支机构少、银行集中度较低的地区。

第二，金融科技借贷具有普惠性，可以解决传统上阻碍中小微企业获得信贷的各类障碍（如缺乏信用记录、缺乏会计数据、缺乏传统抵押品等），从而为中小微企业融资纾困起到很大的帮助作用（IMF，2019）。它使借款人更加容易进入金融系统，获得必要的融资支持（Rau，2018）。Balyuk（2017）同样指出，金融科技可以在不导致过度借贷的情况下扩大信贷市场的参与者。

第三，金融科技借贷还可以将小储户与传统上面临严格融资约束的风险型企业联系起来（Cassar，2004；Robb 和 Robinson，2014），成为风险类投资筹集资本的重要来源，因而会对创新创业发挥重要作用（Blaseg 和 Koetter，2015）。尤其对于风险大、专业化程度高的产品，金融科技借贷可以纠正传统资金供求匹配过程中的低效现象（Alaei 等，2016）。

（二）提高融资效率

Philippon（2016）发现，美国金融服务的单位成本在过去 100 多年里一直没有明显变化，因此他认为过去的金融创新并没有为消费者带来显著的好处，也没有提高金融系统的整体效率，金融服务仍然是昂贵的。

为此，他提出“金融科技为什么没有早一点发生”的疑问。而金融科技借贷凭借互联网平台简化了将资金需求者与资金供给者匹配在一起的程序，降低了融资的交易成本与交易时间（Zhang 和 Liu，2012）。其效率优势主要体现在以下两个方面：

第一，金融科技借贷平台的商业模式运营成本低。如图 3－1 所示，网络借贷平台的收费低，它们会对贷款人进行风险评估与分类，但是仅收取发起费与服务费（Hopstaken 等，2016）。Welltrado（2018）发现网络借贷平台 Lending Club 运营成本占贷款的比例仅为 2.7%，而银行这一比例接近 7%，远远高于 Lending Club 的运营成本。

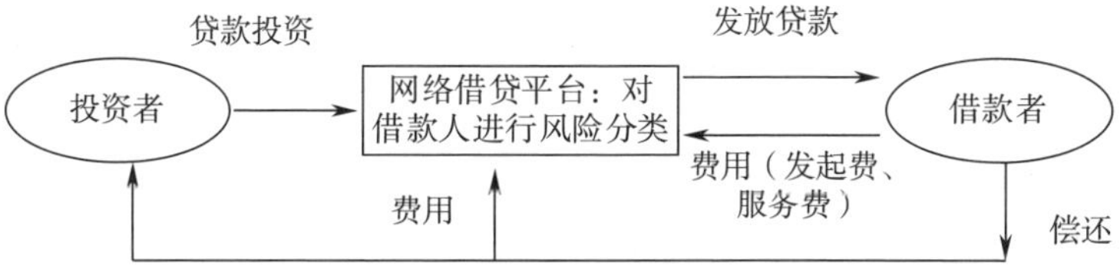

图 3－1　贷款众筹业务流程

第二，金融科技公司的监管负担远低于银行。与银行相比，众筹等金融科技公司的注册没有严苛的标准与要求，其经营也没有复杂的监管要求，从而降低了交易成本（Belleflflamme 等，2015）。监管部门对其也缺乏有效的监管（Arner 等，2016；Chen，2016；Stern 等，2017；Ozili，2018），如没有存款准备金、资本充足率等监管要求，因此金融科技公司的监管负担远低于银行（Thakor，2020），存在监管套利（Buchak 等，2018）。在此背景下，金融科技公司可以以更低的成本聚集更多的社会资金来进行信贷投资，从而实现更高的投资转化率与回报率。

可见，金融科技公司在资金借贷业务中存在一定效率优势，也因此成为银行借贷的强有力竞争者。De Roure 等（2019）通过建立一个银行借贷与 P2P 借贷竞争的理论模型作出了如下预测：当部分银行因受外部监管影响，成本剧增而减少银行信贷，同时未受监管影响的银行因财务能力较弱无法弥补减少的银行信贷时，银行将在总量上失去部分市场份额，让位于P2P借贷。他们进一步用德国的P2P借贷与银行信贷数据进行了实证分析，其模型的预测获得实证数据的支持。Broström等（2018）利用美国知名网络借贷平台Prosper的数据研究发现，当银行信任程度越低，贷款人通过网络借贷平台融资的可能性越大，参与程度越高。

为应对来自金融科技公司的冲击及影响，银行也将建立自己的平台或与现有金融科技平台建立合作伙伴关系（Thakor，2020）。如富国银行和高盛已经在合作建立在线贷款平台；Lending Club、Prosper与Webbanks合作；On Deck与JP摩根大通合作，以承销其部分小型企业贷款。由此可见，在融资领域，银行等传统金融机构正在成为金融科技借贷的积极参与者，经营也日趋“脱媒化”。

四、监管领域

金融科技使金融风险呈现新特征，因此监管机构迫切需要新的工具来应对新的风险类型与影响金融稳定的因素（Jagtiani和John，2018）。也因此催生了监管科技（RegTech），监管科技作为现代信息科技在金融监管的运用，极大地提升了监管者对于各种复杂金融风险的甄别与防范能力，并节约了监管机构的成本，同时改变着金融监管的未来。

（一）监管效率提升

监管科技降低了监管成本，减轻监管者负担，并使监管更加的精准。Arner等（2016）指出，监管科技可以减少调查合规与违规行为所需的时间。同时，降低了监管决策的时间，并加快了匹配速度，从而提高了合规功能的价值。无序杂乱的数据集，可以通过监管科技被重新整理与组织（Anagnostopoulos，2018），正如Baxter（2016）指出，监管科技可以通过自动化机器分析大大减轻监管机构的负担。

（二）监管手段丰富

首先，监管科技丰富了风险评估的新方法。它可以通过实时交易分析、在线注册和开源合规系统等手段，为风险监管提供持续的、不间断的报告，从而加强对新风险的监测；并智能挖掘现有数据集，通过创建风险数据仓库和监控活动工具，使现有存储库的数据释放出全部潜力（Anagnostopoulos，2018）。因此，可以帮助监管机构高效处理金融危机（Loiacono 和 Rulli，2021）。

其次，监管科技可以提供监管政策的模拟。它可以提供更智能的监管政策建模，以模拟新政策的影响（Anagnostopoulos，2018）。监管科技还促进了监管模拟系统和监管沙盒的开发，预测与识别新监管方法的可能后果（Arner 等，2016）。

最后，监管科技增加了监管中的信息管理工具，如财务健康检查、交易报告、监管报告和培训工具等，把模型分析与人工智能连接起来，从而将监管人类行为转变为控制和监督算法或电子流程（Anagnostopoulos，2018）。

第四节　金融科技的影响：基于国内文献的考察

一、金融科技对传统金融中介的影响

国内学者的研究主要关注金融科技对传统金融中介效率的影响。如封思贤与郭仁静（2019）选取第三方支付和 P2P 借贷交易额来衡量数字金融发展程度，实证研究了数字金融对中国银行业的影响，其研究发现数字金融发展改善了银行的成本效率，但降低了银行的利润效率。汪可（2019）采用文本挖掘法构建金融科技发展水平指数，实证研究了金融科技发展对银行业全要素生产率的影响，其研究结果显示，金融科技给商业银行带来技术溢出，提高了商业银行的全要素生产率。盛天翔与范从来（2020）实证发现，金融科技有助于促进银行的小微企业信贷供给。金融科技公司促使传统金融业提升金融服务效率，降低金融交易成本，是金融创新的重要组成部分（易纲，2020）。

二、金融科技对宏观经济增长的影响

薛莹和胡坚（2020）指出，金融科技有助于发挥资源配置效应和创新效应，推动经济高质量可持续发展。刘瑞凝等（2019）的实证研究表明，数字普惠金融的发展对中国整体实体经济资本配置效率存在显著的提升作用，因此从资源配置效率的视角证明了薛莹和胡坚（2020）的观点。滕磊和马德功（2020）基于省级面板数据，以北京大学数字普惠金融指数衡量数字金融发展，从缓解企业融资约束、提升区域创新水平和对外开放水平等视角，同样研究证实了数字金融确实能够促进社会经济的高质量发展。张勋等（2019）将中国数字普惠金融指数和中国家庭追踪调查（CFPS）数据相结合，基于普惠金融视角，研究证实了数字金融能促进中国的包容性增长。钱海章等（2020）采用省级面板数据，研究证实了中国数字金融发展促进了经济增长。

第五节　文献述评

基于以上的文献梳理，国内外学者已深刻认识到金融科技给金融业带来的深刻影响与冲击。但是已有研究是初步的，仍有一些重要问题悬而未决。

（1）如何把金融科技问题纳入现有的金融发展理论框架？如现代金融发展理论主要假设：银行作为“储蓄转化为投资”的中介在市场经济中发挥关键性作用。然而金融科技借贷（P2P 借贷）作为一种点对点、使贷款人和借款人能够直接匹配的网络借贷方式同样可以起到储蓄转化为投资的作用，因而以银行为代表的传统金融中介不再是市场经济中储蓄转化为投资的唯一关键性制度安排。那么，金融科技的介入对传统金融中介进而对经济增长会产生怎样的影响？其内在的理论机制是什么？在现有文献中，相关的理论探讨还不足，远远滞后于金融科技的发展实践。

（2）金融对经济增长的重要性已取得学术界与实践界的一致共识。那么，随着大量新型金融科技公司涌入金融业，金融影响经济增长的范式是否发生变化？金融科技又将怎样驱动经济增长？其机制与途径有哪些？在目前已有的文献中，相关的研究还很有限。

基于此，本书试图在这些问题上有所突破。20 世纪 90 年代以来，学术界关于金融发展与经济增长关系的研究主要建立在“内生增长理论”之上。本书进一步在“内生增长理论”的基础上，假定整个社会经济分为生产部门、R&D 部门、金融部门、家庭与人力资本部门。其中，金融部门进一步异质化为金融科技公司与传统金融中介两个子部门，并参考 Krugman（1979）、Grossman 和 Helpman（1991）的“南北方”模型来解释金融科技公司与传统金融中介的相互作用，试图构建起一个异质性金融中介的多部门内生经济增长模型，以此从理论上分析以金融科技公司为代表的金融科技新业态如何影响传统金融中介及社会经济增长，并通过数值模拟与实证计量分析检验理论模型推导的结果。

第四章　金融科技对金融业的动态影响：理论与实证

通过第三章的文献梳理，可以发现国内外学者虽然已深刻认识到金融科技对金融业带来的深刻影响与冲击，但是相关理论方面的探究还远远不足。为此，本章通过文献回顾，考察了金融科技公司与银行的竞合关系，证实金融科技公司存在效率优势的事实。基于这一事实，本章将金融科技问题纳入经典“金融发展与内生经济增长”理论分析框架，对金融科技发展的两种力量（传统金融机构的持续性金融科技创新，与以金融科技公司为代表的金融科技新业态）进行了区分，假定整个社会经济分为生产部门、R&D 部门、金融部门、家庭与人力资本部门，金融部门进一步异质化为新型金融科技与传统金融中介两个子部门。并参考 Krugman（1979）、Grossman 和 Helpman（1991）的“南北方”模型来解释金融科技公司与传统金融中介的相互作用，同时参考 Pagano（1993）设定了物质资本积累方程，参考 Lucas（1988）设定了人力资本积累变动方程，参考 Aghion 和 Howitt（1992）设定了 R&D 部门的变动方程[①]，从而构建起一个异质性金融中介、一般均衡的多部门内生经济增长模型，从理论上阐明金融科技新业态影响传统金融中介的动态机制，并提出了本章的研究命题，继而采用中国数据对该研究命题进行了实证检验。

① 参见罗默《高级宏观经济学》（第三版）第三章的新经济增长模型。

第一节 金融科技公司与银行的竞合关系

金融与技术的融合由来已久，从19世纪电报、电缆的引入到20世纪自动取款机（ATM）的推出，技术创新一直在影响着金融业的发展。反过来，金融业也一直是新技术的主要用户与积极采用者，因此，广泛意义上的金融科技并不是一个新故事（Goldstein，2019）。然而，进入21世纪以来，随着大数据、云计算、人工智能等新一代信息技术的快速发展，许多大型电子商务公司、信息科技巨头涌入金融业，凭借技术优势与科技手段，直接面向终端用户提供金融产品与服务，进而带动更多资源支撑自己的科技研发与技术创新。这些非银行金融科技公司涌入金融业所形成的金融供给侧新业态，带来了效率的提升，并降低了成本，是金融创新的重要部分（易纲，2020）。此时，金融领域的科技革新不再来源于传统金融中介，而主要来自金融科技公司。如何看待这一变革，以及这种变革会产生怎样的影响，既有的相关研究可被划分为两类。

一、金融科技新业态是传统金融中介的"合作者"

首先，金融科技公司的服务范围扩大了银行服务的覆盖面。Thakor（2020）、Thakor和Merton（2019）分析认为，金融科技最有可能在涉及计算、处理和记录保存的金融服务领域取得成功，这些领域具有较高的透明度，而且性能可以很容易被测试和检验。通过对Lending Club（美国知名在线贷款平台）上面的消费者贷款数据进行实证分析，Jagtiani和Lemieux（2018）发现，Lending Club的贷款活动已经渗透到传统银行服务未曾涉及的领域内，例如，在人均分支银行较少的地区、经济落后的地区，Lending Club贷款的比重较高。与此同时，Havrylchyk等（2017）也得到了类似的结论，网络借贷已经扩展到银行分支机构少、银行集中度较低的地区。Molnár（2018）分析了金融科技的两大应用领域在线市场贷款（主要指 P2P 借贷平台）与金融科技银行（如移动银行），指出在线市场贷款可能减少信贷市场上的融资摩擦，但是无法在提供流动性服务和资产转化方面与银行竞争，因而在线市场贷款很难与银行抗衡，只是对传统银行业的有效补充；鉴于新型金融科技银行迄今为止在客户数量和市场份额上占比都很小，它们目前的业务发展并不是传统银行的竞争对手，而是通过降低交易成本来补充银行在金融中介方面的不足。这些研究表明，金融科技公司的发展并不能覆盖全部金融领域，仅适用于部分领域的有限情形，是传统金融中介的有效补充（Milne 和 Parboteeah，2016）。

其次，面对金融科技新业态的冲击，银行业会积极向金融科技公司学习，从而提高其自身的服务效率。Boot（2016）指出，银行可以采用金融科技技术来改善现有的银行内部流程，例如，大数据分析可以改善银行的贷款流程。盛天翔与范从来（2020）实证发现，金融科技有助于促进银行的小微企业信贷供给。此外，由于银行自身缺乏创新能力（Tornjanski 等，2015），其与金融科技公司的合作正日益成为银行推动自身创新的重要选择（Drasch 等，2018）。

可见，持“合作”观点的研究认为，金融科技公司是传统金融中介的有效补充，同时，银行等传统金融中介会学习并采用金融科技公司的先进技术与服务，甚至采用合作与并购等方式努力成为金融科技领域的重要参与者，因而金融科技公司涌入金融业可能产生较强的技术外溢效应，并对传统金融中介的发展起到积极促进作用。

二、金融科技新业态是传统金融中介的“竞争者”

首先，金融科技公司的效率高于传统金融中介。利用美国贷款数据，Fuster 等（2019）发现，金融科技公司处理贷款申请的速度比其他金融机构快 20% 左右，并且快速的贷款处理并不以高违约率为代价，金融科技借贷比其他借贷能够更灵活地调整供应，以应对外部抵押贷款的需求冲击，从而缓解受传统抵押贷款影响的融资约束，另外，在金融科技贷款较多的地区，借款人的再融资比较多。这些发现表明，金融科技贷款比传统金融机构的贷款更有效率。除此之外，银行业的运营成本还远高于金融科技公司（Thakor，2020）。通过使用 Lending Club 的数据，Welltrado（2018）发现，Lengding Club 的运营成本占贷款的比例仅为 2.7%，相比之下，银行业这一比例高达 7%。另外，金融科技公司还能够更快、更灵活地利用创新技术和以客户为中心的解决方案（Ansari 和 Krop，2012）。例如，Chiu（2016）指出，初创型金融科技公司虽然没有在金融领域提供产品和服务的传统和经验，但是它们更加灵活、更加安全、效率更高，并且它们不需要依赖现有的客群，其解决方案更加具有说服新客户的潜力；Phillippon（2016）认为，这些金融科技公司拥有传统银行所没有的高效率文化，它们不会被现有的金融体系所阻挡，并且愿意作出冒险的选择，因此，金融科技公司会降低金融服务的成本。

其次，与传统金融中介相比，金融科技公司缺乏有效的监管（Arner 等，2016；Chen，2016；Stern 等，2017；Ozili，2018）。例如，从事信贷业务的金融科技公司没有受到存款准备金、资本充足率等银行监管要求的影响，因而这些金融科技公司的监管负担远低于银行（Thakor，2020），并且金融科技行业存在着监管套利行为（Buchak 等，2018）。在这种背景下，金融科技公司可以更低的成本聚集更多的社会资金，进行信贷投资。

最后，金融科技公司更加普惠。各类新型金融科技公司解决了传统上阻碍中小微企业获得信贷的各类障碍（如缺乏信用记录、缺乏会计数据、缺乏传统抵押品等），从而为中小微企业融资纾困起到了很大的帮助作用（IMF，2019）。此外，金融科技公司还可以将小储户与面临严格融资约束的风险型企业联系起来（Cassar，2004；Robb 和 Robinson，2014）。

可见，持“竞争”观点的相关研究认为金融科技公司的服务更快、更灵活、成本更低、效率更高、普惠性更强，并能凭借这些优势在金融市场上与传统金融中介展开激烈竞争，可能对传统金融中介产生极强的破坏性效应。正如 Beck（2001）早在 21 世纪初就预测互联网导致的交易成本降低将压低金融市场的进入门槛，金融市场上的供求可能借助互联网实现匹配，因此，金融市场可能不再需要由成本密集型分支机构组成的大型银行中介系统，所以他提出“银行业是必需的，但银行不是”的著名观点。甚至有些学者认为，在未来某一时点，传统银行仅用于吸收存款就足够了，而其余均可以通过金融科技来完成（Hemmadi，2015；Gomber 等，2017；Milian 等，2019）。Walker（2014）也提出，像谷歌、脸书这样的科技巨头进入金融业，会将金融系统整合到数字经济中。

总体来看，现有文献围绕金融科技新业态与传统金融中介已经取得了不少成果，金融科技公司技术驱动的效率优势得到一致的共识，并且多数研究都认为金融科技新业态对传统金融中介的影响是显著的，甚至是革命性的，研究观点与结论主要集中于二者的“合作关系”或“竞争关系”。但是这些相关研究主要侧重于描述性分析，不多的实证研究也缺乏理论框架与模型的支撑，少有分析金融科技公司与传统金融中介的竞争与合作关系及其背后的理论机制。

第二节　理论模型的基本假设

20 世纪 90 年代以来，许多学者把金融中介纳入内生增长模型来探讨金融中介在经济中的作用。在内生增长框架下，对金融中介的研究较为深入与细致，相关的研究范式主要包括：一是从家庭效用最大化入手，在内生增长模型中引入信息不对称、风险、监督成本等因素，对金融中介或金融市场存在的合理性和作用进行论证和研究（Bencivenga 和 Smith，1991；Greenwood 和 Smith，1997；Greenwood 和 Jovanovic，1990；等等）；二是从家庭效用最大化入手，就金融与社会经济的关系展开多视角的研究（Pagano，1993；Aghion 等，2005；易信和刘凤良，2015；等等）。以上述研究为基础，本书假设社会经济分为以下几个部门：家庭部门、物质生产部门、人力资本生产部门、研究与开发（R&D）部门、金融部门。其中，金融部门又进一步细分为金融科技公司与传统金融中介（见图4－1），从而构建一个动态的、一般均衡的、异质性金融中介模型，以此来考察金融科技公司对传统金融中介的影响机制及其背后的经济含义。

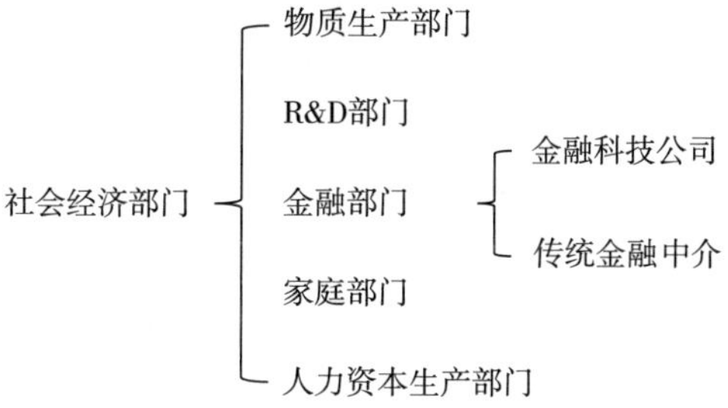

图4－1　社会经济部门

一、家庭部门

本书假定社会上拥有无数同质（效用函数一致）的家庭，这些家庭供给劳动、持有资本并进行消费与储蓄，其目标是最大化自身的效用。代表性家庭的效用函数如下：

$$U = \int_0^{\infty} u[c(t)]\, e^{-\rho t} dt, \rho > 0 \qquad (4-1)$$

其中，$c(t)$ 为 t 时期代表性家庭的消费；ρ 为主观折现率，表示家庭对于现在消费与未来消费之间的替代，ρ 值越小，说明家庭更倾向于未来消费，未来消费较之于即期消费能够给家庭消费者带来更高的效用；$u(\cdot)$ 为瞬时即期效用函数，代表每个家庭在 t 时期的消费所带来的效用，其形式为相对风险厌恶系数不变的效用函数（CRRA 效用函数）：

$$u[c(t)] = \frac{c_t^{1-\theta} - 1}{1 - \theta}, \theta > 0 \qquad (4-2)$$

其中，$\theta = \frac{-c\,U''(c)}{U'(c)}$为相对风险厌恶系数，替代弹性为常数$\frac{1}{\theta}$。联立式

(4-2)，代表性家庭的效用函数可表示为

$$U = \int_0^{\infty} \frac{c_t^{1-\theta} - 1}{1 - \theta} e^{-\rho t} dt, \rho > 0 \qquad (4-3)$$

二、物质生产部门

厂商雇用家庭的劳动、资本进行生产。假定市场中存在着大量生产同样商品的相同厂商，代表性厂商的生产函数为道格拉斯生产函数（C-D 生产函数），同时为分析上的简化，假定社会总劳动力 $L(t) = 1$，则 t 时期的社会总产出为

$$Y(t) = A(t)^{\alpha} K(t)^{\beta} [\mu_{Y,t} \cdot H(t)]^{\gamma} \qquad (4-4)$$

其中，$A(t)$ 代表厂商技术水平，$K(t)$ 为物质资本投入，$H(t)$ 为全社会人力资本总投入，$\mu_{Y,t}$表示在从事物质生产的劳动力占经济中所有从业劳动力的比例，且 $0 < \mu_{Y,t} < 1$。参数 α、β、γ 分别表示技术、物质资本、人力资本对生产的贡献份额，且 $0 < \alpha$、β、$\gamma < 1$。

假定经济总产出分为消费 C 和储蓄 S 两部分，即 $Y = C + S$。Pagano（1993）认为，投资并不完全等于储蓄，储蓄向投资转化的过程受金融部门转化效率的影响，因而参考 Pagano（1993），设定资本 $K(t)$ 的变动方程为

$$\dot{K}(t) = BR_t \{A(t)^{\alpha} K(t)^{\beta} [\mu_{Y,t} \cdot H(t)]^{\gamma} - c(t)\} - \delta_1 K(t) \qquad (4-5)$$

其中，BR_t表示金融部门将储蓄转化为投资的效率，$\dot{K}(t)$ 表示物质资本的变动，δ_1表示物资资本折旧率，$0 < \delta_1 < 1$。

式（4-5）只考虑了单一的传统金融中介储蓄转化为投资的作用与效率，然而随着金融科技兴起，金融科技公司加快了社会经济中储蓄转化为投资的过程，同样起到金融中介的作用（Molnár，2018；Cai，2018；IMF，2020）。因此，在式（4-5）的基础上，增加金融科技公司将储蓄转化为投资的作用，设定 t 时期的物质资本积累变动方程为

$$\dot{K}(t) = B_t^{\varphi} R_t^{1-\varphi}\{A(t)^{\alpha} K(t)^{\beta}[\mu_{Y,t} \cdot H(t)]^{\gamma} - c(t)\} - \delta_1 K(t) \quad (4-6)$$

其中，B_t、R_t分别表示传统金融中介与金融科技公司的储蓄转化为投资的效率。$1-\varphi$ 表示金融科技公司对整个金融部门（包括传统金融中介）储蓄转化为投资的效率的贡献份额，其他变量和参数的含义同前。

三、人力资本生产部门

参考 Lucas（1988）的研究，将人力资本生产的变动方程设定为

$$\dot{H}(t) = \phi(1-\mu_{Y,t}-\mu_{A,t}-\mu_{R,t}-\mu_{B,t})H(t) - \delta_2 H(t) \quad (4-7)$$

其中，$(1-\mu_{Y,t}-\mu_{A,t}-\mu_{R,t}-\mu_{B,t})$ 为从事人力资本生产（教育、培训等）的劳动力占经济中所有从业劳动力的比例，其中，$\mu_{A,t}$、$\mu_{R,t}$、$\mu_{B,t}$分别表示研究与开发部门、金融科技公司、传统金融中介从业人员占经济中所有从业劳动力的比例；ϕ 为常数；δ_2大于零小于 1，表示人力资本存量的折旧率。

四、研究与开发（R&D）部门

$A(t)$ 为内生变量，代表技术进步，为此需要引入一个研究与开发部门，即 R&D 部门。$A(t)$ 变动与人力资本存量、原有的技术水平等密切相关，同时研发投入高的企业特别适合采用金融科技筹资中的众筹形式来进行融资（Dorfleitner 等，2017），并体现金融科技服务实体经济，促进创新的独特作用，因而在参考 Romer（1996）、Grossman 和 Helpman（1991）、Aghion 和 Howitt（1992）基础上，设定 t 时期 R&D 部门的生产变动方程为

$$\dot{A}(t) = \chi[\mu_{A,t} \cdot H(t)]^{\tau} A(t)^{\varepsilon} R_t^{\nu} \quad (4-8)$$

其中，R_t^{ν}表明金融科技公司对 R&D 有反哺作用，χ 是常数（模型结果

不体现，下同），$\mu_{A,t}$表示 R&D 部门的就业人员占所有从业人员的比例。τ、ε、ν 均是大于 0 小于 1 的参数：τ 表示人力资本对研发部门产出变动的弹性，用于衡量研发部门产出变动对人力资本变动的反应程度；ν 表示金融科技公司效率对研发部门产出变动的弹性，用于衡量研发部门产出变动对金融科技公司效率变动的反应程度；ε 用于衡量现有技术水平对 R&D 部门研发成败的影响。

五、传统金融中介与金融科技公司

已有研究表明金融科技公司的效率高于传统金融中介，并且存在监管套利的行为，因此，金融科技公司可以调动更多的社会资金进行投资；此外，金融科技公司更加普惠，可以通过扩大对中小企业的服务准入加速整个社会储蓄转化为投资的过程。因此，这里假设金融科技公司将储蓄转化为资本的效率（R_t）大于传统金融中介的效率（B_t），即$R_t > B_t$。这种情况下，金融科技公司与传统金融中介类似 Krugman（1979）、Grossman 和 Helpman（1991）中的“南北方”模型：南方的技术进步通过学习北方的先进技术而实现。故参考 Krugman（1979）、Grossman 和 Helpman（1991）模型中的“南方”，将传统金融中介的效率变动方程设置为

$$\dot{B}_t = \eta\,[\mu_{B,t}\cdot H(t)]^{\xi}\,(R_t - B_t)^{\Psi}, R_t > B_t \tag{4-9}$$

其中，η 为常数，$\mu_{B,t}$表示传统金融中介从业人员占所有从业劳动力的比重。ξ 表示人力资本对传统金融中介效率变动的弹性，用于衡量传统金融中介效率变动对人力资本变动的敏感程度，Ψ 表示金融科技公司向传统金融中介的技术溢出参数，反映了技术溢出对传统金融中介效率变动的影响。以上参数均大于 0 小于 1。

金融科技公司的主要投入为劳动力、人力资本，并受原有金融科技发展水平的影响，因而设定金融科技公司的效率变动方程为

$$\dot{R}_t = \text{м}\,[\mu_{R,t}\cdot H(t)]^{\pi}\,R_t^{w} \tag{4-10}$$

其中，м 为常数，$\mu_{R,t}$表示金融科技公司的从业人员占所有从业劳动力的

比重。π 表示人力资本对金融科技公司效率变动的弹性，用于衡量金融科技公司效率变动对人力资本变动的反应程度，w 反映了原有金融科技发展水平对金融科技公司效率变动的影响，二者均是大于 0 小于 1 的参数。

第三节　动态优化与研究命题提出

本节将基于内生增长理论，构建一个包含金融科技公司与传统金融中介的异质性的、一般均衡的金融中介理论模型，并进行动态优化求解。然后根据理论模型推导的结果，提出本章的研究命题。

一、动态优化求解

由上一节的设定，可以构建一个包含金融科技公司与传统金融中介的异质性的、一般均衡的金融中介理论模型，其动态最优化问题可以表示为

$$\max \int_0^\infty \frac{c(t)^{1-\theta}-1}{1-\theta} \cdot \mathrm{e}^{-\rho t}\mathrm{d}t \tag{4-11}$$

$$\text{s.t. } \dot{K}(t) = B_t^{\varphi} R_t^{1-\varphi}\{A(t)^{\alpha} K(t)^{\beta}[\mu_{Y,t} \cdot H(t)]^{\gamma} - c(t)\} - \delta_1 K(t) \tag{4-11a}$$

$$\dot{A}(t) = \chi[\mu_{A,t} \cdot H(t)]^{\tau} A(t)^{\varepsilon} R_t^{\nu} \tag{4-11b}$$

$$\dot{R}_t = \mathrm{M}[\mu_{R,t} \cdot H(t)]^{\pi} R_t^{w} \tag{4-11c}$$

$$\dot{B}_t = \eta[\mu_{B,t} \cdot H(t)]^{\xi}(R_t - B_t)^{\Psi} \tag{4-11d}$$

$$\dot{H}(t) = \Phi(1-\mu_{Y,t}-\mu_{A,t}-\mu_{R,t}-\mu_{B,t})H(t) - \delta_2 H(t) \tag{4-11e}$$

其中，控制变量为 c、$\mu_{Y,t}$、$\mu_{A,t}$、$\mu_{R,t}$、$\mu_{B,t}$，状态变量是 H、B、R、A、K。该模型与其他金融理论模型的主要区别在于：一是将金融部门分为

传统金融中介与金融科技公司两个子部门；二是在物质资本积累变动方程式（4－11a）中，将传统金融中介的转化效率（B_t）与金融科技公司的转化效率（R_t）同时引进来；三是基于文献所述，假设$R_t > B_t$，突出了金融科技新业态的技术引领特征。

为求解上述的动态最优化问题，本书建立了如下汉密尔顿函数$F(\cdot)$：

$$F(c,H,B,R,A,K,\mu_{Y,t},\mu_{A,t},\mu_{R,t},\mu_{B,t}) = \frac{c(t)^{1-\theta}-1}{1-\theta}\cdot e^{-\rho t}$$
$$+\lambda_{1,t}(B_t^{\varphi} R_t^{1-\varphi}\{A(t)^{\alpha} K(t)^{\beta}[\mu_{Y,t}\cdot H(t)]^{\gamma}-c(t)\}-\delta_1 K(t))$$
$$+\lambda_{2,t}\{\chi[\mu_{A,t}\cdot H(t)]^{\tau} A(t)^{\varepsilon} R_t^{\nu}\}+\lambda_{3,t}\{\eta[\mu_{B,t}\cdot H(t)]^{\xi}(R_t-B_t)^{\Psi}\}$$
$$+\lambda_{4,t}\{\text{M}[\mu_{R,t}\cdot H(t)]^{\pi} R_t^{w}\}$$
$$+\lambda_{5,t}[\Phi(1-\mu_{Y,t}-\mu_{A,t}-\mu_{R,t}-\mu_{B,t})H(t)-\delta_2 H(t)] \quad (4-12)$$

其中，$\lambda_{1,t}$、$\lambda_{2,t}$、$\lambda_{3,t}$、$\lambda_{4,t}$、$\lambda_{5,t}$为汉密尔顿乘子。优化问题的一阶条件（FOC）为

$$\frac{\partial F}{\partial c} = c^{-\theta} e^{-\rho t} - \lambda_{1,t} B_t^{\varphi} R_t^{1-\varphi} = 0 \quad (4-13)$$

$$\frac{\partial F}{\partial \mu_{Y,t}} = \lambda_{1,t} B_t^{\varphi} R_t^{1-\varphi} A(t)^{\alpha} K(t)^{\beta}\cdot\gamma\cdot(\mu_{Y,t})^{\gamma-1}\cdot H(t)^{\gamma}$$
$$-\lambda_{5,t}\cdot\Phi\cdot H(t) = 0 \quad (4-14)$$

$$\frac{\partial F}{\partial \mu_{A,t}} = \lambda_{2,t}\cdot\tau\cdot\chi(\mu_{A,t})^{\tau-1} H(t)^{\tau} A(t)^{\varepsilon} R_t^{\nu} - \lambda_{5,t}\cdot\Phi\cdot H(t) = 0$$
$$(4-15)$$

$$\frac{\partial F}{\partial \mu_{B,t}} = \lambda_{3,t}\cdot\xi\cdot\eta\cdot(\mu_{B,t})^{\xi-1}\cdot H(t)^{\xi}(R_t-B_t)^{\Psi} - \lambda_{5,t}\cdot\Phi\cdot H(t) = 0$$
$$(4-16)$$

$$\frac{\partial F}{\partial \mu_{R,t}} = \lambda_{4,t}\cdot\text{M}\cdot\pi\cdot(\mu_{R,t})^{\pi-1} H(t)^{\pi} R_t^{w} - \lambda_{5,t}\cdot\Phi\cdot H(t) = 0$$
$$(4-17)$$

$$\frac{\partial F}{\partial K_t} = \lambda_{1,t}\cdot\{\beta\cdot B_t^{\varphi} R_t^{1-\varphi} A(t)^{\alpha} K(t)^{\beta-1}\cdot[\mu_{Y,t}\cdot H(t)]^{\gamma}-\delta_1\} = -\dot{\lambda}_{1,t}$$
$$(4-18)$$

$$\frac{\partial F}{\partial A_t} = \lambda_{1,t} \cdot \alpha \cdot B_t^{\varphi} R_t^{1-\varphi} A(t)^{\alpha-1} K(t)^{\beta} \cdot [\mu_{Y,t} \cdot H(t)]^{\gamma} + \lambda_{2,t} \cdot \chi \cdot \varepsilon [\mu_{A,t} \cdot H(t)]^{\tau} A(t)^{\varepsilon-1} R_t^{\nu} = -\dot{\lambda}_{2,t} \tag{4-19}$$

$$\frac{\partial F}{\partial B_t} = \lambda_{1,t} \cdot \varphi \cdot B_t^{\varphi-1} R_t^{1-\varphi} \{A(t)^{\alpha} K(t)^{\beta} \cdot [\mu_{Y,t} \cdot H(t)]^{\gamma} - c(t)\} - \lambda_{3,t} \cdot \eta \cdot \Psi \cdot [\mu_{B,t} \cdot H(t)]^{\xi} (R_t - B_t)^{\Psi-1} = -\dot{\lambda}_{3,t} \tag{4-20}$$

$$\frac{\partial F}{\partial R_t} = \lambda_{1,t} \cdot (1-\varphi) \cdot B_t^{\varphi} R_t^{-\varphi} \{A(t)^{\alpha} K(t)^{\beta} \cdot [\mu_{Y,t} \cdot H(t)]^{\gamma} - c(t)\} + \lambda_{2,t} \cdot v \cdot \chi [\mu_{A,t} \cdot H(t)]^{\tau} A(t)^{\varepsilon} R_t^{\nu-1} + \lambda_{3,t} \cdot \eta \cdot \Psi [\mu_{B,t} \cdot H(t)]^{\xi} (R_t - B_t)^{\Psi-1} + \lambda_{4,t} \cdot w \cdot \text{м} \cdot [\mu_{R,t} \cdot H(t)]^{\pi} R_t^{w} = -\dot{\lambda}_{4,t} \tag{4-21}$$

$$\frac{\partial F}{\partial H_t} = \lambda_{1,t} \cdot \gamma \cdot B_t^{\varphi} R_t^{-\varphi} \cdot A(t)^{\alpha} K(t)^{\beta} \cdot (\mu_{Y,t})^{\gamma} H(t)^{\gamma-1} + \lambda_{2,t} \cdot \tau \cdot \chi (\mu_{A,t})^{\tau} H(t)^{\tau-1} A(t)^{\varepsilon} R_t^{\nu} + \lambda_{3,t} \cdot \eta \cdot \xi \cdot (\mu_{B,t})^{\xi} H(t)^{\xi-1} (R_t - B_t)^{\Psi} + \lambda_{4,t} \cdot \pi \cdot \text{м} \cdot (\mu_{R,t})^{\pi} \cdot H(t)^{\pi-1} R_t^{w} + \lambda_{5,t} [\Phi(1 - \mu_{Y,t} - \mu_{A,t} - \mu_{R,t} - \mu_{B,t}) - \delta_2] = -\dot{\lambda}_{5,t} \tag{4-22}$$

这些方程满足以下横截性条件：

$$\lim_{t\to\infty} \lambda_{1,t} K(t) = 0 \tag{4-23}$$

$$\lim_{t\to\infty} \lambda_{2,t} A(t) = 0 \tag{4-24}$$

$$\lim_{t\to\infty} \lambda_{3,t} B(t) = 0 \tag{4-25}$$

$$\lim_{t\to\infty} \lambda_{4,t} R(t) = 0 \tag{4-26}$$

$$\lim_{t\to\infty} \lambda_{5,t} H(t) = 0 \tag{4-27}$$

可得到变量 K、A、B、R、H、Y 的增长速度分别为

$$g_k = \frac{\dot{K}}{K} = \frac{B_t^{\varphi} R_t^{1-\varphi}}{K}(Y - C) - \delta_1 \tag{4-28}$$

$$g_A = \frac{\dot{A}}{A} = \chi [\mu_{A,t} \cdot H(t)]^{\tau} A(t)^{\varepsilon-1} R_t^{\nu} \tag{4-29}$$

$$g_B = \frac{\dot{B}}{B} = \frac{\eta\left[\mu_{B,t} \cdot H(t)\right]^{\xi}(R_t - B_t)^{\Psi}}{B} \tag{4-30}$$

$$g_R = \frac{\dot{R}}{R} = \text{м}\left[\mu_{R,t} \cdot H(t)\right]^{\pi} R_t^{w-1} \tag{4-31}$$

$$g_H = \frac{\dot{H}}{H} = \Phi(1 - \mu_{Y,t} - \mu_{A,t} - \mu_{R,t} - \mu_{B,t}) - \delta_2 \tag{4-32}$$

$$g_Y = \frac{\dot{Y}}{Y} = \alpha g_A + \beta g_B + \gamma(g_H + g_{\mu_Y}) \tag{4-33}$$

结合式（4－28）至式（4－33），由式（4－13）至式（4－22）分别得到以下方程等式：

$$\theta g_c + \rho + \varphi g_B + (1-\varphi) g_R = -g_{\lambda_1} \tag{4-34}$$

$$\lambda_1 \cdot \gamma \cdot B_t^{\varphi} R_t^{1-\varphi} \frac{Y}{\mu_Y} = \lambda_5 \cdot \Phi \cdot H \tag{4-35}$$

$$\lambda_2 \cdot \tau \cdot \frac{\dot{A}}{\mu_A} = \lambda_5 \cdot \Phi \cdot H \tag{4-36}$$

$$\lambda_3 \cdot \xi \cdot \frac{\dot{B}}{\mu_B} = \lambda_5 \cdot \Phi \cdot H \tag{4-37}$$

$$\lambda_4 \cdot \pi \cdot \frac{\dot{R}}{\mu_R} = \lambda_5 \cdot \Phi \cdot H \tag{4-38}$$

$$\beta \cdot B^{\varphi} R^{1-\varphi} \frac{Y}{K} - \delta_1 = -g_{\lambda_1} \tag{4-39}$$

$$\frac{\lambda_1}{\lambda_2} \cdot \alpha \cdot B^{\varphi} R^{1-\varphi} \frac{Y}{A} + \varepsilon \frac{\dot{A}}{A} = -g_{\lambda_2} \tag{4-40}$$

$$\frac{\lambda_1}{\lambda_3}\varphi \cdot B^{\varphi-1} R^{1-\varphi}(Y-c) - \Psi \cdot \frac{\dot{B}}{R-B} = -g_{\lambda_3} \tag{4-41}$$

$$\frac{\lambda_1}{\lambda_4} \cdot B^{\varphi} R^{-\varphi}(Y-C) + \frac{\lambda_2}{\lambda_4} \cdot v \cdot \frac{\dot{A}}{R} + \frac{\lambda_3}{\lambda_4} \cdot \Psi \cdot \frac{\dot{B}}{R-B} + w \cdot \frac{\dot{R}}{R} = -g_{\lambda_4} \tag{4-42}$$

$$\frac{\lambda_1}{\lambda_5}\cdot B^{\varphi} R^{-\varphi}\cdot\frac{Y}{H}+\frac{\lambda_2}{\lambda_5}\cdot\tau\cdot\frac{\dot{A}}{H}+\frac{\lambda_3}{\lambda_5}\cdot\xi\cdot\frac{\dot{B}}{H}+\frac{\lambda_4}{\lambda_5}\cdot\pi\cdot\frac{\dot{R}}{H}$$
$$+\Phi(1-\mu_Y-\mu_A-\mu_R-\mu_B)-\delta_2=-g_{\lambda_5} \quad (4-43)$$

由式（4－34）至式（4－43）得到

$$\frac{\lambda_1}{\lambda_2}=\frac{\tau\cdot\frac{\dot{A}}{\mu_A}}{\gamma\cdot B^{\varphi} R^{1-\varphi}\frac{Y}{\mu_Y}}=\frac{\tau\cdot\mu_Y\cdot\dot{A}}{\gamma\cdot B^{\varphi} R^{1-\varphi}Y\cdot\mu_A} \quad (4-44)$$

$$\frac{\lambda_1}{\lambda_3}=\frac{\dot{B}\cdot\mu_Y\cdot\xi}{\gamma\cdot B^{\varphi} R^{1-\varphi}Y\cdot\mu_B} \quad (4-45)$$

$$\frac{\lambda_1}{\lambda_4}=\frac{\dot{R}\cdot\mu_Y\cdot\pi}{\gamma\cdot\mu_R\cdot R^{1-\varphi}Y} \quad (4-46)$$

$$\frac{\lambda_2}{\lambda_4}=\frac{\pi\cdot\dot{R}\cdot\mu_A}{\tau\cdot\dot{A}\cdot\mu_R} \quad (4-47)$$

$$\frac{\lambda_3}{\lambda_4}=\frac{\pi\cdot\dot{R}\cdot\mu_B}{\xi\cdot\dot{B}\cdot\mu_R} \quad (4-48)$$

$$\frac{\lambda_1}{\lambda_5}=\frac{\Phi\cdot H\cdot\mu_Y}{Y\cdot\gamma\cdot B^{\varphi} R^{1-\varphi}} \quad (4-49)$$

$$\frac{\lambda_2}{\lambda_5}=\frac{\Phi\cdot H\cdot\mu_A}{\tau\cdot A} \quad (4-50)$$

$$\frac{\lambda_3}{\lambda_5}=\frac{\Phi\cdot H\cdot\mu_B}{\xi\cdot\dot{B}} \quad (4-51)$$

$$\frac{\lambda_4}{\lambda_5}=\frac{\Phi\cdot H\cdot\mu_R}{\pi\cdot\dot{R}} \quad (4-52)$$

将式（4－44）至式（4－52）的结果代入式（4－34）至式（4－43）中求解，得到以下方程组：

$$\theta g_c+\rho+\varphi g_B+(1-\varphi)g_R=-g_{\lambda 1} \quad (4-53)$$

$$\frac{\tau \cdot \mu_Y \cdot \dot{A}}{\gamma \cdot B_t^{\varphi} R_t^{1-\varphi} Y \cdot \mu_A} \cdot \alpha \cdot B_t^{\varphi} R_t^{1-\varphi} \frac{Y}{A} + \varepsilon \frac{\dot{A}}{A} = -g_{\lambda_2}$$

$$\Rightarrow \left(\frac{\alpha \cdot \tau \cdot \mu_Y}{\gamma \cdot \mu_A} + \varepsilon\right) g_A = -g_{\lambda_2} \tag{4-54}$$

$$\frac{S \cdot \mu_Y \cdot \xi}{Y \cdot \mu_B \gamma} g_B - \Psi \cdot \frac{\dot{B}}{R - B} = -g_{\lambda_3} \tag{4-55}$$

$$\frac{\pi \cdot \mu_Y \cdot S}{Y \cdot \mu_R \cdot \gamma} g_R + \frac{\pi \cdot v \cdot \mu_A}{\tau \cdot \mu_R} g_R + \Psi \cdot \frac{\pi \cdot \mu_B}{\xi \cdot \mu_R} \frac{\dot{R}}{(R - B)} + w \cdot g_R = -g_{\lambda_4} \tag{4-56}$$

$$\Phi - \delta_2 = -g_{\lambda_5} \tag{4-57}$$

由式（4－28）至式（4－33）可知，当经济稳态增长时：

$$g_{k^{\cdot}} = \varphi g_{B^{\cdot}} + (1 - \varphi)\, g_{R^{\cdot}} + g_{S^{\cdot}} \tag{4-58}$$

$$\tau(g_{\mu_A^{\cdot}} + g_{H^{\cdot}}) + \nu g_{R^{\cdot}} = (1 - \varepsilon)\, g_{A^{\cdot}} \tag{4-59}$$

做一阶线性近似：

$$g_B = \frac{\eta\,(\mu_{B,t} \cdot H(t))^{\xi}\,(R_t - B_t)^{\Psi}}{B} \Rightarrow g_B = \eta\,(\mu_B \cdot H)^{\xi} \left(\frac{R}{B} - 1\right)^{\Psi} (B)^{\Psi - 1}$$

$$\xrightarrow{\left(\frac{R}{B}-1\right)^{\Psi} \approx \Psi \frac{R}{B}} \frac{\dot{g}_B}{g_B} = \xi g_{\mu_B} + \xi g_H + g_R - g_B + (\Psi - 1) g_B$$

得到经济稳态增长率方程组：

$$\xi g_{\mu_B} + \xi\, g_{H^{\cdot}} + g_{R^{\cdot}} - g_{B^{\cdot}} + (\Psi - 1)\, g_{B^{\cdot}} \tag{4-60}$$

$$\pi(g_{\mu_R^{\cdot}} + g_{H^{\cdot}}) = (1 - w)\, g_{R^{\cdot}} \tag{4-61}$$

$$\Phi(g_{\mu_Y^{\cdot}} - g_{\mu_A^{\cdot}} - g_{\mu_B^{\cdot}} - g_{\mu_R^{\cdot}}) = 0 \tag{4-62}$$

$$g_{Y^{\cdot}} = \alpha\, g_{A^{\cdot}} + \beta\, g_{k^{\cdot}} + \gamma(g_{H^{\cdot}} + g_{\mu_Y^{\cdot}}) \tag{4-63}$$

$$g_{\lambda_1^{\cdot}} + \varphi g_{B^{\cdot}} + (1 - \varphi)\, g_{R^{\cdot}} + g_{Y^{\cdot}} - g_{\mu_Y^{\cdot}} = g_{\lambda_5^{\cdot}} + g_{H^{\cdot}} \tag{4-64}$$

$$g_{\lambda_2^{\cdot}} + g_{A^{\cdot}} - g_{\mu_A^{\cdot}} = g_{\lambda_5^{\cdot}} + g_{H^{\cdot}} \tag{4-65}$$

$$g_{\lambda_3^{\cdot}} + g_{B^{\cdot}} - g_{\mu_B^{\cdot}} = g_{\lambda_5^{\cdot}} + g_{H^{\cdot}} \tag{4-66}$$

$$g_{\lambda_4^{\cdot}} + g_{R^{\cdot}} - g_{\mu_R^{\cdot}} = g_{\lambda_5^{\cdot}} + g_{H^{\cdot}} \tag{4-67}$$

$$\theta\, g_{c^{\cdot}} + \rho + \varphi g_{B^{\cdot}} + (1 - \varphi)\, g_{R^{\cdot}} = g_{\lambda_1^{\cdot}} \tag{4-68}$$

$$\left(\frac{\alpha\tau\mu_{Y^*}}{\gamma\mu_{A^*}}+\varepsilon\right)g_{A^*}=g_{\lambda_2^*} \tag{4-69}$$

$$\frac{\xi\mu_{Y^*}S^*}{\gamma\mu_{B^*}Y^*}g_{B^*}-\Psi\cdot\frac{g_{B^*}}{\left(\frac{R^*}{B^*}-1\right)}=-g_{\lambda_3^*} \tag{4-70}$$

$$\frac{\pi\cdot\mu_{Y^*}S^*}{\mu_{R^*}Y^*\cdot\gamma}g_{R^*}+\frac{\pi\cdot V\mu_{A^*}}{\tau\cdot\mu_{R^*}}g_{R^*}+\frac{\pi\cdot\mu_{B^*}}{\xi\cdot\mu_{R^*}}\frac{g_{R^*}}{\left(1-\frac{R^*}{B^*}\right)}+w\cdot g_{R^*}=-g_{\lambda_4^*} \tag{4-71}$$

$$\Phi-\delta_2=-g_{\lambda_5^*} \tag{4-72}$$

$$g_{S^*}=g_{Y^*}=g_{C^*} \tag{4-73}$$

求解以上线性方程组。得到金融科技公司、传统金融中介、人力资本生产等部门的平衡增长率：

$$g_{B^*}=\frac{\xi+\frac{\pi}{1-w}}{2-\Psi}\cdot\frac{\Phi-\rho-\delta_2}{1-D} \tag{4-74}$$

$$=\frac{\xi\cdot\frac{\Phi-\rho-\delta_2}{1-D}+\frac{\Psi}{\left(\frac{R}{B}\right)^*-1}}{1-\Psi} \tag{4-75}$$

$$g_{R^*}=\frac{\pi}{1-w}\cdot\frac{\Phi-\rho-\delta_2}{1-D} \tag{4-76}$$

$$g_{H^*}=\frac{\Phi-\rho-\delta_2}{1-D} \tag{4-77}$$

其中，$D=\alpha\frac{\tau+\frac{v\pi}{1-w}}{1-\varepsilon}+\beta\varphi\frac{\xi+\frac{\pi}{1-w}}{2-\Psi}+\beta(1-\varphi)\frac{\pi}{1-w}+\gamma$，$D>0$。$\lambda_{1,t}$、$\lambda_{2,t}$、$\lambda_{3,t}$、$\lambda_{4,t}$、$\lambda_{5,t}$为汉密尔顿乘子。通过对上述汉密尔顿方程式（4-12）进行求解，可以得到传统金融中介与金融科技公司将储蓄转化为投资的效率（以下简称效率）的平衡增长率：

$$g_{B^*}=\frac{\xi+\frac{\pi}{1-w}}{2-\Psi}\cdot\frac{\Phi-\rho-\delta_2}{1-D}=\frac{\xi+\frac{\pi}{1-w}}{2-\Psi}g_{H^*} \tag{4-78a}$$

$$= \frac{\xi \cdot \frac{\Phi - \rho - \delta_2}{1 - D} + \frac{\Psi}{\left(\frac{R}{B}\right)^* - 1}}{1 - \Psi} \tag{4-78b}$$

$$g_{R^\cdot} = \frac{\pi}{1 - w} \cdot \frac{\Phi - \rho - \delta_2}{1 - D} = \frac{\pi}{1 - w} g_{H^\cdot} \tag{4-79}$$

其中，$g_{H^\cdot} = \frac{\Phi - \rho - \delta_2}{1 - D}$为人力资本增长率的平衡增长率，$D = \alpha \frac{\tau + \frac{v\pi}{1-w}}{1-\varepsilon} + \beta\varphi \frac{\xi + \frac{\pi}{1-w}}{2-\Psi} + \beta(1-\varphi)\frac{\pi}{1-w} + \gamma$，$D > 0$；$g_{B^\cdot}$、$g_{R^\cdot}$分别为传统金融中介、金融科技公司效率的平衡增长率。

二、模型的经济学含义及研究命题的提出

在一般均衡状态下，传统金融中介效率的平衡增长率$g_{B^\cdot}$是参数 Ψ 的函数，参数 Ψ 表示金融科技公司的技术溢出参数，因此，式（4-78a）表明平衡增长时传统金融中介效率的增长率与金融科技公司的技术溢出参数密切相关。

引理：在平衡增长路径，传统金融中介效率的增长率可被表示为金融科技公司效率增长率的线性增函数。

证明：由式（4-79）可知，式（4-78a）可等价表示为

$$g_{B^\cdot} = \frac{\xi}{1 - \Psi} g_{H^\cdot} + \frac{1}{2 - \Psi} g_{R^\cdot} \tag{4-80}$$

式（4-80）表明，人力资本平衡增长率与金融科技公司效率的平衡增长率线性作用于传统金融中介效率的平衡增长率，但是线性作用的方向取决于技术溢出参数 Ψ，即金融科技公司的技术溢出将通过人力资本部门的增长、自身的发展对传统金融中介产生积极作用。由此引理可得到如下的命题。

命题 4-1：当其他条件不变时，金融科技公司的技术溢出对传统金

融中介的效率起到积极的促进作用，即金融科技公司对传统金融中介存在“技术外溢效应”。

证明：由式（4－78b），得到

$$g_{B^{\cdot}} = \frac{\xi}{1-\Psi} g_{H^{\cdot}} + \frac{1}{\left(\frac{R}{B}\right)^{*} - 1} \cdot \frac{\Psi}{1-\Psi} \tag{4-81}$$

式（4－81）表明，在平衡增长路径，传统金融中介效率的增长由整个经济的人力资本增长（$g_{H^{\cdot}}$）、传统金融中介与金融科技公司之间效率的差距（R/B）所决定。当其他条件不变时，人力资本增长有助于传统金融中介效率的增长。相反，传统金融中介与金融科技公司的效率差距扩大，会拉低传统金融中介效率的平衡增长水平。此外，考虑金融科技公司技术溢出参数 Ψ 对传统金融中介效率变动的影响，将式（4－81）对 Ψ 求偏导数，得到

$$\frac{\partial g_{B^{\cdot}}}{\partial \Psi} = \frac{\xi}{(1-\Psi)^2} g_{H^{\cdot}} + \frac{1}{\left(\frac{R}{B}\right)^{*} - 1} \frac{1}{(1-\Psi)^2} > 0 \tag{4-82}$$

式（4－82）表明，在平衡增长路径，金融科技公司的技术溢出能够提高传统金融中介效率的增长率，从而对传统金融中介的效率提升产生积极的影响。命题由此得证。

第四节　命题检验与实证分析

本节将采用实证分析的方法，对研究命题4－1进行验证。为此，采用2011—2018年的北京大学数字普惠金融指数作为金融科技新业态发展水平的代理变量。运用 DEA-Malmquist 方法测算得到全国115家上市商业银行的全要素生产率，以此来代表商业银行的技术效率。继而采用系统 GMM 的计量方法，对金融科技新业态的发展对商业银行效率的影响进行了实证分析。

一、计量模型与数据说明

进一步运用实证分析方法检验上述研究命题4－1在中国的适用性，检验中国金融科技新业态对传统金融中介是否存在“技术外溢效应”，所构建的计量模型为

$$TFP_{it} = \alpha + \beta_1 TFP_{i,t-1} + \beta_2 fintech_t + \varphi X'_{it} + \varepsilon_{it} \tag{4－83}$$

其中，t表示年份，所选取的时间间隔为2011—2018年；i表示第i个单位，这里具体是指全国115家上市商业银行，其中含6家大型国有商业银行、10家股份制商业银行、99家城市商业银行与农村商业银行。被解释变量TFP_{it}为各商业银行的技术变动率，$TFP_{i,t-1}$为其一阶滞后项，$fintech_t$表示金融科技新业态的发展水平，X'_{it}为相关控制变量集。表4－1给出了计量模型（4－83）中各变量的具体含义与测度方法。

表4－1　　变量选取、定义

变量名称			变量含义		度量方式
被解释变量TFP_{it}			商业银行的技术效率		商业银行全要素生产率中的技术效率指数
核心解释变量$fintech_t$			金融科技新业态的发展水平		北京大学数字普惠金融指数/100
控制变量X'_{it}	银行层面	资产指标	$size_{it}$	银行规模	银行总资产的对数值
		风险指标	car_{it}	资本充足指标	银行资本充足率
		风险指标	npl_{it}	不良贷款率	银行不良贷款率
		资源配置指标	dlr_{it}	存贷比	银行贷款/存贷
		经营指标	acr_{it}	资产费用率	营业支出/总资产
		创新指标	inv_{it}	银行创新度	非利息净收入/营业收入
	宏观层面	宏观政策指标	$M2_t$	货币供应变动	M2增长率
		经济周期波动指标	$hpgdp_t$	GDP增长率波动	实际GDP增长率（HP滤波后的波动项）

（1）商业银行的技术效率TFP_{it}。目前，学术界对商业银行效率的测度还没有达成共识（余晶晶等，2019），考虑到本书命题旨在考察金融科技新业态的技术外溢效应，因而运用DEA-Malmquist方法，具体参照

张健华和王鹏（2010），投入指标采用利息支出、非利息支出（营业支出+手续费及佣金支出），产出指标采用利息净收入与非利息净收入，计算出商业银行全要素生产率变动中的技术效率变动率。

（2）核心解释变量 $fintech_t$。采用2011—2018年的北京大学数字普惠金融指数作为金融科技新业态发展水平的代理变量。考虑到该数据源于蚂蚁金融的微观数据，故而能够反映中国金融科技新业态的发展水平。

（3）控制变量从银行与宏观两个层面进行选取。银行层面：参照余晶晶等（2019），张大永和张志伟（2019），郭晔等（2020）的研究方法，选取商业银行总资产的对数值 $size_{it}$ 来衡量银行规模，采用存贷比指标 dlr_{it} 来衡量银行的资源配置水平，采用不良贷款率 npl_{it}、资本充足率来衡量银行的风险；考虑到创新、成本对银行效率的影响，参考张文远和马宁（2019）采用非利息净收入占营业收入的比重来衡量银行的创新能力；参考邢天才等（2013）采用资产费用率作为商业银行的经营指标。宏观层面：考虑到经济波动对银行效率的影响，参考谭政勋和李丽芳（2016）、余晶晶等（2019），选取M2增长率、实际GDP增长率（HP滤波后）来表示宏观经济的波动。

以上银行层面变量的数据来源于BankScope数据库、Wind数据库，个别数据通过查找银行财务年报进行补充，宏观层面数据来自国家统计局官方网站。各变量的统计性描述见表4－2。

表4－2　各变量描述性统计

变量	观测值	平均值	标准差	最小值	最大值
TFP_{it}	920	1.0237	0.3800	0.076	5.462
$fintech_t$	920	4.5263	1.9626	1	7.2813
$size_{it}$	920	26.0703	1.5816	22.1994	30.9525
dlr_{it}	916	0.6544	0.1237	0.1665	1.0998
npl_{it}	909	1.3784	0.8588	0	13.25
car_{it}	912	13.4418	3.8948	5.58	74.95
inv_{it}	917	0.2104	0.1846	－0.1462	0.9848
acr_{it}	920	0.0159	0.0050	0.0055	0.0412
$M2_t$	920	12.2838	2.8163	8.0763	17.3229
$hpgdp_t$	920	0.0017	0.0194	－0.0157	0.0473

二、计量方法

在计量模型（4－83）中，考虑到技术进步的延续性，因变量的滞后项$TFP_{i,t-1}$作为自变量引入模型，这意味着计量模型（4－83）为动态面板回归模型，为控制回归过程中的内生性问题，本研究采用系统 GMM（广义矩估计）计量方法对模型进行估计，以克服差分 GMM 计量方法带来的潜在偏误和不精确性。

（一）*差分* GMM

考虑动态面板计量模型如式（4－83）所示，

$$TFP_{it} = \alpha + \beta_1 TFP_{i,t-1} + \beta_2 fintech_t + \varphi X'_{it} + \varepsilon_{it} \quad (4-83)$$

做一阶差分，消除个体效应u_i，得到：

$$\Delta TFP_{it} = \rho \Delta TFP_{i,t-1} + \beta_1 \Delta fintech_{it} + \beta_2 \Delta fintech_{it} + \varphi \Delta X'_{it} + \Delta \varepsilon_{it} \quad (4-84)$$

但是，因为$TFP_{i,t-1}$与$\varepsilon_{i,t-1}$紧密相关，$\Delta TFP_{i,t-1} = TFP_{i,t-1} - TFP_{i,t-2}$依然与$\Delta \varepsilon_{it} = \varepsilon_{it} - \varepsilon_{i,t-1}$存在相关性，因此，$\Delta TFP_{i,t-1}$为内生变量，需要找到合适的工具变量才能得到一致的估计。Anderson 和 Hsiao（1981）提出相关的解决方法：采用TFP_{it}的二次滞后项$TFP_{i,t-2}$作为$\Delta TFP_{i,t-1}$的工具变量，然后进行两阶段最小二乘（2SLS）回归。在这种情况下，如果ε_{it}不存在自相关，那么很显然$TFP_{i,t-2}$与$\Delta \varepsilon_{it} = \varepsilon_{it} - \varepsilon_{i,t-1}$不相关，此时$TFP_{i,t-2}$成为一个有效的工具变量。同样，更高阶的滞后变量如$TFPP_{i,t-3}$、$TFP_{i,t-4}$也是有效的工具变量，如本研究就是采用$TFP_{it}$的三阶滞后项$TFP_{i,t-3}$作为工具变量。Anderson 和 Bond（1991）进一步采用所有可能的滞后项作为工具变量，进行 GMM 估计，被称为差分 GMM。然而差分 GMM 方法带来以下问题：如果其他解释变量不是严格外生变量，而是前定变量，差分以后会造成其他解释变量成为内生变量；不随时间变化的变量会被消除掉；如果面板数据的时间维度长，会产生很多工具变量，出现弱工具变量问题；如果被解释变量TFP_{it}的持续性很强，也会导致弱工具变量问题；等等。

（二）水平 GMM

为解决差分 GMM 存在的问题，Arellano 和 Bover（1995）采用了新的工具变量，即与差分 GMM 相反，采用 $\Delta TFP_{i,t-1}$、$\Delta TFP_{i,t-2}$或更高滞后项作为TFP_{it-1}的工具变量。但必需的前提假设条件是$\{\Delta TFP_{i,t-1}, \Delta TFP_{i,t-2}, \cdots\}$与$u_i$不相关，且扰动项$\varepsilon_{it}$不存在自相关。

（三）系统 GMM

Blundell 和 Bond（1998）将差分 GMM 与水平 GMM 结合在一起，进行 GMM 估计，被称为“系统 GMM”。因此可以将计量方程（4－83）与（4－84）联合起来进行系统 GMM 估计。这样做的优势是，提高了估计的效率，并且可以估计不随时间变化的变量的系数。尤其在有限样本的情况下，系统 GMM 能够很好地修正未观察到的个体异质性问题、遗漏变量偏差、测量误差以及潜在的内生性问题，并能克服差分 GMM 估计方法带来的潜在偏误和不精确性。

为此，本研究采用系统 GMM 的方法对设定的计量模型（4－83）进行回归估计。具体回归结果如表 4－3 所示。

表 4－3　　金融科技新业态对银行技术效率的影响

被解释变量TFP_{it}			
解释变量	（1）	（2）	（3）
$fintech_t$	0.0254*** （0.0013）	0.0047*** （0.0010）	0.0058*** （0.0010）
$size_{it}$	－0.0425*** （0.0064）	－0.0347 （0.0080）	－0.0129** （0.0063）
dlr_{it}	－0.0599 0.0466	－0.4329*** （0.0662）	－0.6848*** （0.0558）
inv_{it}	0.1071*** 0.0246	0.3203*** （0.0411）	0.3064*** （0.0335）
$l.\ TFP_{it}$	－0.3202*** 0.0047	－0.3944*** （0.0051）	－0.3795*** （0.0043）
$hpgdp_t$	－6.3289*** （0.1375）	－8.9598*** 0.1797	－9.9674*** （0.1451）

续表

被解释变量TFP_{it}			
解释变量	(1)	(2)	(3)
acr_{it}	-4.7584*** (1.3441)	-8.1542*** (1.4891)	-6.6192*** (1.1654)
$M2_t$	—	-0.0002*** (0.0005)	-0.0243*** (0.0006)
npl_{it}	—	0.0066 (0.0073)	0.0250*** (0.0059)
car_{it}	—	—	0.0194*** (0.0017)
常数项	2.3837 (0.1560)	2.8542*** (0.1848)	2.1530*** (0.1401)
Sargan 检验（p 值）	0.1186	0.1500	0.2199
AR（2）	0.2663	0.0749	0.1319
样本量	801	791	789

备注：括号内为标准误；**、***分别代表在5%、1%显著性水平上显著。

三、实证结果与分析

表4-3列出了检验本书研究命题4-1的计量结果。其中，Sargan检验的p值分别为0.1186、0.15、0.2199，均大于0.1，这表明不能拒绝工具变量具有有效性的零假设。此外，二阶序列相关性的检验结果即AR（2）的概率均支持回归方程不存在二阶序列相关的假设，因此，整个模型的设定是合理的并且工具变量也是有效的。

表4-3列（1）中的回归结果表明核心解释变量$fintech_t$的估计系数$\hat{\beta}_2$为0.0254，且在1%的显著性水平上显著，这说明金融科技新业态对商业银行技术效率有显著的促进作用。列（2）中加入控制变量$M2_t$、npl_{it}后，$fintech_t$估计系数$\hat{\beta}_2$变为0.0047，且在1%的显著性水平上显著；列（3）中继续加入控制变量car_{it}后，$fintech_t$的估计系数$\hat{\beta}_2$为0.0058，仍

在1%的显著性水平上显著。回归结果表明金融科技新业态显著地促进了传统金融中介技术效率的提高，存在明显的“技术外溢效应”。因而，本书研究命题4－1得到实证结果的支持。

四、稳健性检验

（一）基于数字普惠金融借贷业务指数的回归

为进一步验证金融科技新业态是否促进了以银行为代表的传统金融中介技术效率的提高，这里采用北京大学数字普惠金融指数的业务分类指数借贷指数$finloan_t$衡量金融科技新业态的发展水平，并作为核心解释变量替换计量模型式（5－20）中的核心解释变量$fintech_t$以进行稳健性检验。表4－4给出了此次稳健性检验结果。表4－4列（1）中的核心解释变量$finloan_{it}$的估计系数$\hat{\beta}_2$为0.0545，且在1%的显著性水平上显著，这说明金融科技借贷水平对商业银行技术效率有显著的促进作用。列（2）中加入控制变量$M2_t$、npl_{it}，列（3）中加入控制变量car_{it}后，$finloan_t$估计系数$\hat{\beta}_2$仍然在1%的显著性水平上显著。稳健性分析结果再次表明金融科技新业态显著地促进了传统金融中介技术效率的提高，存在着明显的“技术外溢效应”。因此，本书的理论研究命题4－1再次得到实证结果的支持。

表4－4　　金融科技新业态对银行技术效率影响的稳健性检验Ⅰ

被解释变量TFP_{it}			
解释变量	(1)	(2)	(3)
$finloan_t$	0.0545*** (0.0050)	0.0490*** (0.0094)	0.0272*** (0.0090)
$size_{it}$	−0.0389*** (0.0087)	−0.0643*** (0.0080)	−0.0196** (0.0115)
dlr_{it}	−0.0844 (0.0550)	−0.4459*** (0.0735)	−0.5065*** (0.0762)

续表

被解释变量TFP_{it}			
解释变量	(1)	(2)	(3)
inv_{it}	0. 1230*** (0. 0254)	0. 2764*** (0. 0447)	0. 3170*** (0. 0457)
$l.\ TFP_{it}$	-0. 3256*** (0. 0048)	-0. 3904*** (0. 0053)	-0. 3796*** (0. 0054)
$hpgdp_t$	-6. 3289*** (0. 1375)	-10. 9675*** (0. 6184)	-12. 2240*** (0. 6693)
acr_{it}	-3. 7758*** (1. 0833)	-7. 5380*** (1. 4898)	-8. 5421*** (1. 5087)
$M2_t$	—	-0. 0251*** (0. 0024)	-0. 0280*** (0. 0023)
npl_{it}	—	-0. 0008 (0. 0068)	0. 0178*** (0. 0077)
car_{it}	—	—	0. 0267*** (0. 0023)
常数项	2. 2712 (0. 2086)	3. 5521 (0. 3417)	2. 1349*** (0. 2924)
Sargan 检验（p 值）	0. 0671	0. 1392	0. 1600
AR（2）	0. 2523	0. 0841	0. 1186
样本量	801	791	789

备注：括号内为标准误；**、***分别代表在5%、1%显著性水平上显著。

（二）基于地方商业银行子样本的回归

考虑到地方法人商业银行与当地经济深度融合，主要在当地开展业务，因而这里去除6家大型国有商业银行、10家全国性股份制商业银行，保留99家地方法人城市商业银行与农村商业银行的样本，进行子样本回归，检验前述结果的稳健性。同时将地方法人商业银行整合到省级层面，使核心解释变量$fintech_t$可以采用北京大学数字普惠金融指数中的省级面板数据，从而构造以下动态面板数据计量模型：

$$TFP_{ijt} = \alpha + \beta_1 TFP_{i,j,t-1} + \beta_2 fintech_{jt} + \varphi X'_{ijt} + \varepsilon_{ijt} \quad (4-85)$$

其中，t表示年份，时间段为2011—2018年；j代表省份（西藏除外）；i

表示第 i 个地方法人商业银行。被解释变量 TFP_{ijt} 为各地方法人商业银行的技术效率，$TFP_{i,j,t-1}$ 为其一阶滞后项，$fintech_{jt}$ 表示各省金融科技新业态的发展水平，其他各变量的选取与含义，以及计量方法等均与计量模型（4－83）保持一致。表4－5列出计量模型（4－85）的回归结果。

表4－5　金融科技新业态对银行技术效率影响的稳健性检验Ⅱ

被解释变量 TFP_{ijt}			
解释变量	（1）	（2）	（3）
$fintech_{jt}$	0.1752*** （0.0137）	0.1609*** （0.0197）	0.1652*** （0.0080）
$size_{ijt}$	－0.1403 （0.0121）	－0.1842*** （0.0145）	－0.1672** （0.0074）
dlr_{ijt}	－0.5208*** （0.0554）	－0.8259*** （0.0509）	－1.0202*** （0.0482）
inv_{ijt}	0.3036*** （0.0274）	0.4632*** （0.0509）	0.4273*** （0.0306）
$l.\ TFP_{ijt}$	－0.3645*** （0.0045）	－0.0451*** （0.0076）	－0.3966*** （0.0054）
$hpgdp_t$	－7.7354*** （0.4130）	－13.1936*** （0.7327）	－12.1594*** （0.4568）
acr_{ijt}	－4.1582*** （1.0286）	－11.0833*** （1.4426）	－6.6706*** （0.7938）
$M2_t$	—	－0.0358*** （0.0025）	－0.0350*** （0.0022）
npl_{ijt}	—	－0.0046 （0.0036）	－0.0005 （0.0034）
car_{ijt}	—	—	－0.0069*** （0.0022）
常数项	5.1818*** （0.2913）	7.0811*** （0.3664）	6.7529*** （0.1986）
Sargan 检验（p 值）	0.2479	0.3296	0.5369
AR（2）	0.3778	0.5592	0.5144
样本量	603	593	591

备注：括号内为标准误；**、***分别代表在5%、1%显著性水平上显著。

表4-5列（1）、列（2）、列（3）回归结果显示核心解释变量$fintech_{jt}$的估计系数均显著为正。该结果进一步证实金融科技新业态显著地促进了传统金融中介技术效率的提高，存在明显的“技术外溢效应”。

第五节　机制分析

一、金融科技“技术外溢效应”的形成机制

通过式（4-80）可以发现，金融科技公司的技术外溢效应主要通过以下三种途径影响传统金融中介。

第一，“人才溢出”。金融科技公司的创新与崛起促进了相关人工智能、机器学习和深度学习等现代信息技术领域的人才培育，加快了金融科技相关人力资本的积累速度（g_{H^*}），并通过毕业就业、创业、转换雇主等途径造成金融科技人才向传统金融中介的转移和扩散，从而缓解了传统金融中介对金融科技人才的需求缺口。在此过程中，人才溢出带动知识溢出，故技术得以扩散。如今银行高薪招聘金融科技人才已不再是新鲜事，各大银行的招聘中，已经明显呈现出招聘“科技人才”多于“金融人才”的趋势；例如，交通银行加速实施“金融科技万人计划”，常年招聘金融科技人才，其社会招聘对象中，几乎都是面向IT和金融科技专业的人才。[①] 与此同时，为吸引和留住金融科技创新人才，传统金融中介需要具备良好的激励机制和环境，这会促使传统金融中介改善和提高自身的管理水平，进一步促进了传统金融中介经营效率的提高。

第二，“竞争与示范”。金融科技公司的发展（g_{R^*}）会给传统金融中介带来竞争效应与示范效应。一方面，传统金融中介会向金融科技公司

① 参见交通银行招聘网站（https：//job. bankcomm. com/）。

不断学习、模仿，并增加相似金融产品与服务的提供，减少各种金融产品交易的费用，从而提高自身的服务效率，这些都会对传统金融中介的效率产生积极的促进作用。另一方面，金融科技公司的高效率会给传统金融中介造成竞争压力，银行等传统金融中介为保持竞争优势，保住自身的市场份额与地位，将加大金融创新，通过引进更多、更先进的技术，不断优化自身的服务流程、提高自身的服务效率。例如，不少银行相继推出类似余额宝的理财产品，并很快在数量与收益率上出现赶超互联网理财的势头。

第三，“互补与关联”。金融科技新业态的发展（$g_{R^{\cdot}}$）扩展了传统银行服务的覆盖面，填补了某些传统金融服务的不足。与此同时，金融科技公司的这种“填补”行为又与银行业务紧密关联，因而银行“被迫”作出改变，否则会造成银行市场份额的减少与客户群体的流失。例如，金融科技公司针对的客户恰恰是被银行忽略的“尾部”客户群体，“长尾效应”所创造的利润与价值很快会影响传统金融业。在这种情形下，各家银行开始重新审视这些早前被忽视的“尾部”客群，加大小额支付、消费、网贷等方面的金融科技投入，降低经营成本、提高经营效率，构建自身的“二次发展曲线”。

二、“技术外溢效应”形成机制的进一步讨论

进一步地，对式（4－81）求 R/B 偏导数，得到

$$\frac{\partial g_{B^{\cdot}}}{\partial\left(\frac{R}{B}\right)^{*}} = -\frac{\Psi}{1-\Psi}\frac{1}{\left[\left(\frac{R}{B}\right)^{*}-1\right]^{2}} < 0 \qquad (4-86)$$

其中，R/B 用于衡量金融科技公司与传统金融中介之间的效率差距，因为$R_t > B_t$，所以 R/B 总是大于 1 的变量，其值越大代表二者之间的效率差距越大。由此可知，平衡增长下，二者的效率差距（$\left(\frac{R}{B}\right)^{*}$）与传统金融部门的平衡增长率$g_{B^{\cdot}}$成负相关关系。这意味着，金融科技公司的领先优

势会对传统金融中介的效率的增长产生负面影响，即存在破坏性效应。以国内支付行业为例，微信、支付宝等移动支付方式与银行卡等传统支付方式相比更便宜、更方便、更简单，不但可以用于大型商场等正式交易场所，也可以用于街头摊贩、流动摊贩等非正式场景，效率高且成本低，因而获得快速的普及与发展，有逐渐取代传统支付方式的趋势。相关数据显示，2016 年以来，非银行支付的电子支付笔数超过银行支付，并且近年来二者支付笔数的差距越来越大，到 2019 年，非银行电子支付的笔数已是银行电子支付笔数的 3 倍还多。①

然而，这种“破坏性效应”并非“技术外溢效应”的绝对反面。传统金融中介如果在科技创新上主动追赶金融科技公司，缩小与金融科技公司的效率差距（R/B 减小），来自金融科技公司“破坏性效应”的负面影响将得到抑制，这时的“技术外溢效应”会得到更大程度的发挥，使传统金融中介进入新的增长水平。

根据式（4－82）和式（4－86），同时令 $Z(t)=\frac{R_t}{B_t}$，对其求导：

$$\dot{Z}(t)=\frac{\dot{R}_t}{B_t^2}B_t-\frac{\dot{B}_t}{B_t^2}R_t=\frac{\mathrm{M}(\mu_{R,t}H_t)^{\pi}R_t^{W}B_t-R_t\eta(\mu_{B,t}H_t)^{\xi}(R_t-B_t)^{\Psi}}{B_t^2} \tag{4-87}$$

得到

$$\dot{Z}(t)=\{\mathrm{M}(\mu_{R,t}H_t)^{\pi}R_t^{W-1}-B_t^{\Psi-1}\eta(\mu_{B,t}H_t)^{\xi}[Z(t)-1]^{\Psi}\}Z(t) \tag{4-88}$$

$\dot{Z}(t)=0$ 当且仅当 $\mathrm{M}(\mu_{R,t}H_t)^{\pi}R_t^{W-1}-B_t^{\Psi-1}\eta(\mu_{B,t}H_t)^{\xi}[Z(t)-1]^{\Psi}=0$，从而得到

$$\mathrm{M}(\mu_{R,t}H_t)^{\pi}R_t^{W-1}=B_t^{\Psi-1}\eta(\mu_{B,t}H_t)^{\xi}[Z(t)-1]^{\Psi} \tag{4-89}$$

两边取自然对数并对时间 t 的微商，得到

① 数据来源于中国人民银行 2015—2019 年支付体系运行报告（www. pbc. gov. cn）。

$$\pi g_H + (w-1) g_R = (\Psi - 1) g_B + \xi g_H + \Psi \frac{\dot{Z}(t)}{Z(t) - 1} \qquad (4-90)$$

由于 $\dot{Z}(t)=0$，由此得到 $\dot{Z}(t)=0$ 的充分且必要条件为

$$\pi g_H + (w-1) g_R = (\Psi - 1) g_B + \xi g_H \qquad (4-91)$$

相关相图分析如图4－2、表4－6所示。当 $\Psi \geqslant w$ 且 $\xi \geqslant \pi$ 时，R/B 对时间 t 的微商，即 $\dot{Z}(t) \leqslant 0$，即当传统金融中介的技术溢出参数（Ψ）、人力资本的弹性（ξ）都大于金融科技公司的相应参数 w、π 时，金融科技公司对传统金融中介的效率领先才不会继续扩大，而是趋于收敛或下降。因此，借助图4－2的相图方法，可以证明当 $\Psi = w$ 且 $\xi = \pi$ 时，传统金融中介与金融科技公司效率的平衡增长路径与二者增长趋同路径［$\dot{Z}(t) = 0$］重合，二者都能获得 g^* 水平的效率增长，而 g^* 刚好就是金融科技公司效率的平衡增长水平，此时传统金融中介追赶上金融科技公司，二者效率的差距不再影响传统金融中介的效率增长，二者的发展水平仅受到人力资本增长的影响，从而实现趋同、融合式的发展。

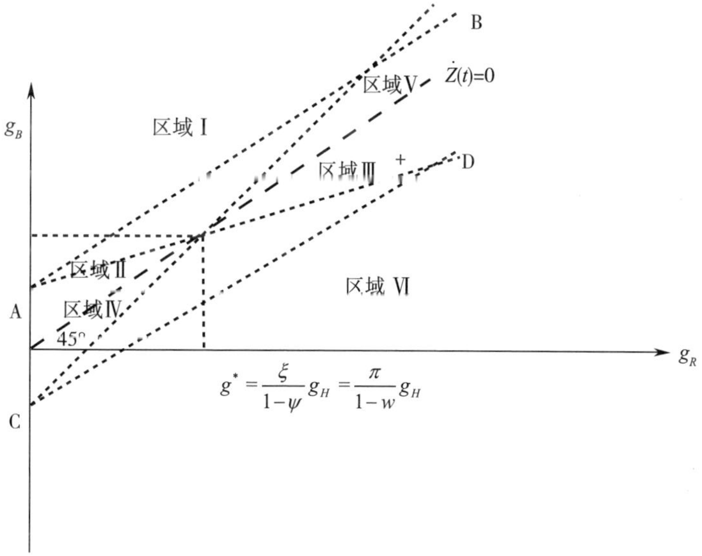

图4－2　$\dot{Z}$ 的相图

表 4-6　　相图分析

Ψ	$\xi > \pi$	$\xi = \pi$	$\xi < \pi$
$\Psi > w$	区域Ⅰ，$\dot{Z} < 0$	区域Ⅰ，$\dot{Z} < 0$	区域Ⅳ，$\dot{Z} > 0$ 区域Ⅴ，$\dot{Z} < 0$
$\Psi = w$	$\overline{AB}$，$\dot{Z} < 0$	$\dot{Z}(t) = 0$	$\overline{CD}$，$\dot{Z} > 0$
$\Psi < w$	区域Ⅱ，$\dot{Z} < 0$ 区域Ⅲ，$\dot{Z} > 0$	区域Ⅲ，$\dot{Z} > 0$	区域Ⅵ，$\dot{Z} > 0$

以上表明，在金融科技公司存在“先发优势”的条件下，传统金融中介也有“后来居上”的可能，当传统金融中介在科技创新以及人力资本等方面，比金融科技公司投入更大、使用更有效，才能够获得比金融科技公司更高的增长率，此时金融科技公司的“破坏性效应”才能被“技术外溢效应”所抑制，传统金融中介的效率因而获得更高水平的增长。正如 Drasch 等（2018）、Chen 等（2019）的研究指出，银行需要大量投资于科技创新，与金融科技公司进行竞争，才能避免来自金融科技公司的破坏性效应。由此可见，金融科技公司对传统金融中介产生影响的“技术外溢效应”是一个综合的动态过程，在很大程度上取决于其“破坏性效应”是否得到有效的抑制。因此，传统金融中介要想持续提高效率，必须主动适应金融科技公司的竞争，不断缩小二者的效率差距。

第六节　本章小结

本章以金融科技公司效率领先这一事实为重要前提，在内生增长理论框架下，通过将金融中介细分为金融科技公司与传统金融中介，建立起一个异质性金融中介、一般均衡的内生经济增长模型，以此从理论层面探索金融科技对传统金融中介的动态影响，并提出研究命题 4-1：当其他条件不变时，金融科技公司的技术溢出对传统金融中介的效率起到积极的促进作用，即金融科技公司对传统金融中介存在“技术外溢效应”。

继而采用2011—2018年的北京大学数字普惠金融指数作为金融科技新业态发展水平的代理变量，运用DEA-Malmquist方法测算得到全国115家上市商业银行的全要素生产率，以此来代表商业银行的技术效率，用系统GMM的计量方法，就金融科技新业态的发展对商业银行效率的影响进行了实证分析，对研究命题4-1进行了实证验证。

本章理论与实证研究均发现：（1）金融科技公司的技术外溢效应促进了传统金融中介效率的提高，这一事实是金融科技公司与传统金融中介竞争与合作相互作用的结果。（2）如果传统金融中介能紧跟金融科技公司的发展步伐，金融科技公司影响传统金融中介的“破坏性效应”将得到极大抑制，从而使金融科技公司的“技术外溢效应”得到更大程度的发挥。

因此，本章的研究表明，金融科技的发展与进步会对传统金融中介产生积极的促进作用，所以社会各方应对金融科技采取积极推动、包容并蓄的态度，坚持技术为金融服务，力求提高金融服务的效率。与此同时，本章的研究还表明，传统金融中介需加快利用各类科技手段，锐意创新，提升效率，与金融科技公司形成既有竞争又有合作的良性互动关系。因此，现有相关文献单方面强调金融科技公司与传统金融中介的“竞争关系”或“合作关系”，并不是金融科技新业态对金融行业乃至对经济社会影响的全部意义。关于金融科技新业态的意义与影响的研究仍需以综合、动态的视角、方法予以考察，本章研究在这方面提供了一个有意义的分析框架与可供借鉴的结论。

本章的研究有助于完善当前监管部门对“新金融”“旧金融”的科学认识。本章研究表明，尽管从具体业务方法的微观角度看，金融科技公司业务和传统金融中介业务，特别是与银行业务没有什么本质区别，但并不能表明金融科技公司是无关紧要的。相反，由于金融科技新业态发轫于信息科技巨头和具有创新活力的初创型企业，本身就是数字经济的有生力量，应通过政策、制度加以引导，使其更好地服务实体经济，成为数字经济的助推器。此外，金融科技公司与传统金融中介的竞争也并不完全是金融风险，在坚持“守正创新、服务实体”的指导原则下，金融科技公司为传统金融中介的数字化转型带来了积极的“技术外溢效应”，为传统金融中介内生增长增添了新的外部动力。正因为如此，越来越多的国家和地区发布了金融科技发展规划与蓝图，高度重视信息科技公司直接提供金融服务这种金融创新的范式转换所带来的巨大经济效应。

第五章　金融科技驱动经济增长的机制：直接效应与协同效应

第四章将金融科技发展的两种力量（传统金融机构的持续性金融科技创新，与以金融科技公司为代表的金融科技新业态）进行了区分，将金融部门异质化为金融科技公司与传统金融中介两个子部门，构建起一个异质性金融中介、一般均衡的多部门内生经济增长模型，探讨了金融科技公司的技术溢出对传统金融中介效率的动态影响机制。本章沿用第四章理论模型基本假设与分析框架，进一步得出金融科技与经济增长之间的函数关系，以此分析了金融科技对经济增长的影响机制。

第一节　国内外相关研究基础

本节从金融科技公司有助于提高储蓄转化为投资的效率、有助于改善资本的配置效率两个视角，对金融科技促进经济增长的相关文献进行梳理，并进行了文献述评。

一、金融科技公司有助于提高储蓄转化为投资的效率

传统上，银行是现代市场经济中金融资源主要供给者，经济中储蓄转化为投资的过程围绕着银行进行（Gorton 和 Winton，2002）。然而日渐兴起的金融科技公司逐渐成为金融中介的新形式与替代选择（Cai，2018；Kavuri 和 Milne，2018），它们通过降低金融交易成本，有效补充

了银行在金融中介方面的作用（Molnár，2018），并且金融科技公司储蓄转化为投资的转化率远高于以银行为代表的传统金融机构。

一方面，金融科技公司的经营效率更高。Fuster 等（2019）通过美国贷款数据发现，金融科技公司处理贷款申请的速度比其他金融机构快20%左右，而且这种快速度的处理不以高违约率为代价，金融科技借贷比其他借贷能够更灵活地调整供应。另外，金融科技借贷的运营成本远低于银行（Thakor，2020）。Welltrado（2018）采用 Lending Club（美国知名在线贷款平台）的数据研究发现，Lengding Club 的运营成本占贷款的比例仅为2.7%，而银行这一比例高达7%。银行等传统金融机构分支机构庞杂，而金融科技公司通过公开的互联网平台，降低了交易成本和交易时间，同时简化了将资金需求者与资金供给者匹配在一起的程序。另外，金融科技公司还能够更快、更灵活地采用创新技术和以客户为中心的解决方案（Ansari 和 Krop，2012），正如 Chiu（2016）指出，初创型金融科技公司虽然没有在金融领域提供产品和服务的传统和经验，但是它们更加灵活、更加安全、效率更高。金融科技公司的这种高效率运营降低了金融交易的成本与费用，从而有助于提高储蓄向投资转化的效率。

另一方面，与传统银行相比，金融科技公司的监管负担较低（Thakor，2020）。金融科技公司缺乏监管目前已成为共识（Arner 等，2016；Chen，2016；Stern 等，2017；Ozili，2018），正如 Buchak 等（2018）指出金融科技行业存在监管套利，这也是金融科技新业态迅速发展的重要原因之一。比如，金融科技公司并没有受到存款准备金率、资本充足率等监管要求的约束等。因而，对于同样的资本金额，金融科技公司可以实现更高的转化率。

因此，金融科技公司涌入金融领域，使市场经济中储蓄转为投资的过程有了成本更低、效率更高的新选择。同时，这对传统金融机构造成巨大的竞争压力与冲击，会迫使传统金融机构加大科技投入，向金融科技公司学习，以提高自身的服务效率与经营管理水平。因而二者的竞争将强化传统金融机构的专业化效应，降低其运行成本，从而必将提高整个金融部门将金融资源转化为真实投资的效率，进而促进了投资与经济增长。

二、金融科技公司有助于改善资本的配置效率

首先，金融科技公司的信息获得能力更强大。Buchak 等（2018）指出，新型金融科技公司设定的利率往往比银行根据美国住房抵押贷款市场设定的利率更能预测违约后的利率，并认为这反映出新型金融科技贷款公司分析大数据的强大能力。Frost 等（2020）基于阿根廷电子商务平台 Mercado Libre 的小公司信贷数据发现，到目前为止，基于大数据和机器学习的信用评分技术在预测损失率方面优于官方的信用局（Credit Bureau）。金融科技公司的这种信息获得优势，可以使信贷资源更加精准、有效地分配到经济发展急需的产业或领域（盛天翔和范从来，2020），使资金配置到资本收益更高的项目上，从而提高资本的生产率，促进经济增长。

其次，金融科技公司的普惠性更强，尤其对于中小企业具有重要意义。各类新型金融科技公司可以有效地解决传统上阻碍中小微企业获得信贷的各类障碍（如缺乏信用记录、缺乏会计数据、缺乏传统抵押品等），从而为中小微企业融资纾困起到很大的帮助作用（IMF，2019）。金融科技信贷可以有效地补充银行在小额贷款的供给不足（Tang，2019）。盛天翔和范从来（2020）同样实证发现金融科技有助于促进银行的小微企业信贷供给。此外，金融科技公司主要服务于传统银行业发展不足的领域，Jagtiani 和 Lemieux（2018）发现，美国金融科技信贷平台 Lending Club 已经渗透到传统银行服务不足的地区。De Roure 等（2016）发现，德国的金融科技信贷主要服务被银行忽视的消费信贷市场中的一部分。可见，金融科技公司通过补充传统金融服务的不足，扩大了金融服务的准入与范围，从而提高了资本生产率。

最后，金融科技公司有助于流动性的改善，从而有助于改善资本配置效率。如金融科技公司通过在线平台等途径可以使用户和消费者不受时间与地点的限制来进行金融交易（Ozili，2018），从而提高了金融交易的频率、资金转移的速度。支付宝、微信等第三方移动支付为资本在不同时间、地区、行业之间的转移提供了更有效率的选择。此外，一些金融科技公司通过理财类金融产品的提供，为家庭对流动性资产进行投资提供了更多的便利与途径，提高了整个社会的流动性，使一些被传统银行业忽视的高风险技术投资项目获得必要的融资成为可能。金融科技借贷也可以将小储户的资金“积少成多”，并与传统上面临严格融资约束的风险型企业联系起来（Cassar，2004；Robb 和 Robinson，2014），使其更加容易获得必要的融资，正如 Dorfleitner 等（2017）指出，研发投入高的企业特别适合采用金融科技的网络借贷方式进行融资。

因此，金融科技有助于发挥资源配置效应（薛莹和胡坚，2020），对实体经济资本配置效率存在显著的提升作用（刘瑞凝等，2019），从而能够推动经济的高质量、可持续发展。

三、文献述评

基于上述文献，金融科技公司作为传统金融机构的有效补充，有助于提高储蓄转化为投资的效率，改善资本的配置效率，其金融中介功能日益凸显。且金融科技公司能够凭借技术等优势，使其资本转化效率与资本配置效率高于以银行为代表的传统金融机构。因此，将金融科技公司作为新型金融中介，拓展现有“金融发展与内生经济增长”理论模型中关于金融中介的假定，既嵌入现有理论中传统金融机构（银行）储蓄转化为投资的经济功能，又反映当前金融科技公司的中介功能及其技术引领特征，成为本书研究金融科技新业态影响宏观经济增长的主要立论基础。

与此同时，现有的相关研究囿于理论模型的缺乏，更多侧重于实证分析。如滕磊和马德功（2020）基于省级面板数据，采用北京大学数字普惠金融指数衡量数字金融发展，从缓解企业融资约束、提升区域创新水平和对外开放水平等视角，研究证实数字金融能够促进社会经济的高质量发展；张勋等（2019）将中国数字普惠金融指数和中国家庭追踪调查（CFPS）数据相结合，基于普惠金融视角，研究证实数字金融促进了中国的包容性增长；钱海章等（2020）也采用省级面板数据，研究证实中国数字金融发展促进了经济增长。这些研究均证实金融科技对社会经济增长产生重要的影响作用，然而对金融科技影响经济增长的机制与途径的理论刻画还很不足。因此，将金融科技纳入已有的金融理论框架，发现其与已有金融理论的联结，成为当前有关金融科技研究亟待解决的问题之一（Goldstein，2019；Thakor，2020）。

第二节　理论模型分析与研究命题提出

本节沿用第四章理论模型的基本假设与分析框架，进一步得出金融科技与经济增长之间的函数关系。根据此结果，提出本章的研究命题。命题5－1：在平衡增长路径中，金融科技新业态的技术溢出能够直接促进社会经济的增长，即存在直接的影响效应。命题5－2：在平衡增长路径中，金融科技新业态的技术溢出能够通过赋能传统金融中介、促进传统金融发展，进而推动社会经济的增长，即通过“新金融”与“旧金融”之间的协同发展效应促进经济的增长。

一、动态优化结果

沿用第四章的理论模型基本假设，进一步动态优化以下方程组：

$$\max \int_0^{\infty} \frac{c(t)^{1-\theta}-1}{1-\theta} \cdot e^{-\rho t} dt \qquad (\rho > 0) \tag{5-1}$$

$$\text{s.t.}\ \dot{K}(t) = B_t^{\varphi} R_t^{1-\varphi} \{A(t)^{\alpha} K(t)^{\beta} [\mu_{Y,t} \cdot H(t)]^{\gamma} - c(t)\} - \delta_1 K(t) \tag{5-1a}$$

$$\dot{A}(t) = \chi[\mu_{A,t} \cdot H(t)]^{\tau} A(t)^{\varepsilon} R_t^{\nu} \tag{5-1b}$$

$$\dot{R}_t = м[\mu_{R,t} \cdot H(t)]^{\pi} R_t^{w} \tag{5-1c}$$

$$\dot{B}_t = \eta[\mu_{B,t} \cdot H(t)]^{\xi} (R_t - B_t)^{\Psi} \tag{5-1d}$$

$$\dot{H}(t) = \Phi(1 - \mu_{Y,t} - \mu_{A,t} - \mu_{R,t} - \mu_{B,t})H(t) - \delta_2 H(t) \tag{5-1e}$$

从而求解得到整个社会生产部门的平衡增长率g_{Y^*}，以及由第四章动态优化得到的人力资本生产、R&D、传统金融机构、金融科技公司等的平衡增长率。具体如下：

$$g_{Y^*} = \frac{1}{1-\beta}[\alpha g_{A^*} + \beta\varphi g_{B^*} + \beta(1-\varphi) g_{R^*} + \gamma g_{H^*}] \tag{5-2a}$$

$$= \frac{\Phi - \rho - \delta_2}{(1-\beta)(1-D)}\left[\frac{\alpha\left(\tau + \frac{v\pi}{1-w}\right)}{1-\varepsilon} + \frac{\beta\varphi\left(\xi + \frac{\pi}{1-w}\right)}{2-\Psi} + \frac{\beta(1-\varphi)\pi}{1-w} + \gamma\right] \tag{5-2b}$$

$$g_{B^*} = \frac{\xi + \frac{\pi}{1-w}}{2-\Psi} \cdot \frac{\Phi - \rho - \delta_2}{1-D} \tag{5-3a}$$

$$= \frac{\xi \cdot \frac{\Phi - \rho - \delta_2}{1-D} + \frac{\Psi}{\left(\frac{R}{B}\right)^{*} - 1}}{1-\Psi} \tag{5-3b}$$

$$g_{R^*} = \frac{\pi}{1-w} \cdot \frac{\Phi - \rho - \delta_2}{1-D} \tag{5-4}$$

$$g_{H^*} = \frac{\Phi - \rho - \delta_2}{1-D} \tag{5-5}$$

$$g_{A^*} = \frac{\tau + \frac{v\pi}{1-w}}{1-\varepsilon} \cdot \frac{\Phi - \rho - \delta_2}{1-D} \tag{5-6}$$

其中，$D = \alpha\frac{\tau + \frac{v\pi}{1-w}}{1-\varepsilon} + \beta\varphi\frac{\xi + \frac{\pi}{1-w}}{2-\Psi} + \beta(1-\varphi)\frac{\pi}{1-w} + \gamma$，$D > 0$

二、模型的经济学含义及命题的提出

由式（5－2b）、式（5－3a）、式（5－4）可知，在一般均衡状态下，传统金融机构效率的平衡增长率g_{B^*}、金融科技公司效率的平衡增长率g_{R^*}以及实体经济的平衡增长率g_{Y^*}都是参数Ψ的函数，参数Ψ这里表示金融科技公司的技术溢出参数。同时，由式（5－2a）可知，实体经济的平衡增长率g_{Y^*}是R&D、传统金融机构、金融科技以及人力资本这四个平衡增长率的线性函数，由此得到下面的命题。

命题5－1：在平衡增长路径中，金融科技新业态的技术溢出能够直接促进社会经济的增长，即存在直接的影响效应。

证明：首先，由式（5－2a）可知，当其他条件不变时，金融科技公司的增长率g_{R^*}对g_{Y^*}的线性贡献为$\beta(1-\varphi)$，这是大于零的，即表明金融科技公司自身增长越快，经济增长也就越快。其次，对（5－2a）求参数Ψ的偏导数：

$$\frac{\partial g_{Y^*}}{\partial \Psi}=\frac{1}{1-\beta}\left[\alpha\frac{\partial g_{A^*}}{\partial \Psi}+\beta\varphi\frac{\partial g_{B^*}}{\partial \Psi}+\beta(1-\varphi)\frac{\partial g_{R^*}}{\partial \Psi}+\gamma\frac{\partial g_{H^*}}{\partial \Psi}\right] \tag{5-7}$$

由式（5－3a）、式（5－4）、式（5－5）、式（5－6）可知$\frac{\partial g_{B^*}}{\partial \Psi}>0$；$\frac{\partial g_{R^*}}{\partial \Psi}>0$；$\frac{\partial g_{H^*}}{\partial \Psi}>0$；$\frac{\partial g_{A^*}}{\partial \Psi}>0$，故而式（5－7）>0。这表明，金融科技公司的技术溢出参数Ψ越大，传统金融机构、金融科技公司自身、R&D以及人力资源部门的增长率也越大，这表明在平衡增长路径，金融科技公司的技术溢出参数Ψ与经济产出增长率g_{Y^*}正相关，意味着金融科技公司的技术溢出促进了生产部门的产出增长，并且技术溢出越强，对经济增长的促进作用越大。从而命题5－1得证。

首先，基于互联网平台与现代信息技术的金融科技公司能够凭借自身的技术优势，在其规模增长的过程中获得规模收益，并且能够降低金融交易的成本和时间，简化了将资金需求者与资金供给者匹配在一起的程序，因而提高了储蓄向投资转化的效率，并改善了资本的配置效率，从而直接促进社会经济的增长。

其次，金融科技公司从开始的支付业务发展到当前金融业务的全面铺开，逐渐发展成为市场经济中金融中介的新形式，与传统银行业一样，发挥着“提供资金流动性、资本转化、缓解投资者与借款者之间的信息不对称”等金融中介的作用。因而金融科技公司凭借其技术与效率优势，拓宽了经济社会中储蓄转化为投资的途径，并有助于改善市场经济中资本的配置效率，因此对企业经营与社会经济增长发挥着重要的直接促进作用。

最后，金融科技公司凭借技术优势，扩充了传统银行服务的覆盖面，填补了某些传统金融服务的不足，从而提高了整个金融部门服务实体经济增长的效率，对经济增长产生积极的推动作用。

命题 5－2：在平衡增长路径，金融科技新业态与传统金融机构相互影响与相互作用，二者的协同发展可以有效促进经济的增长。

证明：将式（5－2a）代入式（5－3a），求（R/B）的偏导数，得到

$$\frac{\partial g_{Y^*}}{\partial\left(\frac{R}{B}\right)^*}=\frac{1}{1-\beta}\left\{-\frac{\Psi}{1-\Psi}\frac{1}{\left[\left(\frac{R}{B}\right)^*-1\right]^2}\right\}<0 \qquad (5-8)$$

其中，$\frac{R}{B}$用于衡量金融科技公司与传统金融机构之间的效率差距，因为$R_t>B_t$，所以R/B总是大于1的变量，其值越大代表二者之间的效率差距越大。由式（5－8）可知，平衡增长下，二者的效率差距$\left(\frac{R}{B}\right)^*$与传统金融部门的平衡增长率$g_{B^*}$成负相关的关系。这意味着金融科技公司的单方面过度发展有可能对经济产生负面的影响（R_t过高）。金融科技公司的效率领先与快速发展必然对传统银行业造成很大的威胁，但是传统银行业具有资金雄厚、经营稳定、社会公信力高等优势，这些内在优势决

定了其不会被金融科技公司所取代，二者长时期内会共生共存。因此，金融科技公司与传统金融机构需要协同、协调发展，且在发展中形成一种新的平衡。对于传统金融机构来说，如果不能很好地解决来自金融科技公司的冲击，那么新平衡的形成将因为金融科技公司的破坏性效应付出高昂的代价，并对经济造成损害（Goldstein 等，2019）。因此，只有实现传统金融机构与金融科技公司协调发展，二者之间的效率差距不断变小，即$\frac{R}{B}$参数值越来越小，将会有利于经济的增长。由此命题 5 – 2 得证。

综合命题 5 – 1、命题 5 – 2，金融科技公司从开始的支付业务发展到当前金融业务的全面铺开，极大扩展了传统银行服务的覆盖面，发挥着“提供资金流动性、资本转化、缓解投资者与借款者之间的信息不对称”等金融中介的作用。它们凭借技术优势，提高了储蓄向投资转化的效率，拓宽了储蓄转化为投资的途径，并改善了市场经济中资本的配置效率，因而对社会经济增长发挥着重要的促进作用。

第三节　命题检验与实证分析

一、计量模型设定与数据说明

为进一步验证上一节理论模型分析得到的命题 5 – 1 与命题 5 – 2，本节采用“金融发展—经济增长”关系研究中常用的实证分析逻辑对上述各命题分别进行检验，构建以下计量模型：

$$\ln GDP_{it} = \alpha + \beta_1 fintech_{it} + \gamma\, TFD_{it} + \varphi X'_{it} + \varepsilon_{it} \tag{5-9}$$

$$\ln GDP_{it} = \alpha + \beta_1 fintech_{it} + \beta_2 fintech_{it} \times TFD_{it} + \gamma\, TFD_{it} + \varphi X'_{it} + \varepsilon_{it} \tag{5-10}$$

其中，t 代表时间，i 代表第 i 个单位，这里具体指大陆地区各省、自治区、直辖市与计划单列市（西藏因数据不全没有被包括在内）。被解释变量$\ln GDP_{it}$为相关各省、自治区、直辖市与计划单列市人均实际 GDP 的对数值；$fintech_{it}$代表当地的金融科技新业态的发展水平；TFD_{it}代表当地传统金融机构的发展；$fintech_{it} \times TFD_{it}$为当地金融科技发展与传统金融机构发展的交叉项；$X'_{it}$为当地相关控制变量集，包括被解释变量的滞后值$\ln GDP_{i,t-1}$。计量模型（5-9）、模型（5-10）中各变量的具体说明与数据来源如表5-1所示：

（1）被解释变量$\ln GDP_{it}$为当地以2011年为基期的2011—2018年每年人均实际GDP对数值。GDP数据与国民生产总值指数数据均来源于《EPS中国宏观经济数据库》。

（2）核心解释变量$fintech_{it}$表示当地金融科技新业态的发展水平。采用2011—2018年的北京大学数字普惠金融指数（总指数）来代理当地金融科技新业态的发展水平。考虑到该数据源自蚂蚁科技的微观数据，故而能够反映全国以及当地的金融科技新业态发展水平。

（3）TFD_{it}代表各地传统金融的发展程度。衡量金融发展程度的指标主要有两种：麦氏指标和戈式指标。麦氏指标具体是指广义货币M2占GDP的比值（M_2/GDP）。戈式指标主要是指Goldsmith（1969）提出的金融相关率（FIR）指标，目前运用最广泛，具体是指全部金融资产价值与全部实物资产价值之比。由于本研究采用的数据为中国省级层面的面板数据，考虑到没有省级层面的广义货币M_2数据，因此采用戈式指标，同时考虑到数据的可得性，以及贷款是中国金融机构的最主要金融资产的现实情况，本书采用各地2011—2018年度银行贷款余额变动占名义GDP的比重来衡量传统金融发展水平。银行贷款数据来源于2011—2019年各省、自治区、直辖市与计划单列市的金融运行报告。

（4）X'_{it}为控制变量集合，具体包括$open_{it}$、$sale_{it}$、fdi_{it}、gov_{it}、$capital_{it}$、$unemploy_{it}$、edu_{it}、$\ln GDP_{i,t-1}$。其中，$open_{it}$为当地进出口总额与名义GDP的比值；$sale_{it}$为当地的社会零售总额与名义GDP的比值；gov_{it}代表当地政府投资支出与名义GDP的比例；$capital_{it}$为当地社会固定资本投资占名义GDP的比例；$unemploy_{it}$代表当地城镇失业率；$\ln GDP_{i,t-1}$代表GDP初始值；edu_{it}表示当地人均受教育年限。

以上各数据的时间跨度为 2011—2018 年。各变量的描述性统计如表 5－2 所示。

表 5－1　　变量选取及定义

变量名称	变量含义	度量方式
$\ln GDP_{it}$	经济增长	以 2011 年为基期的人均实际 GDP 对数
$fintech_{it}$	金融科技新业态的发展	北京大学数字普惠金融指数/100
TFD_{it}	传统金融发展	银行贷款余额变动占名义 GDP 的比重
$open_{it}$	经济开放度	进出口总额与名义 GDP 的比值
$sale_{it}$	社会销售	社会零售总额与名义 GDP 的比值
fdi_{it}	外商直接投资	外商直接投资占名义 GDP 比例
gov_{it}	政府支出	政府投资支出占名义 GDP 比例
$capital_{it}$	资本投资	社会固定资本投资占名义 GDP 的比例
edu_{it}	人力资本质量	人均受教育年限
$unemploy_{it}$	社会失业率	城镇失业率
$\ln GDP_{i,t-1}$	GDP 初始值	人均实际 GDP 对数值的滞后值

数据来源：2011—2018 年各省、自治区、直辖市与计划单列市的《金融运行报告》、《EPS 中国宏观经济数据库》、《中国劳动统计年鉴》及各省统计年鉴。

表 5－2　　各变量描述性统计

变量	观测值	平均值	标准差	最小值	最大值
$\ln GDP_{it}$	248	10. 6229	0. 4769	9. 5681	11. 7722
$fintech_{it}$	248	1. 8717	0. 8500	0. 1622	3. 7773
TFD_{it}	248	0. 1735	0. 0943	0. 03639	0. 9295
$open_{it}$	248	0. 3009	0. 3465	0. 0176	1. 7286
$sale_{it}$	248	0. 3811	0. 0682	0. 2272	0. 6087
fdi_{it}	248	0. 0242	0. 0194	0. 0001	0. 1151
gov_{it}	248	0. 2821	0. 2161	0. 0843	1. 4269
$capital_{it}$	248	0. 8076	0. 2606	0. 2332	1. 5074
edu_{it}	248	9. 7580	1. 0483	7. 75575	13. 8
$unemploy_{it}$	248	3. 3093	0. 6464	1. 2	4. 9

二、计量方法

在计量模型（5-9）、模型（5-10）中，被解释变量的滞后项 $\ln GDP_{i,t-1}$ 作为解释变量引入，同时经济增长本身也会影响金融发展程度，因而此回归将产生内生性。为控制回归过程中的内生性问题，本研究采用系统 GMM 进行估计。因为在有限样本的情况下，系统 GMM 能够较好地修正未观察到的个体异质性问题、遗漏变量偏差、测量误差以及潜在的内生性问题，并能克服差分 GMM 计量方法带来的潜在偏误和不精确性（陈强，2015）。

三、实证结果与分析

（一）命题5-1的实证结果

计量模型（5-9）的回归结果如表5-3列（1）与列（2）所示。其中，二阶序列相关的检验结果即 AR（2）的概率分别为0.6520、0.9844，均支持回归方程不存在二阶序列相关的假设；并且 Sargan 检验结果的 p 值均大于0.1，表明不能拒绝工具变量具有有效性的零假设。因此，整个模型的设定是合理的，并且工具变量也是有效的。

表5-3列（1）解释变量为 $fintech_{it}$、TFD_{it}、$\ln GDP_{i,t-1}$、edu_{it}，$fintech_{it}$ 的估计系数 $\hat{\beta}_1$ 为0.0062，在1%的显著性水平下显著。列（2）加入 $sale_{it}$、$unemploy_{it}$、gov_{it} 等其他控制变量，$fintech_{it}$ 的估计系数 $\hat{\beta}_1$ 为0.0092，仍然在1%的显著性水平上显著。这表明金融科技新业态对经济增长有显著的促进作用，此为金融科技新业态对经济增长的“直接效应”。由此研究命题5-1得到实证结果的支持。

（二）命题5-2的实证结果

计量模型（5-10）在计量模型（5-9）的基础上加入代表金融科技新业态发展水平的变量 $fintech_{it}$ 与代表传统金融发展程度的变量 TFD_{it} 的

交叉项 $fintech_{it} \times TFD_{it}$。对计量模型（5－10）进行回归的结果如表 5－3 列（3）、列（4）、列（5）、列（6）所示。此时核心解释变量 $fintech_{it}$ 的估计系数 $\hat{\beta}_1$ 显著为正；同时，交叉项 $fintech_{it} \times TFD_{it}$ 的估计系数 $\hat{\beta}_2$ 在不断加入控制变量的情况下，分别为 0.0016、0.0018、0.0017、0.0020，并且在 1% 的显著性水平上显著。此时，金融科技新业态影响经济增长的边际效应为 $\hat{\beta}_1 + \hat{\beta}_2 \times TFD_{it}$。$\hat{\beta}_2$ 的估计系数显著为正，表明金融科技新业态与传统金融发展之间存在相互影响的交互效应；金融科技公司与传统金融中介既竞争又合作，相互影响，二者的协同发展与共同作用能够有效的促进经济的增长。由此命题 5－2 也得到实证结果的支持。

对于传统金融机构来说，金融科技公司的技术优势会带来极强的竞争与示范效应，二者协同发展、共同作用可以提高整个金融系统服务实体经济的能力。传统金融机构如果能够紧跟金融科技公司的发展脚步，主动缩小与金融科技公司的效率差距（R/B 参数值变小），不断向金融科技公司学习，增加科技投入以及相似金融产品与服务的提供，减少各种金融产品交易的费用，提高自身服务实体经济的效率，才能进一步促进经济增长。此外，传统金融机构在风险管控、监管应对等方面比金融科技公司更有优势与经验。传统银行业的这些内在优势也需要金融科技公司去学习，从而对金融科技公司的可持续、健康稳定发展产生积极影响，进而有利于经济的增长。

表 5－3　金融科技新业态对中国经济增长的影响

被解释变量：$\ln GDP_{it}$						
解释变量	(1)	(2)	(3)	(4)	(5)	(6)
$fintech_{it}$	0.0062*** (0.0006)	0.0092*** (0.0013)	0.0055*** (0.0008)	0.0058*** (0.0013)	0.0059*** (0.0011)	0.0081*** (0.0011)
$fintech_{it} \times TFD_{it}$	—	—	0.0016*** (0.0002)	0.0018*** (0.0004)	0.0017*** (0.0004)	0.0020*** (0.0004)
TFD_{it}	-0.0012*** (0.0001)	-0.0024*** (0.0004)	-0.0036*** (0.0002)	-0.0045*** (0.0006)	-0.0045*** (0.0006)	-0.0015*** (0.0004)

续表

被解释变量：$\ln GDP_{it}$						
解释变量	(1)	(2)	(3)	(4)	(5)	(6)
$\ln GDP_{i,t-1}$	0.8027*** (0.0254)	0.8405*** (0.0285)	0.8312*** (0.0222)	0.8393*** (0.0285)	0.8325*** (0.0365)	0.8694*** (0.0323)
edu_{it}	0.0031*** (0.0003)	0.0031*** (0.0003)	0.0028*** (0.0002)	0.0028*** (0.0002)	0.0028*** (0.0003)	0.0031*** (0.0003)
$sale_{it}$	—	-0.0028* (0.0015)	—	-0.0052*** (0.0015)	-0.0042** (0.0016)	-0.0011 (0.0016)
$unemploy_{it}$	—	-0.0007*** (0.0001)	—	-0.0004*** (0.0001)	-0.0005*** (0.0002)	-0.0007*** (0.0001)
gov_{it}	—	0.0011 (0.0010)	—	—	0.0001 (0.0010)	0.0005 (0.0013)
$capital_{it}$	—	-0.0015*** (0.0004)	—	—	0.0001 (0.0005)	-0.0009* (0.0005)
fdi_{it}	—	-0.0047 (0.0041)	—	—	—	-0.0071 (0.0090)
$open_{it}$	—	-0.0045** (0.0022)	—	—	—	-0.0060** (0.0024)
常数项	0.0792*** (0.0096)	0.0473*** (0.0139)	0.0809*** (0.0100)	0.0754*** (0.0119)	0.0786*** (0.0130)	0.0382* (0.0207)
Sargan 检验（p 值）	0.2407	0.3894	0.2754	0.3330	0.3588	0.4194
AR（2）	0.6520	0.9844	0.8044	0.9485	0.9943	0.9748
样本量	124	124	124	124	124	124

注：括号内为标准误；*、**、*** 分别代表在 10%、5%、1% 显著性水平上显著。

（三）稳健性检验

进一步采用北京大学数字普惠金融指数的分项指数金融科技借贷指数 $finloan_{it}$ 衡量金融科技新业态的发展水平，并以此替换计量模型（5-9）、模型（5-10）中的核心解释变量 $fintech_{it}$ 以进行稳健性检验。表 5-4 给出了稳健性检验结果。表 5-4 列（1）中的核心解释变量 $finloan_{it}$ 的估计系数 $\hat{\beta}_1$ 为 0.0049，且在 1% 的显著性水平上显著，金融科技新业态对经济增长的“直接效应”再次得到实证结果的支持。

表5－4第二列加入交叉项 $finloan_{it} \times TFD_{it}$，其估计系数 $\hat{\beta}_2$ 为0.0026，核心解释变量 $finloan_{it}$ 的估计系数 $\hat{\beta}_1$ 为0.0045，均在1%的显著性水平上显著。表5－4列（3）、列（4）不断加入控制变量后，核心解释变量 $finloan_{it}$ 的估计系数 $\hat{\beta}_1$、交叉项 $finloan_{it} \times TFD_{it}$ 估计系数 $\hat{\beta}_2$ 均显著为正。这一结果表明金融科技新业态能够通过促进传统金融机构的发展进而推动了社会经济的增长。这再次表明金融科技新业态与传统金融发展的共同作用能够有效促进经济的增长。

表5－4　金融科技新业态对中国经济增长影响的稳健性检验

被解释变量：$\ln GDP_{it}$				
解释变量	（1）	（2）	（3）	（4）
$finloan_{it}$	0.0049*** (0.0007)	0.0045*** (0.0006)	0.0054*** (0.0007)	0.0001*** (0.0000)
$finloan_{it} \times TFD_{it}$	—	0.0026*** (0.0004)	0.0029*** (0.0004)	0.0045*** (0.0005)
TFD_{it}	－0.0006*** (0.0002)	－0.0027*** (0.0004)	－0.0033*** (0.0006)	－0.0035*** (0.0005)
$\ln GDP_{i,t-1}$	0.3894*** (0.0528)	0.2751*** (0.0422)	0.2206*** (0.0646)	0.1091*** (0.0728)
edu_{it}	0.0022*** (0.0003)	0.0019*** (0.0003)	0.0017*** (0.0004)	0.0018*** (0.0003)
$sale_{it}$	－0.0085*** (0.0019)	－0.0057*** (0.0022)	－0.0065** (0.0019)	－0.0016 (0.0013)
$unemploy_{it}$	－0.0007*** 0.0001	－0.0004*** (0.0001)	－0.0005*** (0.0001)	－0.0009*** (0.0001)
gov_{it}	—	—	－0.0002 (0.0009)	0.0022*** (0.0009)
$capital_{it}$	—	—	0.0012*** (0.0004)	－0.0002 (0.0004)

续表

被解释变量：$\ln GDP_{it}$				
解释变量	（1）	（2）	（3）	（4）
fdi_{it}	—	—	—	-0.0021 （0.0077）
$open_{it}$	—	—	—	-0.0111** （0.0023）
常数项	0.0950*** （0.0060）	0.0956*** （0.0047）	0.0890*** （0.0059）	0.0237* （0.0189）
Sargan 检验（p 值）	0.3013	0.3330	0.3207	0.4422
AR（2）	0.2102	0.9485	0.4115	0.9143
样本量	124	124	124	124

注：括号内为标准误；*、**、***分别代表在10%、5%、1%显著性水平上显著。

第四节　协同效应的进一步讨论

通过表5-3可以发现一个需要特别关注的事实：代表传统金融发展的TFD_{it}的估计系数$\hat{\gamma}$在计量模型（5-9）、模型（5-10）中均显著为负，这表明自2011年以后，中国传统金融发展对经济增长的促进作用“消失”，传统金融发展存在着“消失效应”。但是把代表金融科技新业态发展水平的指标$fintech_{it}$与代表传统金融发展水平的指标TFD_{it}作为交叉项加入回归模型，其估计系数$\hat{\beta}_2$如表5-3列（3）、列（4）、列（5）、列（6）所示却显著为正。这表明金融科技新业态对中国传统金融发展的“消失效应”有一定的纠偏作用。本节将对此问题进行进一步的讨论。

一、传统金融发展的“消失效应”

（一）金融发展“消失效应”的含义与界定

金融发展具有双面性：在促进经济增长的同时，也可能对经济产生不利的影响（Arcand 等，2015；Barajas 等，2013），尤其是金融过快发展会加大金融业的系统性风险（Allen 和 Carletti，2006；Gai 等，2008；Gennaioli 等，2012；Wagner，2007）；与此同时，会造成居民储蓄率的降低（Jappelli 和 Pagano，1994）、大量的资金和高端人才向金融业领域配置（Bolton 等，2011；Philippon，2010;）、经济的虚假繁荣（Zeira，1999），以及经济运行的低效率与高成本（Santomero 和 Seater，2000；Ductor 和 Grechyna，2015），从而阻碍经济结构的优化（杨琳，2002），延缓技术进步（Ang，2011；Cecchetti 和 Kharroubi，2012），使其难以履行促进创新、优化资源配置的功能（Arcand 等，2015），最终导致社会经济难以高质量、有效率地增长。所以实现金融的适度发展、避免经济过度金融化成为国内外一致的共识。

Goldsmith（1969）在其著作《金融结构与金融发展》中提出，当一个国家的金融相关率（Financial Interrelations Ratio，FIR）即该国全部金融资产价值与其经济活动总量的比值保持在 1 ~ 1. 5 时，该国的金融发展是适度的。由此可见，金融发展的适度与否主要是相对于经济增长的程度而言，当金融资产的规模与 GDP 的比值保持在一定合理范围时，金融的发展能够促进经济的稳定增长，则认为金融发展是适度的；但是低于这个范围，金融体系规模过小，金融供给能力不够，会使金融体系缺乏对经济的持续支持能力，从而对经济的增长产生“抑制效应”，此时认为金融发展是不足的；而当高于这个范围，金融发展是超前或过度的（张金清和陈卉，2013），存在着“消失效应”。本书研究中提到的金融发展的“消失效应”，也经常被称为“金融发展过度”，这个概念由 Arcand、Berkes、Panizza 在其 2012 年的工作论文“金融发展过度了吗?”（Too Much Finance）中正式提出[①]。他们研究认为，金融发展与经济增长之间存在非线性的倒“U”形关系，当金融发展超越某一门槛或门限（私人部门贷款占 GDP 的 80% ~ 100%）时，金融发展开始对经济增长

---

① 其成果在 2012 年还是工作论文，没有正式发表，后于 2015 年正式发表在期刊 *Journal of Economic Growth* 上，但是“金融发展过度”在 2012 年一经提出，便引起学术界的高度关注。

产生负面影响的。如图 5 - 1 所示，当金融发展程度低于门限或门槛值 FIN^*，金融发展与经济增长的关系表现为正相关，金融发展促进了经济的发展；但是当金融发展程度高于门限或门槛值FIN^*时，金融发展促进经济增长的效应“消失”，二者之间表现为负相关的关系，说明金融发展过度了，金融发展存在“消失效应”。在 Arcand 等（2015）之后，很多学者进一步证明了金融发展在经济增长中的“门限效应”，如 Soedarmono 等（2017）、Beck 等（2014）、Rousseau 和 Wachtel（2011），Owen 和 Temesvary（2014），Ductor 和 Grechyna（2015），Mishra 和 Narayan（2015），Chudik 等（2017），Panizza（2018）。目前，有关金融发展“消失效应”的研究正逐渐成为金融发展研究领域中的一个重要分支。

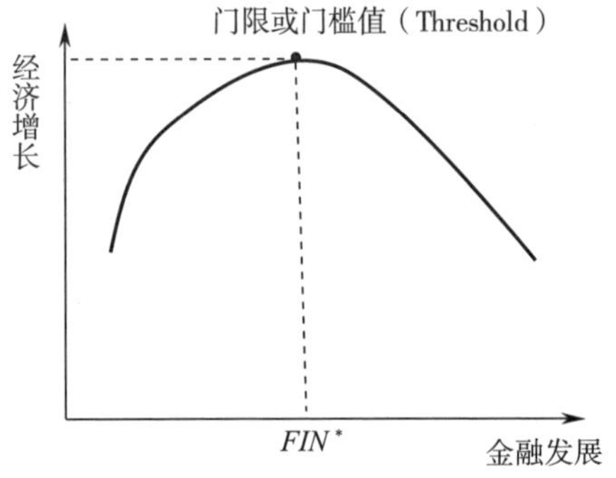

图 5 - 1 金融发展与经济增长的倒“U”形关系

（二）中国经济过度金融化的特征事实

1. 金融业快速扩张。改革开放以来，中国金融业呈现持续增长的态势，1978 年金融业增加值为 76.5 亿元，2017 年中国金融业增加值达到 77077 亿元，平均每年实际增长约 12%[①]。尤其自 2008 年国际金融危机开始，如图 5 - 2 所示，中国金融业呈现快速发展、高速增长的态势。从金融业增加值占 GDP 的比重来看（见表 5 - 5），与工业增加值占 GDP 的比重不断下降的趋势相比，中国金融业增加值占 GDP 的比重不断上升，

① 数据来源：根据《EPS 中国宏观经济数据库》与中国人民银行官方网站计算得到。

2001—2005 年，金融业增加值占 GDP 的比重徘徊在 4% 左右；2006—2008 年该比重保持在 5% ~6%；但是 2008 年之后，中国金融业增加值占 GDP 的比重急剧上涨，到 2019 年已达 7.8%，更是在 2015 年、2016 年达到历史的高点（2015 年为 8.40%，2016 年为 8.35%）①。

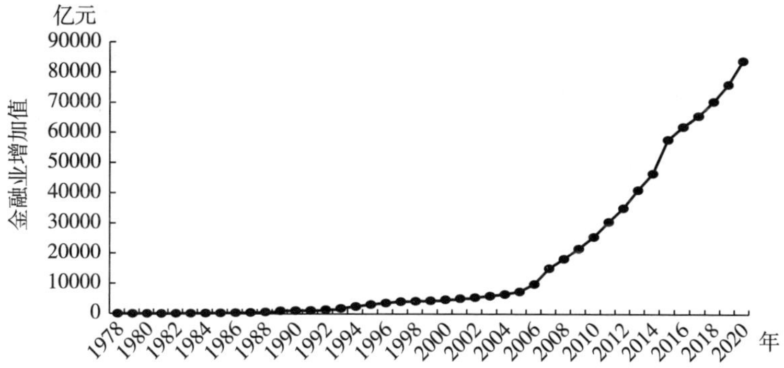

图 5 -2　1978—2020 年中国金融业增加值的变化

（数据来源：《EPS 中国宏观经济数据库》）

表 5 -5　　中国金融业增加值与工业增加值占 GDP 的比重　　单位：%

年份	工业增加值占 GDP 的比重	金融业增加值占 GDP 的比重
2000	40.15	4.82
2001	39.56	4.69
2002	39.25	4.56
2003	40.29	4.39
2004	40.64	4.07
2005	41.62	3.99
2006	42.03	4.54
2007	41.33	5.62

① 数据来源：根据《EPS 中国宏观经济数据库》与中国人民银行官方网站计算而得。

续表

年份	工业增加值占 GDP 的比重	金融业增加值占 GDP 的比重
2008	41.23	5.73
2009	39.56	6.24
2010	39.98	6.22
2011	39.88	6.27
2012	38.66	6.51
2013	37.35	6.92
2014	36.31	7.25
2015	34.32	8.40
2016	33.31	8.35
2017	33.85	7.95
2018	39.69	7.50
2019	38.59	7.80

数据来源：EPS 中国宏观经济数据库。

从货币发行量来看，中国广义货币 M2 的余额逐年持续增长，如图 5－3所示，1990 年中国广义货币 M2 的发行量为 1.5 万亿元，但是 2017 年增加至 168 万亿元，增长了 111 倍，这说明中国经济的货币化程度在不断加深。从外汇储备规模来看，1978 年中国外汇储备仅为 1.67 亿美元，自 2011 年突破 3 万亿美元，一直保持在 3 万亿美元以上，2017 年中国外汇储备规模达 31399.49 亿美元，占全球外汇储备总额的 30% 左右，居全球外汇储备量之首，外汇储备规模是排名第二位的日本和第三位的瑞士的 2.6 倍和 4.5 倍①。

中国金融业的快速发展还体现在金融资产的规模与比重的不断攀升，而且增长速度惊人。从居民存款与贷款来看，1978 年居民住户的存款只有 210 亿元，2017 年居民储蓄存款达 680000 亿元，从 210 亿元到 680000

① 数据来源：根据 EPS 中国宏观经济数据库与 IMF 官方网站数据计算得到。

亿元，增长了上千倍，但是居民住户的贷款及负债规模也在扩大，尤其是近年来居民住户贷款占存款的比例上升速度比较快，如2015年第一季度居民住户贷款占存款的比例为45%，但是到2017年第四季度末该比例上升为63%，短短3年时间，这一比例上涨了18%，这反映了中国居民负债快速增长的事实，同时也反映了金融机构资产规模的扩大[①]。从金融机构的贷款余额来看，1978年贷款余额仅为1890.42亿元，而2017年超过1200000万亿元，金融机构各项贷款占GDP的比重也在持续增长，如表5-6所示，2000—2002年中国金融机构各项贷款占GDP的比重在100%左右，但是在2019年已经达到154.52%，增长幅度达50%。

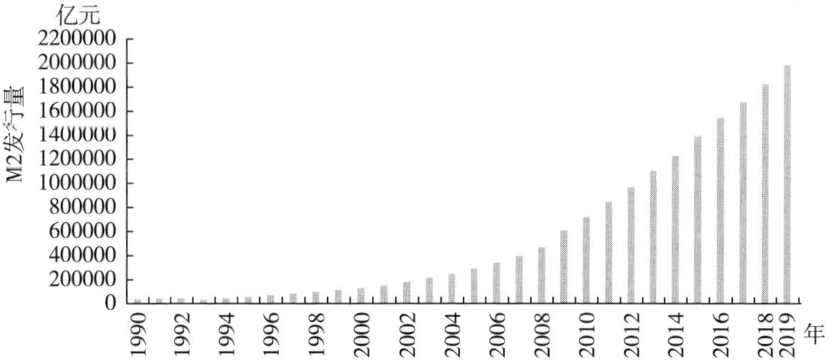

图5-3　1990—2019年中国广义货币M2发行量

然而与金融部门快速发展扩张相比，中国实体部门的增长自21世纪以来一直呈现落后的状态，如图5-4所示，自2005年开始，除个别年份外，中国GDP、工业增加值的增长速度远落后于金融部门的增长速度，且在2006—2008年、2014—2016年差距最为明显。此外，与中国金融业增加值占GDP比重翻倍的事实相比，中国工业增加值占GDP的比重却一直持续在下滑，从2001的40%下降至2017年的33%，下降幅度达8%[②]。实体部门增长的落后与乏力还体现在实体与金融两个部门利润率的巨大差距上，且这种差距在日渐扩大，如图5-5所示，自2001年

① 数据来源：根据EPS中国金融数据库与人民银行金融机构贷款投向统计报告计算得到。
② 数据来源：根据《EPS中国宏观经济数据库》计算得到。

以来中国工业企业的利润率远低于银行业的平均利润率，数据显示，中国工业平均利润率仅为5%～6%，而证券、银行业平均利润率则在持续增长，近年来高达30%左右①。

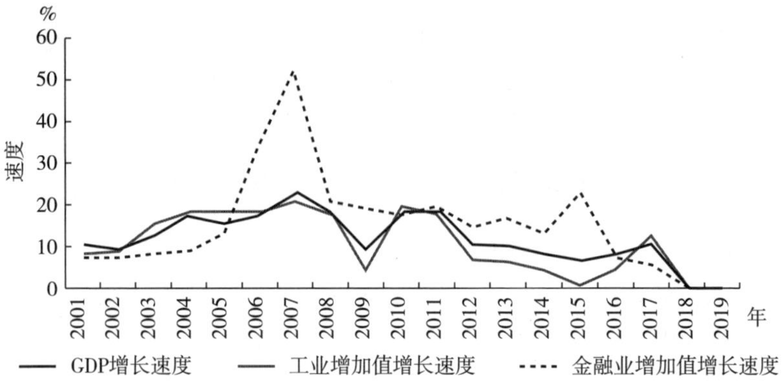

图5－4　2001—2019年中国GDP、工业增加值、金融业增加值增长率

（数据来源：EPS中国宏观经济数据库）

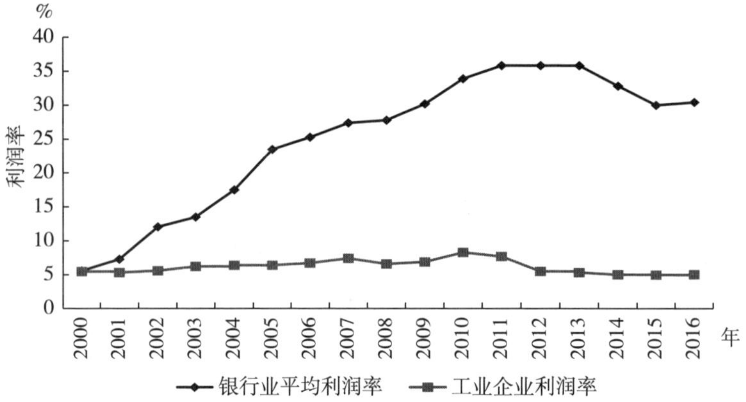

图5－5　中国银行业利润率与工业企业利润率的比较

（数据来源：《中国金融年鉴》《EPS中国金融数据库》）

① 该利润率为销售净利润率，具体等于净利润占营业收入的比重，银行业为各银行的平均销售净利润率，工业企业利润率为规模以上工业企业的利润率，净利润与营业收入的数据均来自2000—2017年的《中国金融年鉴》以及《EPS中国金融数据库》。

表 5－6　2000—2019 年中国金融机构各项贷款占 GDP 的比重

年份	金融机构各项贷款（亿元）	GDP（亿元）	各项贷款占 GDP 的比重（%）
2000	99371.1	100280.1	99.0935
2001	112314.7	110863.1	101.3094
2002	131293.9	121717.4	107.8678
2003	158996.2	137422	115.6993
2004	178197.8	161840.2	110.1072
2005	194690.4	187318.9	103.9353
2006	225347.2	219438.5	102.6926
2007	261690.9	270232.3	96.8392
2008	303467.8	319515.5	94.9775
2009	399685	349081.4	114.4962
2010	479196	413030.3	116.0196
2011	547946.7	489300.6	111.9857
2012	629909.6	540367.4	116.5706
2013	718961.5	595244.4	120.7842
2014	816770	643974	126.8328
2015	939500	689052.1	136.3467
2016	1066000	744127.2	143.2551
2017	1201000	827121.7	145.2023
2018	1363000	919281	148.2681
2019	1531100	990865	154.5216

数据来源：EPS 中国宏观经济数据库。

综上可见，中国金融业近年来高速增长与快速发展，呈现出经济过度金融化与金融过度发展的倾向。

2. 金融业过度膨胀的国际比较。与其他国家相比，中国金融业增加值占 GDP 的比重在 2008 年为 5.7%，低于美国与英国，稍高于日本、法国与德国，但是到 2016 年后，中国金融业增加值超过 7%，高于日本、法国、德国，甚至高于金融业高度发达和成熟的美国与英国（见表 5－7）。2008—2018 年，中国金融业增加值占 GDP 比重的增长幅度最为突出，达 2.65%，是美国这一比例增长幅度的 2 倍、英国增长幅度的 4 倍、日本增长幅度的3倍。然而与金融业产生明显对比的是，中国制造业增加值占GDP的比例下降幅度却最大，达3.88%，是美国、英国下降幅度的6倍左右，是日本的10倍左右（见表5-7）。与德国相比，中国制造业增加值占GDP比重的下降幅度更大。由此可见，从金融业增加值占GDP的比重这一指标来看，中国金融业发展与其他发达国家相比，其发展步伐已超过欧美等金融市场发达的国家。然而与此形成鲜明对照的是，2008—2016年中国制造业占GDP比重的严重下滑的幅度最大。

表5-7　　金融业和制造业增加值占GDP比重　　单位：%

国家	金融业					制造业			
	2008年	2016年	2018年	2019年	变化幅度①	2008年	2016年	2019年	变化幅度
中国	5.7	8.35	7.72	7.68	2.65	32.70	28.82	27.15	-3.88
美国	6.20	7.50	7.60	N/A②	1.30	12.30	11.70	10.94	-0.60
英国	7.92	6.60	N/A	6.86	-1.32	10.66	10.13	8.69	-0.53
日本	4.86	4.17	N/A	N/A	-0.69	21.43	21.05	20.56	-0.38
法国	3.21	3.68	N/A	3.48	0.47	10.88	10.17	9.82	-0.71
德国	3.80	3.90	3.86	3.69	0.10	22.20	22.60	19.11	0.40

数据来源：根据EPS数据库、Wind数据库、IMF网站数据计算得到。

注：①具体指2016年相对于2008年的变化幅度。

②N/A表示数据缺失。

从广义货币M2的发行速度来看，与其他发达国家相比，中国2002—2016年的广义货币同比增长速度超过美国、日本、英国、加拿大等发达国家，尤其是2008—2010年表现最为明显（见图5-6）。2010年之后虽然中国广义货币M2的增长速度稍有回落，但是还是远远高于这些发达国家。从广义货币M2占GDP的比重来看，如表5-8所示，除英国2008年例外，中国2001—2019年M2/GDP的比例均高于英国和美国M2/GDP的比例，且相差的幅度在扩大。如2007年中国M2/GDP的比例为149.29%，与美国M2/GDP（79.46%）、英国M2/GDP（140.28%）相比，高于美国70%，同时稍高于英国，但是到2019年中国M2/GDP达197.89%，与英国M2/GDP（139.34%）、美国M2/GDP（92.76%）相比，分别高58.55%与105.13%，此幅度远远高于2007年。由此可见，中国经济的货币化程度已超过美、英等金融市场发达的国家（见图5－7）。

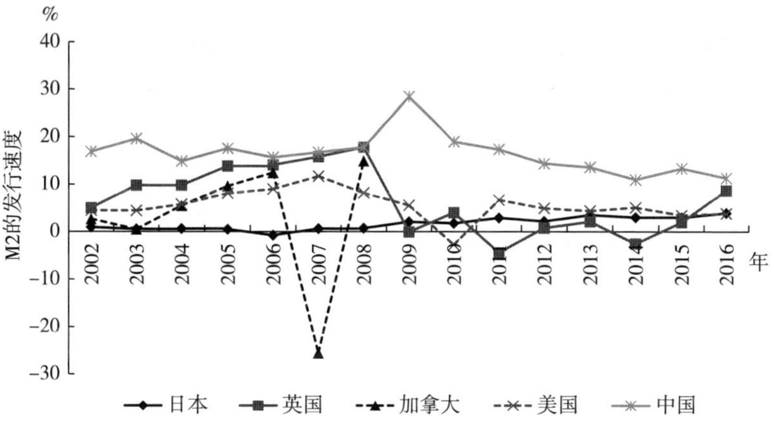

图5－6　中国广义货币发行速度与部分发达国家的比较

（数据来源：根据《EPS世界经济数据库》、世界银行数据计算得到）

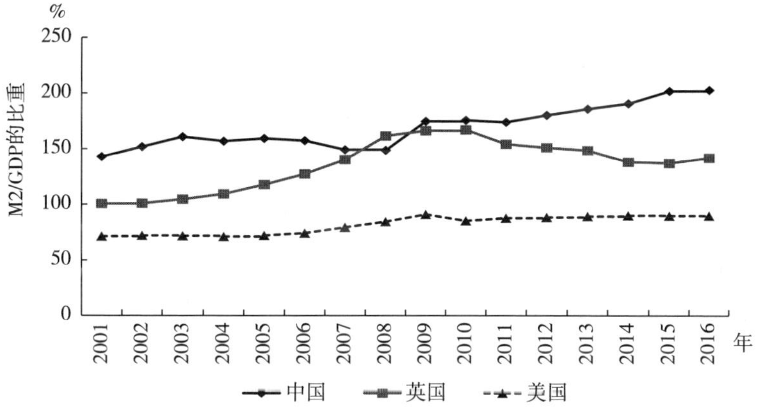

图5－7　中国、美国、英国广义货币M2占GDP的比重

（数据来源：根据《EPS世界经济数据库》、世界银行数据计算得到）

2016年中国私人部门信贷占GDP的比重攀升至156.82%，同年英国、日本、美国、德国私人部门信贷占GDP的比重分别为134.26%、162.35%、192.17%、133.76%，与2001年相比，中国私人部门信贷占

GDP 的比重上涨幅度达 46. 78%，而英国、美国的上涨幅度仅为 12. 38% 与 21. 96%，日本、德国私人部门信贷占 GDP 的比重却下降至 162. 35%、133. 76%，下降幅度分别达 20. 83%、5. 81%（见表 5 -9）。2020 年中国私人部门信贷占 GDP 的比重为 183. 4%，远远超过美国（163. 9%）、英国（173. 5%）、德国（131. 2%），与日本将近持平（184. 2%）[①]。

表 5 -8　　中国、美国、英国广义货币 M2 占 GDP 的比重　　单位：%

年份	中国	英国	美国
2001	142. 7904	100. 6229	71. 3674
2002	151. 9971	100. 9568	72. 1294
2003	160. 9806	104. 6215	71. 8174
2004	157. 0111	109. 4009	71. 2133
2005	159. 4904	117. 8171	72. 1499
2006	157. 4828	127. 3914	74. 3192
2007	149. 2946	140. 2818	79. 4593
2008	148. 7147	161. 7325	84. 5481
2009	174. 8087	166. 392	91. 0602
2010	175. 7381	167. 2007	85. 3345
2011	174. 0425	154. 3344	87. 7831
2012	180. 2753	151. 1803	88. 4521
2013	185. 8942	148. 633	89. 3461
2014	190. 7491	138. 2748	90. 1001
2015	202. 057	137. 2231	89. 8745
2016	208. 4584	142. 2999	90. 282
2017	201. 40	144. 30	90. 22
2018	195. 04	146. 52	88. 99
2019	197. 89	139. 34	92. 76
2020	211. 39	160. 15	111. 21

数据来源：EPS 世界经济数据库。

① 数据来源：国际清算银行（https://www. bis. org/statistics）。

表 5－9　　中国与其他发达国家私人部门信贷占 GDP 的比重　　单位：%

年份	中国	英国	日本	美国	德国
2001	110.0446	121.8878	183.1815	170.2077	139.567
2002	117.4987	126.0918	180.8463	161.6882	138.1
2003	125.6714	130.6635	180.4876	176.5645	137.08
2004	118.6361	138.4459	173.537	183.9363	134.166
2005	111.8429	144.3998	170.2603	187.8475	132.598
2006	109.1584	155.0072	168.0747	197.7071	127.362
2007	105.7327	171.2569	161.1492	206.3028	120.48
2008	101.9171	193.7441	160.1464	188.0241	122.283
2009	124.2071	194.8622	167.0483	191.84	128.451
2010	126.3003	187.9457	160.3443	187.2117	164.798
2011	122.7537	173.2345	159.7168	177.8536	161.967
2012	128.4962	163.4747	160.0851	179.0649	156.925
2013	133.8045	152.009	162.8417	192.5295	136.886
2014	140.1474	137.3897	162.9406	194.2316	139.754
2015	152.5516	132.788	162.3069	188.2037	134.343
2016	156.8202	134.2556	162.3544	192.1655	133.762

数据来源：世界银行数据库。

综上所述，与其他国家相比，中国金融业发展的速度和步伐要远远大于英国、美国、日本等金融业发达的国家，并且在金融业增加值占 GDP 的比重、广义货币 M2 占 GDP 的比重等经济金融化指标上均已超过这些金融业发达的国家，由此可见，中国金融业呈现过度发展和快速扩张的态势。

（三）中国传统金融发展存在“消失效应”的检验

1. 计量模型设定与计量方法选择。在很长一段时间内，关于金融发展与经济增长关系的实证研究是基于金融发展与经济增长之间线性关系的假设（如 King 和 Levine，1993；Levine，2002、2005）。但是进入 21 世纪以来，越来越多的研究认为金融发展与经济增长的关系是非线性的。很多学者采用非线性的计量回归方法对过去的一些研究重新做了实证分析，发现金融发展与经济增长非线性关系的存在。如 Deidda 和 Fattouh

(2002) 采用 King 和 Levine (1993) 研究中的数据重新运用门限回归的方法，发现金融发展与经济增长之间存在着非线性的关系；Manganelli 和 Popov (2013) 采用 Rajan 和 Zingales (1998) 研究中的数据集同样发现金融发展与经济增长之间的非线性关系。2007 年次贷危机爆发以后，金融发展对经济增长的负面影响日益引起学术界的关注，越来越多的学者基于二者之间非线性关系的假设，对金融发展在经济增长中的“门限效应”作出研究，如 Rousseau 和 Wachtel (2011), Arcand 等 (2015), Ben Gamra (2009), Owen 和 Temesvary (2014), Ductor 和 Grechyna (2015)。这些研究均认为，金融发展对经济增长的作用存在门限效应，一旦超越门限值，金融发展对经济增长的促进作用消失，说明金融发展过度了。基于此，本书参考 Caner 和 Hansen (2004)、Kremer 等 (2013) 和 Wang (2015) 设定了门限回归计量模型。

2. 计量模型设定与变量说明。参考 Caner 和 Hansen (2004)、Kremer 等 (2013)、Wang (2015)，具体设定动态面板数据门限回归模型如下：

$$GGDP_{it} = \mu_i + \beta_1 FD1_{it} \times I\{FD1_{it} \leqslant \gamma_1\} + \delta_1 I\{FD1_{it} \leqslant \gamma_1\}$$
$$+ \beta_2 FD1_{it} \times I\{FD1_{it} > \gamma_1\} + \Phi X'_{it} + \theta_t + \varepsilon_{it} \quad (5-11)$$

其中 t 代表时间，i 表示省份，γ_1 为待估计的门限值，扰动项 ε_{it} 服从独立同分布，被解释变量为 $GGDP_{it}$ 代表人均实际 GDP 增长率；$FD1_{it}$ 代表金融发展指标，为核心解释变量，同时也是门限或门槛变量；$I(\cdot)$ 为示性函数，如果括号中的表达式为真，则取值为 1；反之则取值为 0；$\delta_1 I\{FD1_{it} \leqslant \gamma_1\}$ 为门限截距项；μ_i、θ_t 分别为是个体固定效应和时间固定效应。式 (5-11) 中各变量的时间跨度为 2005 年第一季度到 2018 年第四季度的全国各省份面板数据（西藏由于部分数据不全，不包括在内），横截面数量为 30，共计 1560 个样本。为消除季度的季节影响，各变量采用的是季度同比变动数据，即相邻两年同一季度的同比变动数据，这样一来时间跨度变为年度，而年度数据不需要进行季节调整（陈强，2014)。数据均来源于 2005—2018 年各省及直辖市的《金融运行报告》

与《EPS 中国宏观经济数据库》。各变量的具体含义如下：

（1）被解释变量 $GGDP_{it}$代表以 2004 年为基期的人均实际 GDP 增长率，具体等于$\ln GDP_{it}-\ln GDP_{it-4}$，$\ln GDP_{it}$代表各地人均实际 GDP 的对数值。

（2）核心解释变量为$FD1_{it}$，代表金融发展的程度。用于衡量金融发展程度的指标主要有麦氏指标（M_2/GDP）和戈式指标。戈式指标即 Goldsmith（1969）提出的金融相关率（FIR），目前运用比较广泛，具体是指全部金融资产价值与全部实物资产价值之比。本研究为省级面板数据，考虑到没有各省广义货币M_2的数据，因此采用戈式指标，同时考虑到在中国金融机构贷款是金融资产最主要组成部分的现实情况，金融发展指标采用金融机构贷款占 GDP 的比重来衡量。

（3）X'_{it}为控制变量集合，具体包括$open_{it}$、$sale_{it}$、fdi_{it}、gov_{it}、$capital_{it}$、$\ln GDP_{it-4}$。$open_{it}$为各省及直辖市进出口总额与名义 GDP 比值；$sale_{it}$为各省及直辖市的社会零售总额与名义 GDP 比值；fdi_{it}为各省及直辖市对外直接投资与名义 GDP 比值；gov_{it}为各省及直辖市政府投资支出与名义 GDP 比例；$capital_{it}$为社会固定资本投资占名义 GDP 的比例；$\ln GDP_{it-4}$代表人均实际 GDP 的期初值。

以上各变量的统计性描述见表 5－10。

表 5－10　　计量模型（5－11）中各变量的描述性统计

变量	观测值	平均值	标准差	最小值	最大值
GGDP	1560	0. 1032835	0. 206527	－2. 556485	1. 775899
*FD*1	1560	3. 954979	10. 41785	－94. 92464	241. 6525
open	1560	0. 0107099	0. 3269847	－4. 563468	3. 113025
sale	1560	0. 5300427	1. 924341	－24. 64233	35. 50209
fdi	1560	0. 000132	0. 1162008	－3. 85814	0. 6330049
gov	1560	0. 2936643	1. 11542	－17. 28986	14. 52597
capital	1560	0. 8584977	4. 10732	－104. 3401	40. 20043

3. 计量方法选择。本书将采用动态面板数据门限回归的计量方法对计量模型（5-11）进行回归。“门限回归”方法由 Hansen（1996，1999）最先提出来。其具体原理如下：

考虑面板数据 $\{y_{it}、X_{it}、q_{it}: 1\leqslant i\leqslant n, 1\leqslant t\leqslant T\}$，$i$ 代表个体，t 表示时间，含有固定效应μ_i的门限回归模型为

$$\begin{cases} y_{it} = \mu_i + \beta'_1 X'_{it} + \varepsilon_{it}, q_{it} \leqslant \gamma \\ y_{it} = \mu_i + \beta'_2 X'_{it} + \varepsilon_{it}, q_{it} > \gamma \end{cases} \quad (5-12)$$

其中，q_{it}为用来划分样本的门限变量（Threshold variable），X'_{it}为外生解释变量，不包含y_{it}的滞后项，不是动态面板，并且与ε_{it}不相关。式（5-12）可用以下更简洁的模型表示：

$$y_{it} = \mu_i + \beta'_1 X'_{it} \cdot I(q_{it} \leqslant \gamma) + \beta'_2 X'_{it} \cdot I(q_{it} > \gamma) + \varepsilon_{it} \quad (5-13)$$

定义 $\beta \equiv \begin{pmatrix} \beta_1 \\ \beta_2 \end{pmatrix}$, $X_{it}(\gamma) = (\frac{X_{it} \cdot I(q_{it} \leqslant \gamma)}{X_{it} \cdot I(q_{it} > \gamma)})$，则式（5-13）进一步简化为

$$y_{it} = \mu_i + \beta' X_{it}(\gamma) + \varepsilon_{it} \quad (5-14)$$

对于第 i 的个体来说，式（5-14）两边对时间求平均得

$$\overline{y}_i \mu_i + \beta' \overline{X_{it}(\gamma)} + \overline{\varepsilon}_{it} \quad (5-15)$$

用式（5-14）减去式（5-15），得到该模型的离差形式：

$$y_{it} - \overline{y}_i = \beta'[X_{it}(\gamma) - \overline{X_{it}(\gamma)}] + (\varepsilon_{it} - \overline{\varepsilon}_{it}) \quad (5-16)$$

令$y_{it}^* \equiv y_{it} - \overline{y}_i$，$X_{it}^*(\gamma) \equiv X_{it}(\gamma) - \overline{X_{it}(\gamma)}$，$\varepsilon_{it}^* \equiv \varepsilon_{it} - \overline{\varepsilon}_{it}$，则得到：

$$y_{it}^* = \beta' X_{it}^*(\gamma) + \varepsilon_{it}^* \quad (5-17)$$

此时，首先采用普通最小二乘法（OLS）对式（5-17）进行组内一致估计，得到估计系数$\hat{\beta}(\gamma)$与残差平方和$SSR(\gamma)$。然后，针对$\gamma \in \{q_{it}: 1 \leqslant i \leqslant n, 1 \leqslant t \leqslant T\}$，选择$\hat{\gamma}$使$SSR(\hat{\gamma})$的值最小，从而得到估计系数$\hat{\beta}(\hat{\gamma})$。

计量模型（5-11）中存在着个体固定效应μ_i。若采用组内去均值的

方法消除个体效应，估计是不一致的；若进行一阶差分，则可能导致残差项的负相关。因此，参考 Kremer 等（2013）采用 Arellano 和 Bover（1995）的前向正交离差得到：

$$x_{it}^{*} = \sqrt{\frac{T-t}{T-t+1}}\left[x_{it} - \frac{1}{T-t}(x_{i,t+1} + \cdots + x_{i,T})\right] \quad (5-18)$$

其中，$t=1$，…，$T-1$，x_{it}代表需要转换的变量。因此对计量模型（5－11）中的各个变量进行前向正交离差变换后，可表示为如下形式：

$$GGDP_{it}^{*} = \beta_1 FD1_{it}^{*} \times I\{FD1_{it} \leqslant \gamma_1\} + \delta_1 I\{FD1_{it} \leqslant \gamma_1\}$$
$$+ \beta_1 FD1_{it}^{*} \times I\{\gamma_1 < FD1_{it}\} + \delta_i X'_{it}{}^{*} + \varepsilon_{it}^{*} \quad (5-19)$$

这样一来，计量模型（5－19）中的误差项ε_{it}^{*}不会存在序列相关性，其方差形式由 $Var(\varepsilon_{it}) = \sigma^2 I_T$转换为 $Var(\varepsilon_{it}^{*}) = \sigma^2 I_{T-1}$。

通过对各变量前向正交离差转换后，就可以采用 Caner 和 Hansen（2004）的方法对计量模型（5－19）进行估计，具体分为四个步骤：

第一，使用 OLS 方法估计简化方程$X'_{2it} = g(Z_{it}, \Pi) + v_{it}$，其中$Z_{it}$为工具变量，$X'_{2it}$是与$X'_{it}$中可能与$\varepsilon_{it}$相关的内生变量，从而得到简化方程的系数估计值$\hat{\Pi}$，然后预测得到$X'_{2it}$的值$\hat{X}'_{2it}$，并将$\hat{X}'_{2it}$代替$X'_{2it}$代入计量模型（5－11）。

第二，将各变量按照门限变量$FD1_{it}$进行排序，门限值γ_1逐一取排序后的$FD1_{it}$，然后代入计量模型（5－19），运用 OLS 方法进行估计，得到残差项平方和 $SSR(\hat{\gamma}_1)$，然后选择使残差项平方和最小的$FD1_{it}$值作为门限值的估计值$\hat{\gamma}_1$，即使 $\hat{\gamma}_1 = \underset{\gamma_1}{argmin}\, SSR_1(\gamma_1)$。

第三，$\hat{\gamma}_1$值确定后，计算得到该门限估计值的置信区间。$\hat{\gamma}_1$在不同的显著性水平μ下的置信区间通过计算似然比函数得到，似然比函数为

$$LR_1(\gamma_1) = \frac{SSR_1(\gamma_1) - SSR_1(\hat{\gamma}_1)}{\hat{\sigma}^2}$$

则置信区间为

$$\Gamma = \{\gamma_1 : LR_1(\gamma_1) \leqslant c(\mu)\}$$

其中，$c(\mu)$ 为不同显著性水平下的临界值。

第四，将样本按$\hat{\gamma}_1$划分为$FD1_{it} \leqslant \hat{\gamma}_1$、和$FD1_{it} > \hat{\gamma}_1$两个部分，然后再运用面板广义矩估计方法（GMM）估计得到相应的门限系数$\hat{\beta}_1$、$\hat{\beta}_2$。

门限回归的发明者之一汉森（Hansen）① 在其个人网站上提供了进行以上步骤的 Matlab 程序和 Gauss 程序。Stata 13.0 以上的版本也提供了由 Wang（2015）开发的克服固定效应的动态面板数据门限回归方法。因此本书使用 Stata 13.0 软件，参考 Wang（2015）的动态面板数据门限回归方法对计量模型（5－11）进行了计量实证分析。

4. 实证结果与分析。本节参考 Caner 和 Hansen（2004）、Kremer 等（2013），使用 Stata 软件，采用 Wang（2015）提供的关于动态面板数据门限回归的官方命令进行了计量回归。

（1）门限效应检验。“门限效应”的检验主要是通过检验原假设：“H_0：$\beta_1 = \beta_2$”是否成立来验证。如果拒绝原假设，则认为存在门限效应；反之，则不存在门限效应。对此，Hansen（1999）提出似然比检验（LR）统计量：

$$LR \equiv \frac{[SSR^* - SSR(\gamma)]}{\hat{\sigma}^2}$$

其中，$\hat{\sigma}^2 \equiv \frac{SSR(\hat{\gamma})}{n(T-1)}$为扰动项方差的一致估计。但是 LR 统计量并不是 χ^2分布，依赖样本矩，所以无法将其临界值列表，因而一般使用自助法（Bootstrap）来得到临界值。

表 5－11 列出了对计量模型（5－19）采用自助法 500 次的门限回归检验结果，当采用季度数据时，门限回归的 F 统计量为 207.02，远大于 1% 显著水平上的边界值 70.9710，因此门限变量$FD1_{it}$的“门限效应”在

① Hansen 的个人网站为：https：//econ. wisc. edu/staff/hansen－bruce/。

1%的显著性水平上显著。

表 5-11　　　金融发展的门限效应检验（自助法 500 次）

门限变量	回归平方和	期望均方误差	F 统计量	p 值	不同显著性水平上的边界值		
					10%	5%	1%
$FD1_{it}$	1.20e+04①	7.9490	207.02	0.0000	50.3722	55.4226	70.9710

注：①具体等于 1.20×10^4。

（2）实证结果与分析。表 5-12 列出了以金融发展指标（$FD1_{it}$）为门限的计量模型（5-19）的回归结果。通过表 5-12 可知，计量模型（5-19）的门限值的估计值$\hat{\gamma}_1$为 1.0283（102.83%），其 95%的置信区间分别为（1.0221，1.0521）。$\hat{\gamma}_1$取值的 95%置信区间是指所有 LR 值小于5%显著水平上的临界值 55.4226 的$\hat{\gamma}_1$的区间。根据门限值$\hat{\gamma}_1$（1.0283）可以将代表金融发展的程度$FD1_{it}$分为两个区间：$FD1_{it}\leqslant\hat{\gamma}_1$、$FD1_{it}>\hat{\gamma}_1$。两个区间所对应的估计系数$\hat{\beta}_1$、$\hat{\beta}_2$分别为 0.2714、-0.0545，估计值均在 1%的显著性水平上显著。该结果表明：（1）当$FD1_{it}\leqslant\hat{\gamma}_1$时，金融发展对经济增长具有正向的促进作用，金融发展指标每增加 1 个单位，经济增长率增长 0.27 个单位；（2）当$FD1_{it}>\hat{\gamma}_1$时，金融发展对经济增长的影响转为负的，当金融发展指标每增加 1 个单位，经济增长率下降 0.05 个单位，此时说明金融发展对经济不再具有促进作用，反倒成负相关的关系，表明中国金融发展存在“消失效应”。此结果可由图 5-8 进一步说明。

表 5-12　　　对中国金融发展过度的进行检验的计量回归结果

被解释变量：*GGDP*		
门限值的估计	门限值	95%的置信区间
$\hat{\gamma}_1$	1.0283	（1.0221，1.0521）
控制变量的估计	系数	标准误
open	0.0749***	0.0266

续表

被解释变量：*GGDP*		
sale	-0.0430	0.0443
fdi	0.0615***	0.0112
gov	0.1647*	0.0911
capital	-0.2097***	0.0337
ln*GDP* 期初值	-0.1655***	0.0086
$\hat{\delta}_1$	0.1127***	0.0002
核心解释变量的估计（*FD*1）		
β_1	0.2714***	0.0227
β_2	-0.0545***	0.0090
时间固定效应：控制		
样本量	1560	
R^2	0.2073	

注：括号内为标准误；*、*** 分别代表在 10%、1% 显著性水平上显著。

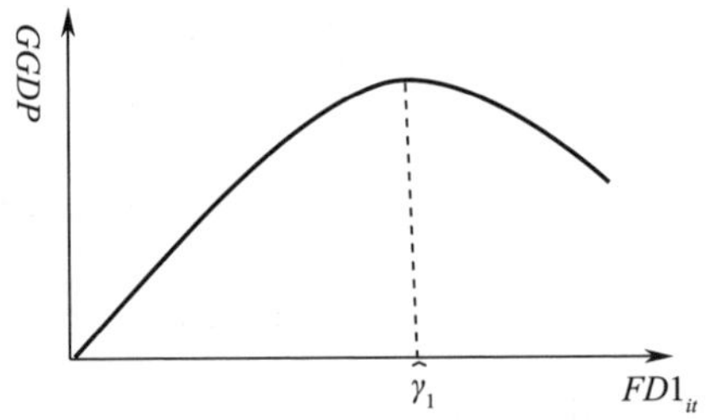

图 5-8　中国传统金融发展存在“消失效应”

图 5-8 说明中国金融发展与经济增长呈现倒“U”形的关系，门限值$\hat{\gamma}_1$即为倒“U”形关系的分界点，金融发展水平位于$\hat{\gamma}_1$之前，其对应的估计系数$\hat{\beta}_1$为正，说明金融发展对经济增长有正向的积极促进作用，而如果金融发展水平位于$\hat{\gamma}_1$之后，其对应的估计系数$\hat{\beta}_2$为负，说明金融发展对经济增长的促进作用“消失”，反而产生负的消极影响，说明中国传统金融发展存在“消失效应”。

5. 稳健性检验。这里继续进行稳健性检验，把全样本缩减至第四季度即年度数据，以考察样本的变化是否会明显改变中国金融发展在经济增长中的“门限效应”。计量模型的设定、计量回归的方法、数据的处理及来源均同计量模型（5－18）保持一致。稳定性检验的结果如表5－13所列，同时表5－14列出自助法500次门限效应的检验结果。自助检验结果显示双门限回归的F统计量为16.35，远远大于1%显著性水平上的边界值12.2274，门限变量$FD1_{it}$门限效应在1%的显著性水平上显著。

表5－13列（1）为采用全样本数据即季度数据的回归结果，列（2）为采用年度数据即第四季度的门限回归结果。与采用全样本季度数据估计得到的门限值1.0283相比，采用年度数据得到的门限值为1.0282，虽然二者的95%的置信区间有些差异，但是两个门限估计值基本是一样的，均为1.03（103%）。稳健性检验的结果还显示系数$\hat{\beta}_1$、$\hat{\beta}_2$的估计值与采用季度数据估计得到的结果虽然有差异，但趋势一样，即$\hat{\beta}_1>0$，$\hat{\beta}_2<0$，且均在1%的显著性水平上显著。这进一步证明，当$FD1_{it}<\hat{\gamma}_1$时，金融发展促进经济的增长，但是当$FD1_{it}\geqslant\hat{\gamma}_1$时，其对应区间的系数估计值$\hat{\beta}_2<0$，这说明此时金融发展与经济增长成负相关的关系，金融不再促进经济的增长，金融发展呈现出“消失效应”的状态。

表5－13　　中国金融发展存在“消失效应”的稳健性检验

被解释变量：*GGDP*				
	模型（5－18）的回归结果（1）（全样本数据）		模型（5－18）的回归结果（2）（年度数据）	
门限值的估计	门限值	95%的置信区间	门限值	95%的置信区间
$\hat{\gamma}_1$	1.0283	（1.0221，1.0521）	1.0282	（0.9574，1.0299）
控制变量的估计	系数	标准误	系数	标准误
open	0.0749***	0.0266	0.0147**	0.0066
sale	－0.0430	0.0443	－0.0512	0.0744
fdi	0.0615***	0.0112	－1.8906	2.8982
gov	0.1647*	0.0911	0.2293***	0.0471
capital	－0.2097***	0.0337	－0.2448***	0.0687

续表

被解释变量：*GGDP*				
	模型（5－18）的回归结果（1）（全样本数据）		模型（5－18）的回归结果（2）（年度数据）	
ln*GDP* 期初值	－0.1655***	0.0086	－0.3667***	0.0203
$\hat{\delta}_1$	0.1127***	0.0002	0.1128***	0.0016
核心解释变量的估计（*FD*1）				
β_1	0.2714***	0.0227	0.2588***	0.0894
β_2	－0.0545***	0.0090	－0.4673***	0.0733
时间固定效应：控制				
样本量	1560		390	
R^2	0.2073		0.1778	

注：括号内为标准误；*、**、*** 分别代表在10%、5%、1%显著性水平上显著。

表5－14　　金融发展的门限效应稳健性检验（自助法500次）

门限变量	回归平方和	期望均方误差	F统计量	p值	不同显著性水平上的边界值		
					10%	5%	1%
$FD1_{it}$	2447.7150	6.4926	16.35	0.0000	8.5651	9.4677	12.2274

二、金融科技对中国传统金融发展“消失效应”的纠偏作用

由上一节的分析可知，中国金融发展自2013年对经济增长的促进作用“消失”。那么金融科技的介入对此是否有一定的影响作用？本节将对此问题展开实证分析。

（一）计量模型设定与变量说明

本节沿用计量模型（5－11）中的“金融发展与经济增长”关系研究常用的实证分析逻辑，构建以下计量模型：

$$\ln GDP_{it} = \alpha + \beta_1 fintech_{it} + \beta_2 fintech_{it} \times TFD_{it} + \beta_3 TFD_{it} + \varphi X'_{it} + \varepsilon_{it} \quad (5-20)$$

其中，t 代表时间，i 代表第 i 个单位，这里具体指各省份。被解释变量 $\ln GDP_{it}$ 为各省份2011—2018年人均实际GDP的对数值；$fintech_{it}$ 代表金

融科技的发展；TFD_{it}代表传统金融中介的发展；$fintech_{it} \times TFD_{it}$为金融科技发展与传统金融中介发展的交叉项；$X'_{it}$为控制变量集，包括被解释变量的滞后值$\ln GDP_{i,t-1}$。计量模型（5－20）中各变量的具体说明与数据来源如下：

（1）$fintech_{it}$表示新型金融科技的发展。国内学者主要通过以下方法来构造金融科技发展水平的代理变量：一是文本挖掘法；二是采用北京大学数字互联网金融发展指数；三是选取第三方支付和P2P借贷交易额（如封思贤和郭仁静，2019）。其中，北京大学数字互联网金融发展指数来源于阿里集团的微观大数据分析，能够科学反映中国新型金融科技的发展水平。因此，本研究采用2011—2018年的北京大学数字互联网金融发展指数来代理新型金融科技的发展。

（2）TFD_{it}这里表示传统金融的发展程度，用各省份2011—2018年度银行贷款贷款占名义GDP的比重来衡量，具体等于$\Delta loan_{it}/GDP_{it}$，$\Delta loan_{it}$为银行贷款余额的变动。银行贷款数据来源于2011—2019年各省份的金融运行报告。

（3）被解释变量$\ln GDP_{it}$为各省份以2011年为基期的2011—2018年每年人均实际GDP对数值。GDP数据与国民生产总值指数数据均来源于《EPS中国宏观经济数据库》。

（4）X'_{it}为控制变量集合，具体包括$open_{it}$、$sale_{it}$、fdi_{it}、gov_{it}、$capital_{it}$、$unemploy_{it}$、edu_{it}、$\ln GDP_{i,t-1}$。其中，$open_{it}$为各省份进出口总额与名义GDP的比值；$sale_{it}$为各省份的社会零售总额与名义GDP的比值；gov_{it}代表各省及直辖市政府投资支出与名义GDP的比例；$capital_{it}$为社会固定资本投资占名义GDP的比例；$unemploy_{it}$代表各省及直辖市的城镇失业率；$\ln GDP_{i,t-1}$代表GDP的初始值。edu_{it}表示人均受教育年限。[①]

① 具体计算方法：人均受教育年限＝未受教育劳动者人数占比×0＋小学文化劳动者占比×6＋初中文化劳动者占比×9＋高中文化劳动者占比×12＋大学专科文化劳动者占比×16＋大学本科文化劳动者占比×16＋研究生文化劳动者占比×20。

以上各数据的时间跨度为2011—2018年，各变量的描述性统计如表5-15所示。

表5-15 计量方程（5-20）中各变量描述性统计

变量	观测值	平均值	标准差	最小值	最大值
$\ln GDP_{it}$	248	10.6229	0.4769	9.5681	11.7722
$fintech_{it}$	248	187.1749	85.0787	16.22	377.7337
TFD_{it}	248	0.1735	0.0943	0.03639	0.9295
$open_{it}$	248	0.3009	0.3465	0.0176	1.7286
$sale_{it}$	248	0.3811	0.0682	0.2272	0.6087
fdi_{it}	248	0.0242	0.0194	0.0001	0.1151
gov_{it}	248	0.2821	0.2161	0.0843	1.4269
$capital_{it}$	248	0.8076	0.2606	0.2332	1.5074
edu_{it}	248	9.7580	1.0483	7.75575	13.8
$unemploy_{it}$	248	3.3093	0.6464	1.2	4.9

注：数据来源于2011—2018年各省份的《金融运行报告》《EPS中国宏观经济数据库》《中国劳动统计年鉴》及各省统计年鉴。

（二）计量方法的选择

在计量模型（5-21）中，被解释变量的滞后项$\ln GDP_{i,t-1}$作为解释变量引入，因为社会经济的增长会有惯性使然，当前的经济增长很大程度取决于之前的经济增长状态。然而加入被解释变量的滞后项$\ln GDP_{i,t-1}$，回归将产生很强的内生性。再加上经济增长本身也会影响金融的发展程度，因而如果对计量方程（5-21）进行回归，内生性是难以绕开的问题。对此类动态面板数据采用面板数据通常采用的FE方法（组内估计量），会产生动态面板偏差，造成估计的结果不一致。为很好地控制动态面板数据回归过程中的内生性问题，差分GMM、水平GMM以及系统GMM是经常被采纳的计量方法。

1. 差分GMM。考虑动态面板计量模型（5-21）：

$$\ln GDP_{it} = \alpha + \rho \ln GDP_{i,t-1} + \beta_1 fintech_{it} + \beta_2 fintech_{it} \times TFD_{it} + \beta_3 TFD_{it} + \varphi X'_{it} + u_i + \varepsilon_{it} \tag{5-21}$$

做一阶差分，消除个体效应u_i，得到

$$
\Delta \ln GDP_{it} = \rho \Delta \ln GDP_{i,t-1} + \beta_1 \Delta fintech_{it} + \beta_2 \Delta fintech_{it} \times \Delta TFD_{it} + \beta_3 \Delta TFD_{it} + \varphi \Delta X'_{it} + \Delta \varepsilon_{it} \quad (5-22)
$$

但是，因为$\ln GDP_{i,t-1}$与$\varepsilon_{i,t-1}$紧密相关，$\Delta \ln GDP_{i,t-1} = \ln GDP_{i,t-1} - \ln GDP_{i,t-2}$依然与$\Delta \varepsilon_{it} = \varepsilon_{it} - \varepsilon_{i,t-1}$存在相关性。因此，$\Delta \ln GDP_{i,t-1}$为内生变量，需要找到合适的工具变量才能得到一致的估计。Anderson 和 Hsiao（1981）提出相关的解决方法：采用$\ln GDP_{it}$的二次滞后项$\ln GDP_{i,t-2}$作为$\Delta \ln GDP_{i,t-1}$的工具变量，然后进行 2SLS 回归。在这种情况下，如果ε_{it}不存在自相关，那么很显然$\ln GDP_{i,t-2}$与$\Delta \varepsilon_{it} = \varepsilon_{it} - \varepsilon_{i,t-1}$不相关，此时$\ln GDP_{i,t-2}$成为一个有效的工具变量。同样，更高阶的滞后变量如$\ln GDP_{i,t-3}$、$\ln GDP_{i,t-4}$也是有效的工具变量，如本研究就是采用$\ln GDP_{it}$的四阶滞后项$\ln GDP_{i,t-4}$作为工具变量。Anderson 和 Bond（1991）进一步采用所有可能的滞后项作为工具变量，进行 GMM 估计，被称为差分 GMM。然而差分 GMM 方法带来以下问题：如果其他解释变量不是严格外生变量，而是前定变量，差分以后会造成其他解释变量成为内生变量；不随时间变化的变量会被消除掉；如果面板数据的时间维度长，会产生很多工具变量，出现弱工具变量问题；如果被解释变量$\ln GDP_{it}$的持续性很强，会导致弱工具变量问题；等等。

2. 水平 GMM。为解决差分 GMM 存在的问题，Arellano 和 Bover（1995）采用了新的工具变量，即与差分 GMM 相反，采用$\Delta \ln GDP_{i,t-1}$、$\Delta \ln GDP_{i,t-2}$或更高滞后项作为$\ln GDP_{it-1}$的工具变量。但必需的前提假设条件是$\{\Delta \ln GDP_{i,t-1}, \Delta \ln GDP_{i,t-2}, \cdots\}$与$u_i$不相关，且扰动项$\varepsilon_{it}$不存在着自相关。

3. 系统 GMM。Blundell 和 Bond（1998）将差分 GMM 与水平 GMM 结合在一起，进行 GMM 估计，被称为“系统 GMM”。因此可以将计量方程（5－14）与方程（5－15）联合起来进行系统 GMM 估计。这样做的优势是，提高了估计的效率，并且可以估计不随时间变化的变量的系数。尤其在有限样本的情况下，系统 GMM 能够很好地修正未观察到的个体异质性问

题、遗漏变量偏差、测量误差以及潜在的内生性问题，并能克服差分 GMM 估计方法带来的潜在偏误和不精确性。具体回归结果如表 5 – 16 所示。

表 5 – 16　　　　金融科技对中国传统金融发展的纠偏作用

被解释变量：$\ln GDP_{it}$						
解释变量	(1)	(2)	(3)	(4)	(5)	(6)
$fintech_{it}$	0.0062*** (0.0006)	0.0055*** (0.0008)	0.0058*** (0.0013)	0.0059*** (0.0011)	0.0092*** (0.0013)	0.0081*** (0.0011)
$fintech_{it} \times TFD_{it}$	—	0.0016*** (0.0002)	0.0018*** (0.0004)	0.0017*** (0.0004)	—	0.0020*** (0.0004)
TFD_{it}	-0.0012*** (0.0001)	-0.0036*** (0.0002)	-0.0045*** (0.0006)	-0.0045*** (0.0006)	-0.0024*** (0.0004)	-0.0015*** (0.0004)
$\ln GDP_{i,t-1}$	0.8027*** (0.0254)	0.8312*** (0.0222)	0.8393*** (0.0285)	0.8325*** (0.0365)	0.8405*** (0.0285)	0.8694*** (0.0323)
edu_{it}	0.0031*** (0.0003)	0.0028*** (0.0002)	0.0028*** (0.0002)	0.0028*** (0.0003)	0.0031*** (0.0003)	0.0031*** (0.0003)
$sale_{it}$	—	—	-0.0052*** (0.0015)	-0.0042** (0.0016)	-0.0028* (0.0015)	-0.0011 (0.0016)
$unemploy_{it}$	—	—	-0.0004*** (0.0001)	-0.0005*** (0.0002)	-0.0007*** (0.0001)	-0.0007*** (0.0001)
gov_{it}	—	—	—	0.0001 (0.0010)	0.0011 (0.0010)	0.0005 (0.0013)
$capital_{it}$	—	—	—	0.0001 (0.0005)	-0.0015*** (0.0004)	-0.0009* (0.0005)
fdi_{it}	—	—	—	—	-0.0047 (0.0041)	-0.0071 (0.0090)
$open_{it}$	—	—	—	—	-0.0045** (0.0022)	-0.0060** (0.0024)
常数项	0.0792*** (0.0096)	0.0809*** (0.0100)	0.0754*** (0.0119)	0.0786*** (0.0130)	0.0473*** (0.0139)	0.0382* (0.0207)
Sargan 检验 (p 值)	0.2407	0.2754	0.3330	0.3588	0.3894	0.4194
AR (2)	0.6520	0.8044	0.9485	0.9943	0.9844	0.9748
样本量	124	124	124	124	124	124

备注：括号内为标准误；*、**、*** 分别代表在 10%、5%、1% 显著性水平上显著。

（三）实证结果与分析

表5－16列（1）解释变量为$fintech_{it}$、TFD_{it}、$\ln GDP_{i,t-1}$、edu_{it}，TFD_{it}代表传统金融发展水平，可以发现TFD_{it}的估计系数$\hat{\beta}_3$为－0.0012，并且在1%的显著性水平上显著。因为样本期间为2011—2018年，这表明中国传统金融发展自2011年后，对经济增长的促进作用“消失”。这一实证结果确认了上一节计量模型（5－19）的回归结果。

但是列（2）、列（5）加入交叉项$fintech_{it} \times TFD_{it}$，此时估计系数$\hat{\beta}_2$如表5－16列（2）所示却显著为正。列（3）、列（4）、列（6）不断加入控制变量，估计系数$\hat{\beta}_2$仍然显著为正，确认了这一结果。这表明金融科技新业态对传统金融业发展的“消失效应”有一定的纠偏作用。

这主要是因为金融科技新业态的迅速发展加快了金融领域的变革，提高了传统金融业服务实体经济的效率，主要体现在以下方面：第一，金融科技新业态的发展激发了传统金融的活力，可以使信贷资源更加精准、有效地分配到经济发展急需的产业或领域（盛天翔和范从来，2020），提高了传统金融体系的资本配置效率；第二，金融科技新业态的技术溢出效应带动传统金融机构加大在金融科技方面的投资，使传统金融机构大幅度降低了清算与结算的交易成本，从而提高了整个金融体系资金转移的宏观效率；第三，传统金融机构向金融科技公司学习，采用一些新商业模式、新技术，增进服务功能、优化业务流程，并提高了自身的风险管理与风险监控水平，使传统金融机构服务更加有效率。总之，金融科技新业态通过促进传统金融业的发展，促进了整个社会经济的增长，从而也对传统金融发展的“消失效应”起到一定的纠偏作用。

第五节　本章小结

本章沿用第四章理论模型的基本假设与分析框架，基于技术溢出视角，首先从金融科技公司有助于提高储蓄转化为投资的效率、有助于改善资本的配置效率两个视角，对金融科技促进经济增长的相关文献进行了系统梳理。通过梳理文献，发现现有的相关研究囿于理论模型的缺乏，更多侧重于实证分析。为此，本章基于技术溢出视角，沿用第四章理论模型的基本假设与分析框架，进一步得到金融科技与经济增长的具体函数关系，从而从理论层面探讨了以金融科技公司为代表的新业态对宏观经济增长的影响机制。

根据理论模型分析，本章提出了两个研究命题。命题 5－1：在平衡增长路径中，金融科技新业态的技术溢出能够直接促进社会经济的增长，即存在直接的影响效应。命题 5－2：在平衡增长路径中，金融科技新业态与传统金融机构相互影响与相互作用，二者的协同发展可以有效促进经济的增长。

为进一步验证以上两个命题，本章采用北京大学数字普惠金融指数来代理金融科技发展水平，用银行贷款余额变动占 GDP 的比例来衡量传统金融的发展，并控制了开放度、外商直接投资、政府支出、消费等变量的影响，对金融科技促进经济增长的直接效应与间接效应进行了实证检验。实证研究发现$fintech_{it}$的估计系数显著为正，表明金融科技对经济增加有显著的促进作用，印证了金融科技对经济增长具有的“直接效应”；当加入交叉项$fintech_{it} \times TFD_{it}$，此时$fintech_{it}$估计系数$\hat{\beta}_1$仍然显著为正，与此同时，交叉项的估计系数$\hat{\beta}_2$为 0.0016，也在 1% 的显著性水平上显著。这表明金融科技新业态与传统金融机构相互影响与相互作用，二者的协同发展可以有效促进经济的增长。

本章还发现，传统金融发展指标TFD_{it}与经济增长成负相关关系，2013 年以来中国传统金融发展对经济增长的促进作用“消失”。然而加入金融科技指标，交叉项$fintech_{it} \times TFD_{it}$的估计系数$\hat{\beta}_2$为正，这表明中国金融科技的发展对传统金融业的“消失效应”有一定的纠偏作用。

第六章　金融科技驱动经济增长的机制：内生传导的视角

第五章的研究结果表明金融科技对经济增长有显著的促进作用，这种促进作用来源于两个方面：一是金融科技的技术溢出本身促进社会经济的增长；二是金融科技的技术溢出还可以通过促进传统金融发展、激发传统金融中介的活力，提升整个金融部门的转化效率与配置效率，进而对经济增长产生积极的影响。并且，实证研究发现近年来金融科技对中国传统金融发展所呈现出的“消失效应”有一定的纠偏作用。这些研究充分表明，金融科技的创新与发展能够驱动社会经济的增长。然而对于金融科技发展如何驱动经济增长还有待进一步的深入探讨。在传统“金融发展与内生经济增长”理论框架下，人力资本、技术进步作为经济增长的重要投入与源泉，也是金融发展促进经济增长的内生传导渠道。那么，金融科技新业态作为数字时代的金融发展与创新，是否也会通过人力资本与技术进步渠道影响社会经济的增长？本章将对此展开研究。

第一节　人力资本渠道

人力资本是经济增长的重要源泉，也是金融发展促进经济增长的传导渠道之一。本节将基于已有研究文献及第五章的理论模型，提出研究命题6－1：金融科技发展通过改变人力资本积累速度促进社会经济的增长。继而采用实证分析的方法，对研究命题进行检验。

一、相关研究文献

De Gregorio（1996）在Lucas（1988）人力资本内生增长模型的基础上，对信贷约束的储蓄效应和经济增长效应进行了分析，研究认为信贷约束的存在，将减少经济主体对教育的最优投入，从而对人力资本积累和经济增长产生负面影响，即金融约束会通过减少人力资本积累进而降低经济增长率。Galor和Zeira（1993）以及Banerjee和Newman（1993）的研究证实了这一点。De Gregori和Se-jiKim（2000）则从经济主体在教育能力上存在差异的角度出发，以Lucas（1988）线性人力资本积累模型和Stokey（1991）人力资本积累代际外部性模型为基础，将信贷市场纳入内生增长框架，建立了一个内生增长模型，分析了信贷市场对人力资本积累和经济增长的促进作用，他们认为，信贷市场允许单个经济主体通过借贷来平滑消费流，信贷市场的出现会促使经济主体进行专业化分工，并能根据自身的教育能力来选择从事教育或劳动，这种专业化分工发展促进了人力资本积累和经济增长。在信贷市场存在件下，教育能力强的经济主体可以通过借款方式为年轻时的消费融资，并将全部时间用于教育，而教育能力较弱者则将全部时间用于劳动，并通过投资金融资产的方式为其未来进行储蓄。当没有信贷市场时，所有经济主体在年轻时都必须既从事劳动又接受教育。由于不能通过借款的方式进行消费，教育能力较强者必须抽出一定的时间来进行劳动；能力较弱者则必须花费部分时间来接受教育，因为他只能通过人力资本积累的方式来为未来的消费进行储蓄。

以上研究从理论层面说明人力资本是金融发展促进经济增长的重要途径之一。很多学者进一步从实证层面证实这一观点，如Sehrawat和Giri（2017）实证研究表明，亚洲国家的金融发展与人力资本、经济增长存在密切的联系；国内学者郭云南等（2012）研究发现，人力资本积累是中国金融发展促进经济增长的重要渠道之一；王艳芳（2019）分产业就金融发展促进经济增长的途径进行了实证研究，发现对于第一产业，人力资本积累是金融影响经济增长的重要渠道之一。那么，金融科技作为数字时代的金融发展与创新，是否能够通过人力资本途径影响社会经济增长？

二、理论模型分析及研究命题提出

基于第五章理论模型假设，进行动态优化，求解得到人力资本生产、R&D、传统金融机构、金融科技公司以及整个经济的平衡增长率，具体如下：

$$g_{B^*} = \frac{\xi + \frac{\pi}{1-w}}{2-\Psi} \cdot \frac{\Phi - \rho - \delta_2}{1-D} \tag{6-1a}$$

$$= \frac{\xi \cdot \frac{\Phi - \rho - \delta_2}{1-D} + \frac{\Psi}{\left(\frac{R}{B}\right)^* - 1}}{1-\Psi} \tag{6-1b}$$

$$g_{R^*} = \frac{\pi}{1-w} \cdot \frac{\Phi - \rho - \delta_2}{1-D} \tag{6-2}$$

$$g_{H^*} = \frac{\Phi - \rho - \delta_2}{1-D} \tag{6-3}$$

$$g_{A^*} = \frac{\tau + \frac{v\pi}{1-w}}{1-\varepsilon} \cdot \frac{\Phi - \rho - \delta_2}{1-D} \tag{6-4}$$

$$g_{Y^*} = \frac{1}{1-\beta}(\alpha g_{A^*} + \beta\varphi g_{B^*} + \beta(1-\varphi) g_{R^*} + \gamma g_{H^*}) \tag{6-4a}$$

$$= \frac{\Phi - \rho - \delta_2}{(1-\beta)(1-D)}\left[\frac{\alpha\left(\tau + \frac{v\pi}{1-w}\right)}{1-\varepsilon} + \frac{\beta\varphi\left(\xi + \frac{\pi}{1-w}\right)}{2-\Psi} + \frac{\beta(1-\varphi)\pi}{1-w} + \gamma\right] \tag{6-4b}$$

其中，$D = \alpha \frac{\tau + \frac{v\pi}{1-w}}{1-\varepsilon} + \beta\varphi \frac{\xi + \frac{\pi}{1-w}}{2-\Psi} + \beta(1-\varphi)\frac{\pi}{1-w} + \gamma, D > 0$。

式（6-3）表明金融科技的技术溢出改变了人力资本积累的速度，

进一步对式（6-3）求 Ψ 的导数，得到

$$\frac{\partial g_{H^{\cdot}}}{\partial \Psi}=(\Phi-\rho-\delta_2)\frac{1}{(1-D)^2}\cdot\beta\varphi\left(\xi+\frac{\pi}{1-w}\right)\frac{1}{(2-\Psi)^2}>0 \tag{6-5}$$

式（6-5）表明金融科技发展提高了人力资本的平衡增长率。同时，式（6-1a）、（6-4）可以分别表示为

$$g_{B^{\cdot}}=\frac{\xi+\dfrac{\pi}{1-w}}{2-\Psi}\cdot g_{H^{\cdot}}>0 \tag{6-6}$$

$$g_{A^{\cdot}}=\frac{\tau+\dfrac{v\pi}{1-w}}{1-\varepsilon}g_{H^{\cdot}}>0 \tag{6-7}$$

式（6-6）、式（6-7）表明金融科技发展改变了人力资本积累的速度，进而提高了传统金融部门与研发部门的平衡增长率。进一步结合式（6-4a），可知金融科技发展通过改变人力资本的积累速度促进了社会经济的平衡增长。

金融科技领域的快速发展、创新与崛起促进了相关人工智能、机器学习和深度学习等现代信息技术领域的人才培育，加快了金融科技相关人力资本的积累速度（$g_{H^{\cdot}}$），并通过毕业就业、创业、转换雇主等途径造成金融科技人才向其他社会部门的转移和扩散。在此过程中，人才溢出带动知识溢出，故技术得以扩散。由此，金融科技的创新发展通过人力资本发展带来积极的技术外溢效应，从而提高了社会其他部门如传统金融部门、研发部门等的平衡增长率，进而促进了整体社会经济的增长。由此提出以下命题：

命题6-1：在平衡增长路径中，金融科技发展通过提高人力资本积累促进了社会经济的增长。

三、命题检验与实证分析

为验证理论模型分析得到的命题6-1，本书采用各省份的人均受教

育年限来代理人力资本的发展变化，并采用“金融发展与内生经济增长”关系研究中常用的实证分析逻辑，构建以下计量模型：

$$\ln GDP_{it} = \alpha + \beta_1 fintech_{it} + \beta_2 fintech_{it} \times EDU_{it} + \gamma EDU_{it} + \varphi X'_{it} + \varepsilon_{it} \quad (6-8)$$

其中，t 代表时间，i 代表第 i 个单位，这里具体指各省、自治区、直辖市与计划单列市（西藏因数据不全没有被包括在内）。被解释变量 $\ln GDP_{it}$ 为相关各省、自治区、直辖市与计划单列市人均实际 GDP 的对数值；$fintech_{it}$ 代表当地金融科技新业态的发展水平；EDU_{it} 代表当地人力资本发展水平；$fintech_{it} \times EDU_{it}$ 为当地金融科技发展与人力资本发展的交叉项；X'_{it} 为当地相关控制变量集，包括被解释变量的滞后值 $\ln GDP_{i,t-1}$。计量模型（6－8）中各变量的具体说明与数据来源同第五章。

根据表 6－1 列（1），变量 $fintech_{it}$、EDU_{it} 的系数估计值分别为 0.0140、0.0018，并且均在 1% 的显著性水平上显著。这表明金融科技发展与人力资本发展均促进了社会经济的增长。交叉项 $fintech_{it} \times EDU_{it}$ 的估计系数 $\widehat{\beta_2}$ 显著为正（0.0003），此结果说明，金融科技发展可以通过人力资本渠道促进社会经济的增长。表 6－1 列（2）加入控制变量 gov_{it}、$capital_{it}$，列（3）进一步加入控制变量 fdi_{it}、$open_{it}$，交叉项 $fintech_{it} \times EDU_{it}$ 的估计系数 $\widehat{\beta_2}$ 仍然显著为正。这些结果表明金融科技发展通过人力资本渠道对社会经济产生积极的影响，由此，命题 6－1 得证。

表 6－1　　金融科技、人力资本与经济增长的实证分析

被解释变量：$\ln GDP_{it}$			
解释变量	（1）	（2）	（3）
$fintech_{it}$	0.0140*** （0.0012）	0.0149*** （0.0014）	0.0170*** （0.0018）
$fintech_{it} \times EDU_{it}$	0.0003*** （0.0001）	0.0004*** （0.0001）	0.0002** （0.0001）
EDU_{it}	0.0018*** （0.0004）	0.0019*** （0.0004）	0.0021*** （0.0005）

续表

被解释变量：$\ln GDP_{it}$			
$\ln GDP_{i,t-1}$	1.1870*** (0.0078)	1.1740*** (0.0149)	1.1541*** (0.0221)
$sale_{it}$	0.0157** (0.0008)	0.0153* (0.0035)	0.0179 (0.0043)
$unemploy_{it}$	-0.0006*** (0.0002)	-0.0006*** (0.0002)	-0.0006*** (0.0002)
gov_{it}	—	-0.0002 (0.0006)	0.0019 (0.0012)
$capital_{it}$	—	-0.0021*** (0.0002)	-0.0018*** (0.0006)
fdi_{it}	—	—	-0.0051* (0.0030)
$open_{it}$	—	—	-0.0013 (0.0011)
Sargan 检验（p 值）	0.1920	0.2448	0.6200
AR（2）	0.1621	0.2281	0.1987
样本量	154	154	154

注：括号内为标准误；*、**、***分别代表在 10%、5%、1% 显著性水平上显著。

四、稳健性检验

为进一步验证金融科技发展会通过人力资本渠道影响经济的增长，这里采用北京大学数字普惠金融指数的分项指数金融科技借贷指数 $finloan_{it}$ 来衡量金融科技的发展水平，并以此替换计量模型（6－8）中的核心解释变量 $fintech_{it}$ 从而进行稳健性检验。继续采用系统 GMM 的计量方法，对计量模型（6－8）进行回归分析，表 6－2 列出了该稳健性检验结果，其中，列（1）中交叉变量 $finloan_{it} \times EDU_{it}$ 的估计系数 $\hat{\beta}_2$ 为 0.0036，且在 1% 的显著性水平上显著，列（2）继续加入解释变量 fdi_{it}、$open_{it}$，交叉变量 $finloan_{it} \times EDU_{it}$ 的估计系数 $\hat{\beta}_2$ 仍然显著为正。本章命题

6-1再次得到实证结果的支持。

表6-2　　金融科技、人力资本与经济增长的稳健性检验结果

被解释变量：$\ln GDP_{it}$		
解释变量	(1)	(2)
$finloan_{it}$	0.0036** (0.0014)	0.0043*** (0.0018)
$finloan_{it} \times EDU_{it}$	0.0003*** (0.0001)	0.0004* (0.0002)
EDU_{it}	0.0011** (0.0005)	0.0008 (0.0006)
$\ln GDP_{i,t-1}$	1.2628*** (0.0148)	1.2986*** (0.0178)
$sale_{it}$	0.0116*** (0.0020)	0.0095 (0.0023)
$unemploy_{it}$	-0.0007*** (0.0001)	-0.0007*** (0.0002)
gov_{it}	-0.0003 (0.0007)	0.0003 (0.0006)
$capital_{it}$	-0.0005 (0.0003)	-0.0007 (0.0004)
fdi_{it}	—	-0.0009 (0.0045)
$open_{it}$		-0.0026*** (0.0010)
Sargan 检验（p值）	0.2360	0.2741
AR（2）	0.1019	0.0733
样本量	154	154

注：括号内为标准误；*、**、***分别代表在10%、5%、1%显著性水平上显著。

第二节　技术进步渠道

技术进步是驱动经济增长的核心要素，也是金融发展促进经济增长的重要传导渠道之一。本节将基于已有研究文献及第五章的理论模型，提出研究命题 6－2：金融科技发展通过技术进步促进了社会经济的增长。继而采用实证分析的方法，对该研究命题进行检验。

一、相关研究基础

技术进步作为经济增长的重要源泉与核心投入要素，也是金融发展促进经济增长的重要途径。Saint-Pauti（1992）从金融市场对技术选择的影响出发，认为金融市场的一项重要功能是分散风险，那么在金融市场不存在的情况下，经济主体为规避风险，只能选择专业化程度较低并且生产力水平低的技术，而在金融市场存在的情况下，经济主体会选择专业化程度较高且生产力水平较高的技术。因而，金融市场将鼓励企业选择风险大、生产力水平高的专业化技术，进而会促进经济的增长。

King 和 Levine（1993）将金融系统纳入内生增长模型，认为运行良好的金融系统能提高创新成功的功率，一个运行良好的金融系统通过选择高质量的企业家和投资项目、动员更多企业家创新所需要的资金资源、提供更有效金融工具以分散技术创新风险、提供更准确的技术以披露创新活动的潜在收益等多种机制，促进社会技术进步以及经济增长。Fuente 和 Martin（1996）将金融中介（即银行）信息收集和监督企业等功能纳入内生增长模型，认为金融中介通过信息收集、风险分散，为风险性技术创新提供便利，促进了经济增长。

由此可见，技术进步是金融发展影响经济增长的重要途径之一。那么金融科技作为金融发展中的金融创新是否也能够通过提高社会技术进步来推动宏观经济的增长？

二、理论模型分析及研究命题的提出

基于第五章理论模型假设，进行动态优化，从而求解得到研究与开发等部门的平衡增长率，具体如下：

$$g_{B^*}=\frac{\xi+\frac{\pi}{1-w}}{2-\Psi}\cdot\frac{\Phi-\rho-\delta_2}{1-D} \tag{6-9}$$

$$=\frac{\xi\cdot\frac{\Phi-\rho-\delta_2}{1-D}+\frac{\Psi}{\left(\frac{R}{B}\right)^*-1}}{1-\Psi} \tag{6-10}$$

$$g_{R^*}=\frac{\pi}{1-w}\cdot\frac{\Phi-\rho-\delta_2}{1-D} \tag{6-11}$$

$$g_{H^*}=\frac{\Phi-\rho-\delta_2}{1-D} \tag{6-12}$$

$$g_{A^*}=\frac{\tau+\frac{v\pi}{1-w}}{1-\varepsilon}\cdot\frac{\Phi-\rho-\delta_2}{1-D} \tag{6-13}$$

$$g_{Y^*}=\frac{1}{1-\beta}[\alpha g_{A^*}+\beta\varphi g_{B^*}+\beta(1-\varphi)g_{R^*}+\gamma g_{H^*}] \tag{6-14a}$$

$$=\frac{\Phi-\rho-\delta_2}{(1-\beta)(1-D)}\left[\frac{\alpha\left(\tau+\frac{v\pi}{1-w}\right)}{1-\varepsilon}+\frac{\beta\varphi\left(\xi+\frac{\pi}{1-w}\right)}{2-\Psi}+\frac{\beta(1-\varphi)\pi}{1-w}+\gamma\right] \tag{6-14b}$$

其中，$D=\alpha\frac{\tau+\frac{v\pi}{1-w}}{1-\varepsilon}+\beta\varphi\frac{\xi+\frac{\pi}{1-w}}{2-\Psi}+\beta(1-\varphi)\frac{\pi}{1-w}+\gamma, D>0$。

式（6－13）表明金融科技的技术溢出改变了研发部门的增长率，进一步对式（6－13）求 Ψ 的导数，得到

$$\frac{\partial g_{A^*}}{\partial\Psi}=\frac{\left(\tau+\frac{v\pi}{1-w}\right)\cdot(\Phi-\rho-\delta_2)}{1-\varepsilon}\frac{1}{(1-D)^2}\cdot\beta\varphi\left(\xi+\frac{\pi}{1-w}\right)\frac{1}{(2-\Psi)^2}>0 \tag{6-15}$$

式（6－15）表明金融科技发展提高了研发部门的平衡增长率，即

金融科技的发展能够促进社会的技术进步与创新。结合式（6－14a）可知，金融科技发展通过促进研发部门的发展即技术进步，进而推动经济的增长。

一方面，金融科技繁荣促进了新一代数字技术的快速进步，加快了现代数字信息产业的发展以及传统产业的数字化转型，提高了生产的效率，从而推动了社会经济的增长。另一方面，随着金融科技的兴起，许多非银行新型金融科技公司涌入金融业，提高了投资效率，拓宽了技术创新的融资渠道，并支持了技术创新成果的转化，从而促进了技术创新及社会经济的增长。由此提出以下命题：

命题6－2：在平衡增长路径中，金融科技的发展通过促进技术进步进而推动了社会经济的增长。

三、命题检验与实证分析

为验证理论模型分析得到的命题6－2，本书继续采用“金融发展与内生经济增长”关系研究中常用的实证分析逻辑对上述命题进行检验，构建以下计量模型：

$$\ln GDP_{it} = \alpha + \beta_1 fintech_{it} + \beta_2 fintech_{it} \times TFP_{it} + \gamma\, TFP_{it} + \varphi X'_{it} + \varepsilon_{it} \qquad (6-16)$$

其中，t 代表时间，i 代表第 i 个单位，这里具体指各省、自治区、直辖市与计划单列市（西藏因数据不全没有被包括在内）。被解释变量 $\ln GDP_{it}$ 为相关各省、自治区、直辖市与计划单列市人均实际 GDP 的对数值；$fintech_{it}$ 代表当地的金融科技新业态的发展水平；TFP_{it} 代表当地技术发展水平；$fintech_{it} \times TFP_{it}$ 为当地金融科技发展与技术进步的交叉项；X'_{it} 为当地相关控制变量集，包括被解释变量的滞后值 $\ln GDP_{i,t-1}$。

全要素生产率 TFP 是衡量技术进步、经济增长质量与效率的重要标准。因而这里采用随机前沿方法（SFA）计算得到各省的全要素生产率 TFP_{it}，以此来衡量各省份的技术进步。随机前沿方法（SFA）最早由

Aigner、Lovell 和 Schmidt 于 1977 年提出，之后 Battese 和 Corra（1992）对模型中的误差项进行了区分，进一步提高了对效率进行测定的精确性。SFA 方法通过比较实际产出与最优产出的差距来反映生产效率，并考虑了随机因素对生产效率的影响。其具体思想是在生产函数确定的基础上，设定如下包含复合扰动项 u_i 和 v_i 的随机边界模型：

$$Y_i = f(x_i,\beta)exp(v_i)exp(-u_i) \qquad (i = 1,\cdots,N) \quad (6-17)$$

其中，v_i 具有随机性，表示统计误差项，是无法控制的因素；而 u_i 服从半正态分布，表示实际产出与最优产出的距离，为非负误差项，是可以控制的因素，可以反映技术的无效率。定义

$$TE_i = \exp(-u_i) = \frac{Y_i}{f(x_i,\beta)exp(v_i)} \quad (i = 1,\cdots,N) \quad (6-18)$$

TE_i 即可表示技术的效率项，其值在 0 到 1 之间。将生产函数式（6－17）求对数变形为

$$\ln y_{it} = \beta_0 + \beta_1 \ln K_{it} + \beta_2 \ln(H \times (L)_{it} + v_{it} - u_{it}(i = 1,\cdots,N) \quad (6-19)$$

其中，$u_{it} \geqslant 0$，代表无效率项，v_{it} 为特异性误差。本研究参考 Battese 和 Coelli（1992，1995）的模型，采用 SFA 方法，投入要素为各省从业人员数、永续盘存法计算得到的固定资产存量，产出为各地实际 GDP，各数据来源于各地的统计年鉴、CSMAR、CNRDS 等数据库，从而计算得到各省份的全要素生产率，其中最大值为 2.900，最小值为 0.1559，平均值为 1.7334。

根据表 6－3 列（1），变量 $fintech_{it}$、TFP_{it} 的系数估计值分别为 0.0109、0.0010，并且均在 1% 的显著性水平上显著。这表明金融科技发展与技术进步均促进了社会经济的增长。交叉项 $fintech_{it} \times TFP_{it}$ 的估计系数 $\widehat{\beta_2}$ 显著为正的 0.0046，此结果说明，金融科技发展通过技术进步渠道促进了社会经济的增长。表 6－3 列（2）加入控制变量 gov_{it}、$capital_{it}$，列（3）进一步加入控制变量 fdi_{it}、$open_{it}$，交叉项 $fintech_{it} \times TFP_{it}$ 的估计系数 $\widehat{\beta_2}$ 仍然显著为正。这些结果表明金融科技发展通过技术进步渠道对

社会经济产生积极的推动作用，由此，命题6－2得证。

表6－3　　　　金融科技、技术进步与经济增长的实证分析

被解释变量：$\ln GDP_{it}$			
解释变量	(1)	(2)	(3)
$fintech_{it}$	0.0109*** (0.0006)	0.0108*** (0.0008)	0.0110*** (0.0010)
$fintech_{it} \times TFP_{it}$	0.0010*** (0.0001)	0.0010*** (0.0002)	0.0010*** (0.0002)
TFP_{it}	0.0046*** (0.0002)	0.0046*** (0.0004)	0.0045*** (0.0005)
$\ln GDP_{i,t-1}$	1.3976*** (0.0154)	1.3786*** (0.0098)	1.3846*** (0.0202)
$sale_{it}$	0.0140*** (0.0013)	0.0127*** (0.0034)	0.0133*** (0.0018)
$unemploy_{it}$	−0.0002* (0.0001)	−0.0002 (0.0002)	−0.0002 (0.0002)
gov_{it}	—	0.0006 (0.0004)	0.0009* (0.0005)
$capital_{it}$	—	−0.0014*** (0.0006)	−0.0013*** (0.0007)
fdi_{it}	—	—	−0.0004 (0.0059)
$open_{it}$	—	—	−0.0003 (0.0011)
Sargan 检验（p值）	0.3867	0.4881	0.5218
AR（2）	0.2498	0.2798	0.3588
样本量	154	154	154

注：括号内为标准误；*、***分别代表在10%、1%显著性水平上显著。

四、稳健性检验

为进一步验证命题6－2，这里继续采用北京大学数字普惠金融指数的分项指数金融科技借贷指数 $finloan_{it}$ 来衡量金融科技的发展水平，并以此替换计量模型（6－16）中的核心解释变量 $fintech_{it}$ 以进行稳健性检验。继续采用系统 GMM 的计量方法，对计量模型（6－16）进行回归分析，表6－4 列出了该稳健性检验结果，其中，列（1）中交叉变量 $finloan_{it} \times TFP_{it}$ 的估计系数 $\widehat{\beta_2}$ 为0.0012，且在1%的显著性水平上显著，列（2）继续加入解释变量 fdi_{it}、$open_{it}$，交叉变量 $finloan_{it} \times TFP_{it}$ 的估计系数 $\widehat{\beta_2}$ 仍然显著为正。本章命题6－2 再次得到实证结果的支持。

表6－4　　金融科技、技术进步与经济增长的稳健性检验

被解释变量：$\ln GDP_{it}$		
解释变量	（1）	（2）
$finloan_{it}$	0.0037*** (0.0003)	0.0044*** (0.0004)
$finloan_{it} \times TFP_{it}$	0.0012*** (0.0002)	0.0012*** (0.0002)
TFP_{it}	0.0003 (0.0003)	0.0004 (0.0003)
$\ln GDP_{i,t-1}$	1.3393*** (0.0134)	1.3670*** (0.0182)
$sale_{it}$	0.0092*** (0.0020)	0.0092*** (0.0017)
$unemploy_{it}$	－0.0004*** (0.0001)	－0.0003*** (0.0001)
gov_{it}	0.0005 (0.0004)	0.0010** (0.0005)
$capital_{it}$	－0.0007 (0.0006)	－0.0005 (0.0005)
fdi_{it}	—	－0.0022 (0.0048)
$open_{it}$	—	0.0017* (0.0010)

续表

被解释变量：$\ln GDP_{it}$		
Sargan 检验（p 值）	0.3474	0.4250
AR（2）	0.0865	0.1229
样本量	154	154

注：括号内为标准误；*、**、*** 分别代表在 10%、5%、1% 显著性水平上显著。

第三节　本章小结

人力资本、技术进步作为经济增长的重要源泉，也是金融发展驱动经济增长的重要内生传导渠道之一。那么，金融科技作为数字时代的金融发展与创新，是否也通过人力资本与技术进步渠道驱动社会经济的增长？为此，本章基于已有研究文献及第五章的理论模型，提出了两个研究命题。研究命题 6－1：在平衡增长路径中，金融科技发展通过促进人力资本的发展进而推动了社会经济的增长。研究命题 6－2：在平衡增长路径中，金融科技的发展通过促进技术进步进而推动了社会经济的增长。

继而采用系统 GMM 计量方法，参考“金融发展—经济增长”关系研究中常用的实证分析逻辑，构建动态面板计量模型，对上述两个命题分别进行了实证检验。计量回归结果显示，金融科技发展通过人力资本与技术进步渠道显著地促进了宏观经济的增长。

对于人力资本传导渠道，金融科技领域的快速发展与兴起促进了相关人工智能、机器学习和深度学习等现代信息技术领域的人才培育，加快了金融科技相关人力资本的积累速度，并通过毕业就业、创业、转换雇主等途径使金融科技人才向其他社会部门转移和扩散。在此过程中，人才溢出带动知识溢出，故技术得以扩散。由此，金融科技的创新通过人力资本发展带来积极的技术外溢效应，从而提高了社会其他部门如传统金融部门、研发部门等的平衡增长率，进而促进了整体社会经济的增长。

对于技术进步传导渠道，一方面，金融科技繁荣促进了新一代数字技术的快速进步与发展，加快了现代数字信息产业的发展以及传统产业的数字化转型，提高了生产的效率，从而推动了社会经济的增长；另一方面，随着金融科技的兴起，许多非银行新型金融科技公司涌入金融业，提高了投资效率，拓宽了技术创新的融资渠道，并能支持技术创新成果的转化，从而促进了技术创新及社会经济的增长。

第七章　金融科技影响经济增长的反向机制：破坏性效应

第五章、第六章的理论与实证分析均表明，以金融科技公司为代表的新业态能够促进社会经济的增长。金融科技在直接促进社会经济增长的同时，还可以通过赋能传统金融机构、激发传统金融中介活力、促进传统金融发展，进而推动社会经济的增长。基于“内生传导”的视角，金融科技新业态可以通过人力资本发展、技术进步途径，促进经济的增长。然而金融科技发展是把“双刃剑”，其单方面的过度发展、效率优势的单方面扩大是否会对经济增长产生抑制作用？本章将对此展开研究。

第一节　理论解释

本节将金融科技公司相对于传统金融中介的效率优势纳入模型，发现这种效率优势的单方面扩大对经济增长存在一定的抑制作用。这种抑制作用的机制是，如果传统金融中介不能加大金融科技创新力度，其与金融科技公司的效率差距不断扩大，那么传统金融业发展将被负面的“破坏性效应”（Disruptive Effect）主导，从而抑制金融科技公司“技术外溢效应”的最大化发挥，降低金融部门的整体效率，进而拉低实体经济的平衡增长。

一、理论模型分析

基于第五章理论模型假设，动态优化求解得到人力资本生产、R&D、传统金融机构、金融科技公司以及整个经济的平衡增长率，具体如下：

$$g_{B^*} = \frac{\xi + \frac{\pi}{1-w}}{2-\Psi} \cdot \frac{\Phi - \rho - \delta_2}{1-D} \tag{7-1a}$$

$$= \frac{\xi \cdot \frac{\Phi - \rho - \delta_2}{1-D} + \frac{\Psi}{\left(\frac{R}{B}\right)^* - 1}}{1-\Psi} \tag{7-1b}$$

$$g_{R^*} = \frac{\pi}{1-w} \cdot \frac{\Phi - \rho - \delta_2}{1-D} \tag{7-2}$$

$$g_{H^*} = \frac{\Phi - \rho - \delta_2}{1-D} \tag{7-3}$$

$$g_{A^*} = \frac{\tau + \frac{v\pi}{1-w}}{1-\varepsilon} \cdot \frac{\Phi - \rho - \delta_2}{1-D} \tag{7-4}$$

$$g_{Y^*} = \frac{1}{1-\beta}[\alpha g_{A^*} + \beta\varphi g_{B^*} + \beta(1-\varphi) g_{R^*} + \gamma g_{H^*}] \tag{7-4a}$$

$$= \frac{\Phi - \rho - \delta_2}{(1-\beta)(1-D)}\left[\frac{\alpha\left(\tau + \frac{v\pi}{1-w}\right)}{1-\varepsilon} + \frac{\beta\varphi\left(\xi + \frac{\pi}{1-w}\right)}{2-\Psi} + \frac{\beta(1-\varphi)\pi}{1-w} + \gamma\right] \tag{7-4b}$$

其中，$D = \alpha \frac{\tau + \frac{v\pi}{1-w}}{1-\varepsilon} + \beta\varphi \frac{\xi + \frac{\pi}{1-w}}{2-\Psi} + \beta(1-\varphi)\frac{\pi}{1-w} + \gamma$，$D > 0$。

式（7－1a）表示传统金融中介部门的平衡增长率，其中 R/B 为金融科技公司与传统金融中介之间的效率（转化率）差距。基于第五章的假设 $R_t > B_t$，所以 R/B 总是大于 1 的变量，其值越大代表二者之间的效率差距越大。

由第四章式（4－30）$g_B = \frac{\dot{B}}{B} = \frac{\eta\,[\mu_{B,t} \cdot H(t)]^{\xi}\,(R_t - B_t)^{\Psi}}{B}$ 两侧取对数并求导后令其等于 0，可得到经济稳态时：

$$g_{B^*}=\frac{\xi g_{H^*}+\dfrac{\Psi}{\left(\dfrac{R}{B}\right)^*-1}}{1-\Psi}=\frac{\xi\cdot\dfrac{\Phi-\rho-\delta_2}{1-D}+\dfrac{\Psi}{\left(\dfrac{R}{B}\right)^*-1}}{1-\Psi}\quad(7-5)$$

把式（7－5）代入第四章式（4－74），可得到

$$g_{H^*}=\frac{2-\Psi}{\xi+\dfrac{\pi}{1-w}}\cdot g_{B^*}=\frac{2-\Psi}{\xi+\dfrac{\pi}{1-w}}\cdot\frac{\xi\cdot\dfrac{\Phi-\rho-\delta_2}{1-D}+\dfrac{\Psi}{\left(\dfrac{R}{B}\right)^*-1}}{1-\Psi}\quad(7-6)$$

继而将式（7－6）分别代入第五章的式（5－2a）、式（5－6），第四章的式（4－79），可得到

$$g_{Y^*}=\frac{\alpha}{1-\beta}\cdot\frac{\tau+\dfrac{v\pi}{1-w}}{1-\varepsilon}\cdot\frac{\Phi-\rho-\delta_2}{1-D}+\frac{\beta\varphi\xi}{(1-\beta)\cdot(1-\Psi)}\cdot\frac{\Phi-\rho-\delta_2}{1-D}+\frac{\beta\varphi}{(1-\beta)\cdot(1-\Psi)}\cdot\frac{\Psi}{\left(\dfrac{R}{B}\right)^*-1}+\frac{\beta(1-\varphi)}{1-\beta}\cdot\frac{\pi}{1-w}\cdot\frac{\Phi-\rho-\delta_2}{1-D}+\frac{\gamma}{1-\beta}\cdot\frac{\Phi-\rho-\delta_2}{1-D}\quad(7-7)$$

$$g_{A^*}=\frac{\tau+\dfrac{v\pi}{1-w}}{1-\varepsilon}\cdot\frac{2-\Psi}{\xi+\dfrac{\pi}{1-w}}\cdot\frac{\xi\cdot\dfrac{\Phi-\rho-\delta_2}{1-D}+\dfrac{\Psi}{\left(\dfrac{R}{B}\right)^*-1}}{1-\Psi}\quad(7-8)$$

$$g_{R^*}=\frac{\pi}{(1-\Psi)(1-w)}\cdot\frac{2-\Psi}{\xi+\dfrac{\pi}{1-w}}\cdot\xi\cdot\left[\frac{\Phi-\rho-\delta_2}{1-D}+\frac{\Psi}{\left(\dfrac{R}{B}\right)^*-1}\right]\quad(7-9)$$

把式（7－7）、式（7－8）、式（7－9）代入第四章式（4－58），得到

$$g_{k^*} = \varphi \cdot \xi \cdot \frac{\Phi - \rho - \delta_2}{(1 - D)} \cdot \frac{1}{(1 - \Psi)} + \varphi \cdot \frac{\Psi}{\left(\frac{R}{B}\right)^* - 1} \cdot \frac{1}{(1 - \Psi)}$$

$$+ (1 - \varphi)\frac{\pi}{1 - w} \cdot \frac{2 - \Psi}{\xi + \frac{\pi}{1 - w}} \cdot \xi \cdot \frac{\Phi - \rho - \delta_2}{1 - D} + \frac{\Psi}{\left(\frac{R}{B}\right)^* - 1} \cdot \frac{1}{(1 - \Psi)}$$

$$+ \frac{\alpha}{1 - \beta} \cdot \frac{\tau + \frac{v\pi}{1 - w}}{1 - \varepsilon} \cdot \frac{\Phi - \rho - \delta_2}{1 - D}$$

$$+ \frac{\beta\varphi}{1 - \beta} \cdot \xi \cdot \frac{\Phi - \rho - \delta_2}{1 - D} \cdot \frac{1}{(1 - \Psi)} + \frac{\beta\varphi}{1 - \beta} \cdot \frac{\Psi}{\left(\frac{R}{B}\right)^* - 1} \cdot \frac{1}{(1 - \Psi)}$$

$$+ \frac{\beta(1 - \varphi)}{1 - \beta}\frac{\pi}{1 - w} \cdot \frac{\Phi - \rho - \delta_2}{1 - D} + \frac{\gamma}{1 - \beta} \cdot \frac{\Phi - \rho - \delta_2}{1 - D} \quad (7-10)$$

进一步对式（7－1a）求 R/B 的偏导数，得到

$$\frac{\partial g_{B^*}}{\partial\left(\frac{R}{B}\right)^*} = -\frac{\Psi}{(1 - \Psi)^2}\frac{1}{\left[\left(\frac{R}{B}\right)^* - 1\right]^2} < 0 \quad (7-11)$$

式（7－11）表明，平衡增长下，二者的效率差距 $\left(\frac{R}{B}\right)^*$ 与传统金融部门的平衡增长率 g_{B^*} 成负相关的关系。这意味着，金融科技公司的单方面领先优势会对传统金融中介的增长率产生负面影响，即存在“破坏性效应”。当金融科技公司的效率越优先，即 R/B 越大，传统金融中介的平衡增长率越低。此时对于传统金融中介来说，紧跟金融科技公司的发展脚步、缩小二者的效率差距非常重要。只有缩小二者的效率差距，传统金融中介才能最大限度地避免来自金融科技公司的“破坏性效应”。

进一步，对式（7－4a）求 $\left(\frac{R}{B}\right)^*$ 的偏导数，结合式（7－11）得到：

$$\frac{\partial g_{Y^*}}{\partial\left(\frac{R}{B}\right)^*} = \frac{1}{1 - \beta}\left[\beta\varphi\frac{\partial g_{B^*}}{\partial\left(\frac{R}{B}\right)^*}\right] < 0 \quad (7-12)$$

式（7－12）表明，在平衡增长路径中，金融科技公司对经济平衡

增长率存在一定的“破坏性效应”，即金融科技公司的单方面效率优先会对经济增长产生一定的负面影响。此时，传统金融中介部门对金融科技的“态度”很重要，如果传统金融中介能够“拥抱”金融科技新业态，加大金融科技投入，主动缩小与金融科技公司的效率差距（R/B 越小），可以有效抑制来自金融科技公司的“颠覆性效应”，使其“技术外溢效应”得到最大限度发挥，从而有助于经济的平衡增长。

二、研究命题提出

基于以上的理论模型分析可以发现，受金融科技公司的颠覆性创新对传统金融中介的影响，在平衡增长路径中，金融科技新业态对经济平衡增长率存在一定的负面影响。这种负面影响主要源于传统金融中介与金融科技公司的效率差距。二者之间的效率差距越大（R/B 越大），对经济的负面影响越大。这意味着如果传统金融中介不能加大金融科技创新力度，与金融科技公司的效率差距不断扩大，其发展将被“破坏性效应”主导，从而抑制了金融科技公司“技术外溢效应”的最大化发挥，进而拉低实体经济的增长。

从当前的实践来看，新型金融科技公司的市场份额与客户数量还不大，通常只提供有限的产品类型或只针对某一特定的细分市场，如在贷款市场主要关注不太复杂的贷款产品，如个人贷款、学生贷款、小企业贷款等。因而，当前金融科技公司还只是补充银行在金融中介方面的作用，并不能完全地取代银行（Molnár，2018）。传统银行业依然具有经营稳定、信任优势与低成本存款的融资渠道等优势（Thakor 和 Merton，2019；Thakor，2020）。因而在金融资源配置过程中，银行仍然发挥着主导作用。在这种背景下，银行的效率如果日益落后于金融科技公司，将导致低成本储蓄的减少，大量的居民储蓄流向利率更高、经营更灵活的金融科技公司或平台，造成银行储蓄的大量流失，从而使银行“金融资源配置”的主导作用受到限制，出现“金融脱媒”，这一过程会推高整个经济中资金的使用成本，对经济增长产生负面作用。当然，如果传统金融中介能够加大科技与业务创新投入，主动缩小与金融科技公司的效率差距，则可以有效地抑制来自金融科技公司的“破坏性效应”，从而使金融科技公司的“技术外溢效应”得到最大限度发挥，进一步推动经济的增长。

这里还存在一个不可否认的现实，传统金融中介与金融科技公司之间的效率差距在很大程度上源于二者面对着不平等的监管待遇（Arner等，2016；Stern等，2017），金融科技公司存在着监管套利（Regulatory Arbitrage）。Buchak等（2018）采用美国数据证实监管套利为金融科技的快速发展贡献了60%，而技术进步则只贡献了30%。Thakor（2020）同样指出与银行等传统金融中介相比，金融科技公司面临的监管要轻松得多。这意味着传统银行业因为面临更严苛的金融监管，使其在与金融科技公司竞争中处于劣势，更加大了与金融科技公司的效率差距，这反而对经济增长造成负面影响。

由此提出以下命题7-1：在平衡增长路径中，金融科技新业态单方面过度发展对社会经济平衡增长率存在一定的负面影响。

第二节　校准及数值模拟实验

下面将采用参数校准与数值模拟的定量分析方法，以考察经济一般均衡时，金融科技部门的单方面效率优先对传统金融中介、经济产出等的影响，直观刻画命题7-1。

一、校准参数设定

国内外文献研究为校准本书的理论模型参数提供了一些可行的参考。本章以相关学者的研究为基础，对校准参数做了如下设定：

第一，参考已有文献，对模型中用到的主要校准参数进行了设定。如Young（2003）、Chow和Lin（2002）等认为劳动的贡献份额分别为

0.4 与 0.656，因此本书取其平均，设定劳动的贡献份额 γ 为 0.5 作为校准参数。Valentinyi 和 Herrendorf（2008）、Turner 等（2013）、Jerzmanowski（2017）等认为资本的贡献份额为三分之一，国内的学者如鲁晓东、连玉君（2012）用 LP 方法测得中国制造业资本的贡献额为 0.332～0.35，用 OLS 方法测得在 0.3 左右；杨汝岱（2015）用企业数据测算工业制造业资本的贡献额在 27%～40.1%，因此本书设定资本的贡献额 β 为 0.3。考虑到 $\alpha+\beta+\gamma$ 应等于 1，所以设定 α 为 0.2。其他校准参数如 ρ、δ_1、δ_2、θ、τ、φ、ν、ε、Φ 参考 Barro 和 Sala-i-Martin（2004）、Novales 等（2009）、Young（2003）、Chow 和 Lin（2002）、朱波（2007）等文献进行了设定，具体如表 7－1 所示。

表 7－1　模拟基准参数的设定

参数	α	β	Φ	γ	ρ	Ψ	δ_1	δ_2
基准设定	0.2	0.3	0.15	0.5	0.02	0.2	0.1	0.02
参数	π	θ	φ	ω	ν	τ	ε	ξ
基准设定	0.6	1.5	0.4	0.4	0.2	0.5	0.3	0.6

第二，根据目前的研究文献，并不能得到参数 Ψ、π、ξ、ω 的确切值，因此本书根据实际情况与函数的特点，近似设定了这 4 个参数的基准值分别为 0.2、0.6、0.6、0.4。

二、数值模拟实验一：金融科技对传统金融中介的破坏性效应

进一步，根据式（7－1b）与表 7－1 中设定的基准参数进行数值模拟，考察金融科技部门与传统金融部门之间的效率（转化率）差距 R/B 的变化对传统金融中介的平衡增长率影响程度。具体结果如图 7－1 所示，R/B 与 g_{B^*} 成负相关关系。这表明金融科技公司的效率领先将对传统金融中介产生很强的“破坏性效应”。

以中国支付行业为例，微信、支付宝等移动支付方式与银行卡等传统支付方式相比更便宜、更方便、更简单，不仅可以用于大型商场等正式交易场所，还可以用于街头摊贩、流动摊贩等非正式场景，效率高且

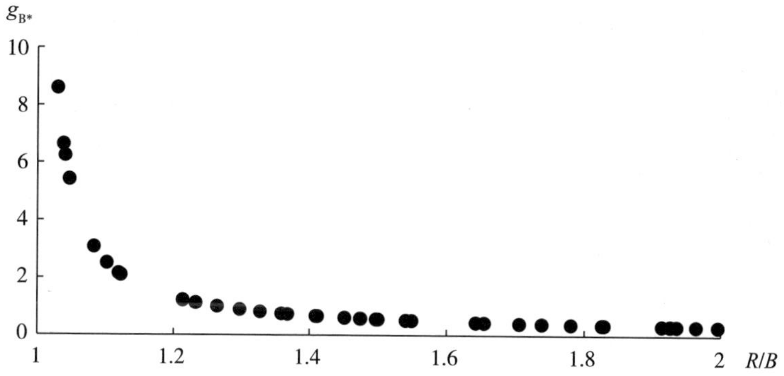

图 7－1　*R/B* 对 g_{B*} 的影响

成本低，因而获得快速的普及与发展，有逐渐取代传统支付方式的趋势。如图 7－2 所示，2016 年以来，非银行支付的电子支付笔数超过银行支付，并且近年来二者支付笔数的差距越来越大，到 2019 年，非银行电子支付的笔数已是银行电子支付笔数的 3 倍还多。

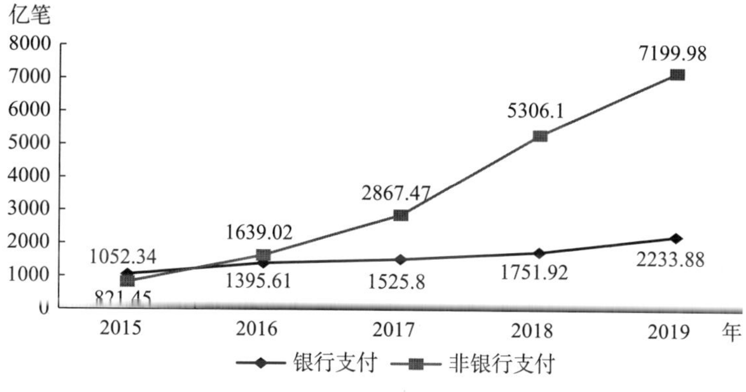

图 7－2　中国电子支付笔数

通过式（7－1b）可以发现，金融科技公司的破坏性效应主要与技术溢出参数 Ψ 相关，同时 Ψ 也代表金融科技公司对传统金融中介的学习效应。这意味着如果传统金融中介不能紧跟金融科技公司的脚步，向金融科技公司学习，金融科技公司就会产生极强的“破坏性效应”，即会持续降低传统金融中介的平衡增长率。

三、数值模拟实验二：金融科技对社会经济的破坏性效应

情景实验二为金融中介部门与金融科技部门效率差距 $\frac{R}{B}$ 同比例的变化。根据理论模型中经济稳态时各部门产出变动率关于 $\left(\frac{R}{B}\right)^*$ 的解析解，继续采用数值模拟的方法来进行比较静态分析，以考察稳态时 $\frac{R}{B}$（$R>B$）即金融科技部门与金融中介部门两个部门转化效率的比值对各部门产出的影响。基准参数设定见同表 7－1。$\left(\frac{R}{B}\right)^*$ 对 g_{Y^*}、g_{H^*}、g_{K^*}、g_{B^*}、g_{R^*}、g_{A^*} 的比较静态模拟结果如图 7－3 所示。

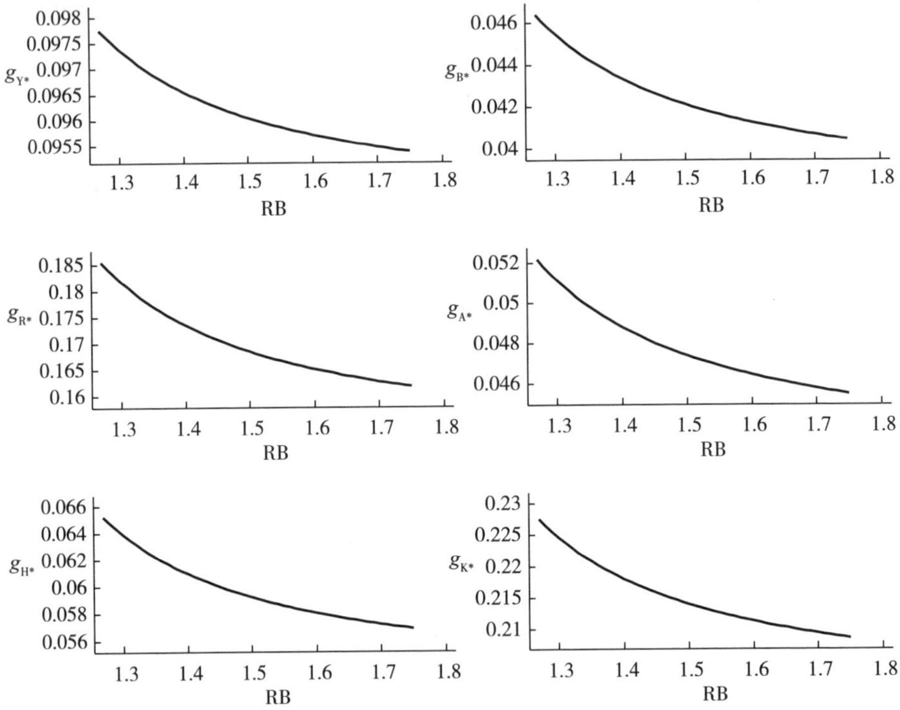

图 7－3　$\left(\frac{R}{B}\right)^*$ 对 g_{Y*}、g_{H*}、g_{K*}、g_{B*}、g_{R*}、g_{A*} 的破坏性效应

由图 7－3 可以发现，与金融科技部门的资本转化效率相比，如果金融中介部门的资本转化效率与其差距增大，那么稳态时生产部门的产出与金融部门的产出均呈现下降的趋势。这说明，如果金融中介部门不能紧跟金融科技部门的脚步，向金融科技部门学习，首先会对金融中介部门本身的转化效率与产生消极影响，其次降低社会总产出。因此，数值模拟实验结果证实了命题 7－1 的成立。

第三节　实证分析

第一节的理论模型分析与第二节的数值模拟实验研究结果显示，在平衡增长路径上，金融科技对经济平衡增长率存在一定的负面影响。本节将采用实证分析方法，进一步分析金融科技新业态对经济增长的消极影响。

一、实证结果与分析

这里采用 $fintech_{it}$ 的平方项 $fintech_{it}^2$ 作为核心解释变量，设定以下计量模型：

$$\ln GDP_{it} = \alpha + \beta_1 fintech_{it} + \beta_2 fintech_{it}^2 + \beta_3 TFD_{it} + \varphi X'_{it} + \varepsilon_{it} \tag{7-13}$$

该回归中，如果 $fintech_{it}$ 的回归估计系数 $\widehat{\beta_1}$ 显著为正，而其平方项 $fintech_{it}^2$ 的估计系数 β_2 显著为负，表明金融科技新业态对经济增长的影响呈现倒“U”形特征，即金融科技新业态的发展如果超过一定门限，那么对经济增长的影响将变为消极作用。表 7－2 列出了该回归的结果，其中，二阶序列相关的检验结果即 AR（2）的概率与 Sargan 检验结果的 p 值均大于 0.1，这表明整个模型的设定是合理的并且工具变量是有效的。

如表 7－2 列（1）所示，$fintech_{it}$ 的回归系数为 0.0182，并且在 1% 的显著性水平上显著，表明金融科技新业态的发展促进了经济的增长。

然而其平方项 $fintech_{it}^2$ 却在1%的显著性水平上显著为负（-0.0020），这表明金融科技新业态的发展超过一定门槛后，对经济增长的影响作用转为负面。由此表明金融科技新业态的单方面过度发展会对经济增长存在着一定的“破坏性效应”。命题7-1再次得到实证结果的支持。

表7-2　　　金融科技影响中国经济增长的实证分析结果

被解释变量：$\ln GDP_{it}$			
解释变量	(1)	(2)	(3)
$fintech_{it}$	0.0182*** (0.0021)	0.0199*** (0.0022)	0.0288*** (0.0024)
$fintech_{it}^2$	-0.0020*** (0.0002)	-0.0021*** (0.0002)	-0.0030*** (0.0003)
TFD_{it}	-0.0005*** (0.0002)	-0.0012*** (0.0002)	-0.0006*** (0.0002)
$\ln GDP_{i,t-1}$	0.8996*** (0.0265)	0.9082*** (0.0313)	0.9843*** (0.0320)
edu_{it}	0.0024*** (0.0002)	0.0023*** (0.0003)	0.0026*** (0.0003)
$sale_{it}$	-0.0070*** (0.0013)	-0.0053*** (0.0013)	-0.0008 (0.0013)
$unemploy_{it}$	-0.0002 (0.0001)	-0.0001*** (0.0002)	-0.0000 (0.0002)
gov_{it}	—	0.0006 (0.0010)	0.0020* (0.0012)
$capital_{it}$	—	-0.0005 (0.0005)	-0.0020*** (0.0004)
fdi_{it}	—	—	-0.0075 (0.0045)*
$open_{it}$	—	—	-0.0069*** (0.0021)
常数项	0.0610*** (0.0129)	0.0631*** (0.0140)	0.0039 (0.0182)
Sargan检验（p值）	0. 2632	0.3080	0.4537
AR（2）	0.4423	0.5422	0.7161
样本量	124	124	124

注：括号内为标准误；*、***分别代表在10%、1%显著性水平上显著。

二、稳健性检验

表7-2列（2）加入控制变量gov_{it}、$capital_{it}$，此时$fintech_{it}$的估计系数$\widehat{\beta}_1$显著为正，说明金融科技新业态对经济增长的促进作用，但是其平方项$fintech_{it}^2$的估计系数$\widehat{\beta}_2$却为-0.0021，并且在1%的显著性水平上显著，这表明金融科技新业态发展存在一定的"破坏性效应"，当金融科技新业态的发展超过一定门限，将对经济增长有负面的影响。表7-2列（2）的回归结果进一步印证了上述分析结果是稳健的。表7-2列（3）继续加入控制变量fdi_{it}、$open_{it}$，其中$fintech_{it}$及其平方项$fintech_{it}^2$的估计系数$\widehat{\beta}_1$、$\widehat{\beta}_2$分别为正值与负值，并且均在1%的显著性水平上显著。

三、机制分析

结合式（7-11）与式（7-12），可以发现金融科技新业态的"颠覆性效应"即对经济增长的负面影响，主要源于传统金融中介与金融科技公司的效率差距。二者的效率差距越大，对经济的负面影响越大。这意味着如果传统金融中介不能加大金融科技创新力度，其与金融科技公司的效率差距将不断扩大，其发展将被"颠覆性效应"主导，从而抑制了金融科技公司"技术外溢效应"的最大化发挥，进而降低实体经济的增长。

继续沿用第四章的理论模型，结合第四章式（4-82）和式（4-86），同时令$Z(t)=\frac{R_t}{B_t}$，对其求导：

$$\dot{Z}(t)=\frac{\dot{R}_t}{B_t^2}B_t-\frac{\dot{B}_t}{B_t^2}R_t=\frac{\mathrm{M}(\mu_{R,t}H_t)^{\pi}R_t^{W}B_t-R_t\eta(\mu_{B,t}H_t)^{\xi}(R_t-B_t)^{\Psi}}{B_t^2} \tag{7-14}$$

得到

$$\dot{Z}(t) = \{M(\mu_{R,t}H_t)^{\pi}R_t^{W-1} - B_t^{\Psi-1}\eta(\mu_{B,t}H_t)^{\xi}[Z(t)-1]^{\Psi}\}Z(t) \tag{7-15}$$

$\dot{Z}(t)=0$ 当且仅当 $M(\mu_{R,t}H_t)^{\pi}R_t^{W-1} - B_t^{\Psi-1}\eta(\mu_{B,t}H_t)^{\xi}[Z(t)-1]^{\Psi} = 0$，从而得到

$$M(\mu_{R,t}H_t)^{\pi}R_t^{W-1} = B_t^{\Psi-1}\eta(\mu_{B,t}H_t)^{\xi}[Z(t)-1]^{\Psi} \tag{7-16}$$

两边取自然对数并对时间 t 的微商，得到

$$\pi g_H + (w-1)g_R = (\Psi-1)g_B + \xi g_H + \Psi\frac{\dot{Z}(t)}{Z(t)-1} \tag{7-17}$$

由于 $\dot{Z}(t)=0$，由此得到 $\dot{Z}(t)=0$ 的充分且必要条件为

$$\pi g_H + (w-1)g_R = (\Psi-1)g_B + \xi g_H \tag{7-18}$$

相关相图分析如表7－3所示。当 $\Psi \geqslant w$ 且 $\xi \geqslant \pi$ 时，R/B 对时间 t 的微商，即 $\dot{Z}(t) \leqslant 0$，即当传统金融中介的技术溢出参数（Ψ）、人力资本的弹性（ξ）都大于金融科技公司的相应参数 w、π 时，金融科技公司对传统金融中介的效率领先才不会继续扩大，而是趋于收敛或下降。因此，借助图7－4的相图分析方法，可以证明当 $\Psi=w$ 且 $\xi=\pi$ 时，传统金融中介与金融科技公司效率的平衡增长路径与二者增长趋同路径［$\dot{Z}(t)=0$］重合，二者都能获得 g^* 水平的效率增长，而 g^* 刚好就是金融科技公司效率的平衡增长水平，此时传统金融中介追赶上金融科技公司，二者效率的差距不再影响传统金融中介的效率增长，二者发展水平仅受到人力资本增长的影响，从而实现趋同、融合式的发展。

表7－3　相图分析

ψ	$\xi>\pi$	$\xi=\pi$	$\xi<\pi$
$\Psi>w$	区域Ⅰ，$\dot{Z}<0$	区域Ⅰ，$\dot{Z}<0$	区域Ⅳ，$\dot{Z}>0$ 区域Ⅴ，$\dot{Z}<0$
$\Psi=w$	$\overline{AB}$，$\dot{Z}<0$	$\dot{Z}(t)=0$	$\overline{CD}$，$\dot{Z}>0$
$\Psi<w$	区域Ⅱ，$\dot{Z}<0$ 区域Ⅲ，$\dot{Z}>0$	区域Ⅲ，$\dot{Z}>0$	区域Ⅵ，$\dot{Z}>0$

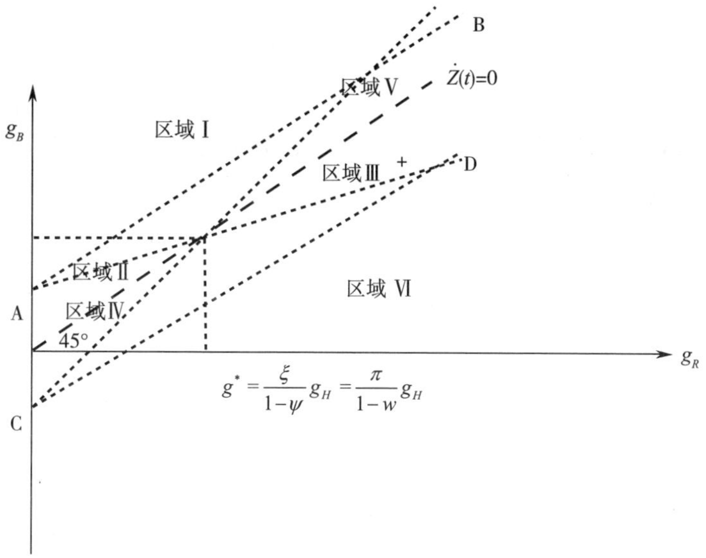

图 7-4 $\dot{Z}$ 的相图

然而当 $\Psi < w$ 且 $\xi < \pi$ 时，R/B 对时间 t 的微商，即 $\dot{Z}(t) > 0$，也即当传统金融中介的技术溢出参数（Ψ）、人力资本的弹性（ξ）都小于金融科技公司的相应参数 w、π 时，金融科技公司对传统金融中介的效率领先将继续扩大，而不是趋于收敛或下降。此时金融科技对传统金融中介进而对经济增长的负面影响将持续扩大。

这表明只有当传统金融中介在科技创新、人力资本等方面比金融科技公司投入更大、应用更有效的时候，才能够获得比金融科技公司更高的增长率，此时金融科技公司的“破坏性效应”才能被“技术外溢效应”所抑制，传统金融中介的效率因而获得更高水平的增长。如果传统金融中介不能够加大科技与业务创新投入，主动缩小与金融科技公司的效率差距，则无法有效抑制来自金融科技公司的“颠覆性效应”，传统金融中介将难以获得高增长率，从而传统金融中介的平衡增长率将首当其冲受到来自金融科技公司“破坏性效应”的负面影响，进而拉低社会经济整体的增长率。由此可见，传统金融中介必须要主动适应金融科技公司的竞争，不断缩小二者之间的效率差距。

第四节 本章小结

本书将金融科技公司相对于传统金融中介的效率优势纳入模型，发现这种效率优势的单方面扩大对经济增长存在抑制作用。由此提出以下命题7－1：在平衡增长路径中，金融科技新业态单方面过度发展对社会经济平衡增长率存在一定的负面影响。并且，通过理论模型分析发现这种抑制作用的机制——如果传统金融中介不能加大金融科技创新力度，与金融科技公司的效率差距不断扩大，那么其发展将被“破坏性效应”主导，从而抑制了金融科技公司“技术外溢效应”的最大化发挥，降低金融部门的整体效率，进而降低实体经济的平衡增长率。

进一步通过数值模拟实验确认金融科技新业态对经济增长的消极影响，并发现如果金融中介部门的资本转化效率与其差距扩大，那么稳态时生产部门的产出与金融部门的产出均呈现下降的趋势。这说明如果金融中介部门不能紧跟金融科技部门的脚步，向金融科技部门学习，会先消极影响到金融中介部门本身的转化效率与产出，继而会降低社会总产出。

本章最后采用$fintech_{it}$的平方项$fintech_{it}^2$作为解释变量，实证发现金融科技新业态对经济增长的影响呈现倒“U”形特征，即金融科技新业态的发展如果超过一定门限，那么对经济增长的影响将变为消极作用。这一实证结果再次表明金融科技新业态对经济增长存在一定的消极作用。该发现为金融科技监管、防范金融科技的宏观经济风险提供了科学证据。

第八章　金融科技引发的风险与监管政策选择

由本书第四章、第五章、第六章的分析可知，金融科技的发展会对宏观经济增长产生积极的促进作用。然而由第七章的分析可知，如果传统金融机构不能紧跟金融科技公司的发展脚步，金融科技公司效率优势的单方面扩大将对经济增长产生一定的抑制作用。由此可见，金融科技的发展是把“双刃剑”。与此同时，金融科技的发展与创新还使金融风险呈现出新特征。为此，本章首先对金融科技发展面临的风险进行概述；其次，重点从信息不对称与交易成本的视角，探讨了区块链在金融领域实践落地面临的挑战；最后，指出金融科技发展对当前金融监管的挑战及相关的监管政策选择。

第一节　金融风险新特征

金融科技的快速崛起使金融风险呈现出新特征，主要体现在以下五个方面。

一、金融基础设施改变引发新技术风险

金融科技改变了金融基础设施运行的技术基础，使金融服务日趋依赖技术驱动，并推动金融业向技术密集型行业转变。这种转变会引发技术性风险，使金融服务更容易遭受网络攻击，如区块链和分布式账本技

术支撑的金融服务经常遭受网络攻击（Ducas 和 Wilner，2017；Traynor 等，2017）；当用户从移动设备访问金融服务时，用户身份验证是信息系统安全问题的根源之一（Park 和 Park，2017），但是当用户认证不足时，第三方入侵的机会大大增加（Kim 等，2015）。总之，网络安全问题涉及金融科技活动的所有业务，尤其是支付/账单、区块链/加密资产等金融活动。归纳起来，如表 8 –1 所示，金融科技面临的网络安全风险挑战主要有四类：未经授权的访问、金钱非法转移、拒绝服务攻击、蓄意攻击。

表 8 –1　　　　金融科技相关的网络安全问题

网络风险	特征
未经授权的访问	没有权限的各方可以未经授权访问系统。主要作案手法包括冒充合法用户进行未经授权的使用，以及利用系统漏洞进行未经授权的进入
金钱非法转移	不通过第三方银行账户进行转账。主要作案手法包括冒充合法用户进行未经授权的交易，以及伪造通信细节，使交易并非合法用户有意为之
拒绝服务（DDoS）攻击	这些攻击的目的是破坏“服务提供”。主要的作案手法包括给服务器或网络带来沉重负担，以及利用漏洞使系统瘫痪。分布式拒绝服务攻击（DDos）是一种攻击类型，使用连接到网络的多个设备进行攻击
蓄意攻击	主要是针对特定组织的持续性网络攻击，目的是摧毁和/或窃取信息或金钱，攻击往往是秘密、分阶段进行，以防止目标组织意识到自己受到攻击

（一）未经授权的访问与金钱非法转移

如表 8 –1 所示，由于金融科技服务通常是通过互联网提供的，因此始终存在未经适当许可进行未经授权访问系统的风险。攻击者未经授权访问系统的主要目的是窃取金钱或信息，因此，这些被未经授权访问的组织很可能遭受资金被非法转移或信息泄露。

而获取未经授权的访问的方法有很多，但主要的方法是窃取合法用户的 ID 或密码以及利用系统漏洞。如美国国家警察局（NPA）的一份总结报告显示，2018 年上半年，在 65% 左右未经授权的加密资产传输中，受害者使用了与之前相同的身份证和密码作为加密资产钱包。如果在多个服务使用相同的 ID 或密码，在任何一个服务出现信息泄露时，会增加未经授权访问其他服务的风险。

在日本还曾发生一起未经授权进入一家大型加密资产交易所的事件。在这起事件中，客户的私钥被攻击者盗取，并用于未经授权的资金转移。除了此类攻击的直接目标，即金融科技公司及其客户，与直接目标相关的公司或人员也面临风险。它们可以成为间接目标，作为通往直接目标的垫脚石。换言之，那些未经授权进入的受害者可能被动地成为攻击他人的推动者。

金融科技服务的提供并非由金融科技公司自己处理，而是经常与其他几个金融机构以及非金融机构（Non-Financial Entity，NFE）合作。例如，支付服务或个人金融管理（PFM）服务是由多个服务提供商以团队的形式向用户提供的复合服务。如果这些服务提供商中的任何一个成为未经授权访问的受害者，则整个服务可能受到影响（见图 8－1）。因此，每个服务提供商都必须采取彻底的措施，以防范网络攻击。

（二）拒绝服务攻击（DDoS）与蓄意攻击

网络攻击给金融的无间断服务带来风险，可能造成服务的中断。而服务中断主要是通过分布式拒绝服务（DDoS）攻击实现的，DDoS 攻击会占用网络带宽资源并关闭系统，或者通过勒索软件感染计算机和服务器（恶意软件会强制加密计算机或服务器上的文件，然后通过勒索来解密这些文件）。服务中断或暂停不仅会阻止用户使用公司的服务，还会损害公司的声誉。

这类攻击的动机可能多种多样，但一些主要的动机包括敲诈（金钱）或政治活动。此类网络攻击的作案手法包括通知受害者即将发生攻击，并以不进行攻击来索要赎金；通过攻击加密操纵不稳定的资产汇率来牟利；以政府机构或金融机构为目标，抗议执行某些法律或商业活动；等等。其中大量针对加密资产交易所的 DDoS 攻击并造成服务中断的情况不断被曝光。

近年来，DDoS 攻击的范围越来越广，手段也越来越复杂，完全防范攻击是很难做到的。2016 年出现的一种新型 DDoS 攻击，通过连接到互联网的各种设备与未受监控的服务器协助实行攻击，其攻击流量淹没了一家主要域名系统（DNS）提供商，并导致美国主要服务提供商的网站相继关闭。此外，还出现了一些代理，它们以可承受的费用执行 DDoS 攻击，因此任何人都可以随时通过代理进行 DDoS 攻击。这些攻击导致的访问或服务的中断或暂停可能导致企业的责任索赔、客户损失和声誉损害，从而造成企业的股价下跌，最终甚至导致这些公司破产或被收购。

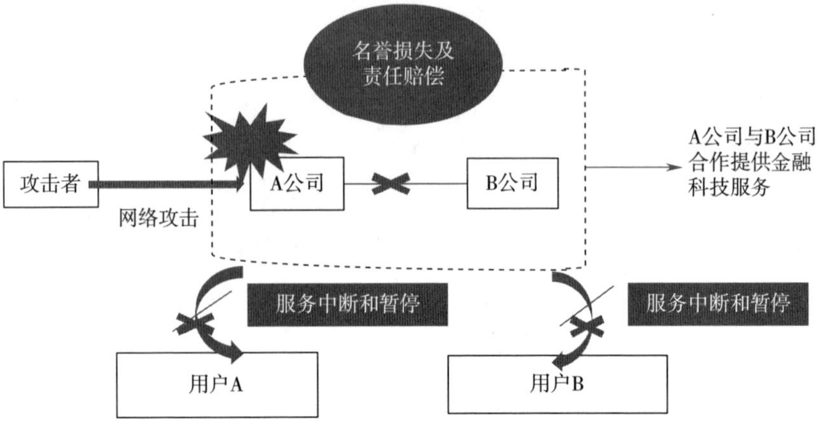

图 8-1 金融科技中的网络威胁

二、金融科技新业态成为系统性风险新来源

一些金融科技新业态可能增加金融业的系统性风险。例如，金融科技借贷平台经常吸引“高风险客户”，即传统银行认为高风险的客户，这些客户的信用评分或信用风险评估结果使他们不太可能从传统银行获得贷款，从而使金融科技借贷平台成为此类风险借款人可以求助的替代贷款人。但随着时间的推移，如果此类风险贷款导致大规模违约，平台风险客户的积累可能威胁金融的稳定（Ozili，2018）。Blaseg 和 Koetter（2015）同样发现风险较高的项目、规模较小与有形资产较少的企业往往采用股权众筹，而不是银行融资，因此股权众筹平台存在着严重的金融信贷风险。Chaffee 和 Rapp（2012）指出，尽管金融科技借贷平台对金融市场发展有益处，但它不仅具有所有与传统银行借贷相同的风险，

还存在贷款欺诈、身份盗窃、洗钱、为恐怖主义融资等风险，并且这些风险因为互联网的匿名与普及被进一步放大。金融科技快速发展还使网络欺诈行为不断增长（Balan 等，2017；Jhaveri 等，2017）。政府和大型软件公司也有方法及检测系统来反欺诈，然而很难创建合适的模型与体系来发现其中的欺诈行为，尤其是新兴金融科技公司服务中的新类型欺诈（Moon 和 Kim，2017）。

再如，比特币等加密资产存在将创新用于非法用途的漏洞，越来越多的事实表明加密资产多被用于贩毒、洗钱等非法活动，Foley 等（2019）对比特币交易服务在非法活动的程度进行校准，结果显示大约46%的比特币交易与非法活动有关联。但是加密资产领域目前还没有像传统支付机制那样受到严格监管，如果货币当局不对其进行适当的管理与监管，将给金融市场带来巨大风险（Ducas 和 Wilner，2017）。

另外，一些算法也可能破坏金融稳定。如 Danielsson 等（2021）认为，人工智能在微观审慎监管和内部风险管理等金融领域的运用可以提高效率、显著降低成本，但是人工智能运用到宏观金融稳定领域，却容易产生新的尾部风险，并放大现有尾部风险，因为宏观领域的金融危机罕见而独特，一旦爆发，原有的规则将被打破并不断演变，历史的数据和经验的参考价值将大大降低，甚至一夜之间变得不相关，由此会增加系统性风险，破坏金融体系的稳定。

当前，基于分布式账本机制的“去中心化金融”（DeFi）依赖 P2P 网络（Peer to Peer Networks）这一基础设施，支付的形式则称为 P2P 支付（Peer to Peer Payments）。伴随着云计算的发展，大规模的 P2P 网络应用成为可能，这种破坏式创新（Disruptive Innovation）正在极大地改变着世界经济图景，金融消费者的行为也被这种信息与通信技术（ICT）所改变，诸如众筹、P2P 借贷、电子钱包、移动支付乃至数字货币等金融科技必将革新金融服务的旧有模式，即 P2P 网络技术在金融领域的应用将使人们告别电子金融（E-finance）时代，进入 P2P 金融（P2P Finance）新时代，或称“自金融”。所谓“自金融”是基于信息与通信技术、加密算法、开源计算、时间戳和P2P网络使每个终端用户能够匿名地、去中介化地、安全地获得和支付资产以及其他金融服务。然而，“自金融”也给现有的法律体系带来挑战，如与安全和稳定有关金融市场监管、市场竞争、消费者和投资人保护以及全球公共政策等。具体带来以下棘手问题：一是新形式的网络犯罪与金融诈骗；二是不受控制的“羊群效应”和过度的市场集中，由此产生市场失灵及对实体经济潜在的灾难性影响；三是隐匿交易痕迹的洗钱与恐怖融资；四是具有泡沫动力学（Bubble Dynamics）特征的风险，理论研究表明同一动力学（Dynamics）在不同的网络结构上表现出不同的特性，相关免疫策略将明显不同。同时，2008年国际金融危机后，国际支付结算体系委员会（CPSS）研究认为，金融链接在危机传播中起到渠道作用，除了通常说的“大而不倒”的概念，也出现“链接过多不能倒”的概念并得到学术界和各成员国监管部门的认同，因此，基于区块链的“自金融”既有泡沫动力学特征——“其兴也勃焉，其亡也忽焉”，也有“链接过多而不能倒”特征，二者叠加共振，风险是很大的（赵鹞，2018）。

三、金融科技威胁消费者信息安全

人工智能和大数据等金融科技在便利消费者的同时，也可能伤害到消费者利益，突出表现为消费者信息泄露问题。ZheJin（2018）指出，大数据分析给消费者隐私带来的三个“新”问题：（1）交易后，卖家比买家拥有更多关于未来数据使用的信息；（2）由于无法追溯到数据采集器，卖家不需要对消费者的潜在危害负责；（3）由于事后难以发现和处罚，卖家在收集数据时可能承诺非常友好的数据政策，但事后常常食言。这三个“新”问题会鼓励不负责任的数据收集、数据存储及数据使用行为。他进一步指出，人工智能对消费者利益的伤害：人工智能算法正是通过大数据输入以理解、预测并影响消费者的行为，如果此类技术被合法使用，可以提高管理效率，激励创新，更好地匹配市场供需，但是如果消费者信息被非法使用，会产生大量针对消费者的欺诈与欺骗行为。因而维护用户隐私、提高数据的保密性是金融科技安全中经常被提到的问题（Gai 等，2017；Gai 等，2018；Kim 和 Hong，2016；Okamura 和 Teranishi，2017；Park 和 Park，2017；Qiu 等，2018）。Li 等（2017）通过关于韩国支付方式的调查，研究发现 72.3% 的个人不采用网络支付正是因为担心信息泄露与隐私安全。因此，消费者保护越来越成为金融科技新业态未来发展需要解决的问题。

另外，金融科技公司如果倒闭，消费者可能无法拿回电子钱包里边的钱。大多数金融科技公司既不是银行，也不是银行控股公司。由于它们没有银行牌照，因此其资金目前只能用于转账或贷款。然而，实际上它们已经具备了银行的特征，如 PayPal 是一家规模非常大的专注于金融产品的金融科技公司，其客户账户中的资金足以成为全球第二十大银行。但是 PayPal 并没有被许可拿到银行牌照，消费者可以使用传统的银行账户和信用卡将钱转入 PayPal 账户，然后账户持有人可以使用 PayPal 在个人和企业之间转账。Paypal 还通过合作机构提供贷款，并提供财务建议。但 PayPal 的非银行身份以及缺乏保险的存款意味着，如果 PayPal 破产，消费者很可能无法拿回他们的钱。

四、金融科技平台产生垄断新风险

金融科技具有加速垄断的潜力（Van Loo，2017）。首先，此类企业具有网络效应（Calvano 和 Polo，2021；Jullien 和 Sand-Zantman，2021），网络规模越大，供需之间的匹配就越契合，用于查找匹配的数据也就越丰富，更大的规模产生更多的价值，从而吸引更多的用户（Van 等，2012）。因此，这种网络效应使金融科技公司的经营特别容易集中，并形成数据孤岛，进一步巩固自己的垄断地位（Auer 等，2021）。

其次，此类企业能够产生规模经济，平台内容一旦创建，就很容易被复制与分发，这种规模化带来的回报可以不断增加（Van 等，2012；

Jullien 和 Sand-Zantman，2021），且大数据技术运用进一步帮助平台降低了用户间的交易成本（Zhe Jin 和 Wagman，2021），由此造成这种平台类企业的边际成本可以趋近于零。

最后，此类企业可以扩张到依赖它们的各个行业与领域，为消费者构建一站式的生态系统（Jullien 和 Sand-Zantman，2021）。例如，美国谷歌、苹果、亚马逊和脸书等大型互联网企业都建立了自己的支付系统，它们通过自己的战略，直接或间接地在金融其他领域积极进行探索与实践，与传统金融服务业（如资本筹集、贷款、资产管理）展开竞争。它们有很大的潜力降低金融服务价格，扩大准入融资渠道，提高融资效率，因而得到快速发展与繁荣。在此发展过程中，它们的经营规模、经营范围与经营类型等也日渐扩张，并将金融科技创新扩展到其他金融服务领域，比如，脸书（Facebook）曾计划发行的全球性稳定币 Diem。还有一些金融科技公司，虽然最早提供的金融服务只是点对点贷款（P2P），即将资金提供者与需求者通过互联网平台匹配起来，但是现在的经营范围已经不止于此，如 Credit Karma、NerdWallet、Mint 等公司提供咨询等金融科技服务，它们不需要直接从消费者那里获得资金来提供金融服务，而是通过应用程序帮助人们作出财务决策。具体而言，通过访问个人银行账户、信用评分、信用卡记录、纳税申报表和其他类似的财务信息源，在获得许可的情况下了解用户。然后，用户会收到关于收费较低的信用卡或抵押贷款、利率较高的储蓄账户以及其他更好地满足其需求的产品的建议。同时，它们还能够通过并购、合并等途径相互补贴，在多个领域开展经营活动，创造各种人为的优势，如美国科技企业的“五大巨头”中亚马逊共进行了 42 次收购、苹果 33 次、脸书 21 次、谷歌（Alphabet）48 次、微软 53 次。（Motta 和 Peitz，2021；Zhe Jin 和 Wagman，2021）。这种并购与合并频繁发生，从而平台企业不断地扩大市场势力。

因此，平台类金融科技公司的网络效应、规模经济、零边际成本，特别容易使其成长为“数字巨无霸”，甚至出现“赢者通吃”的局面，并形成巨大的市场进入壁垒，严重损害了市场竞争与创新（Calvano 和

Polo，2021；Gilbert，2021）。同时降低了消费者剩余与福利（Jullien 和 Sand-Zantman，2021），因为它们完全具备能力向消费者展示扭曲的信息或者滥用获取到的消费者信息，以利于自己产品的销售或者劳务的提供（Gilbert，2021）。目前数字平台类金融科技公司引发的垄断问题已成为当前经济学中最紧迫、最具争议的问题之一。

五、金融科技更易产生风险“黑天鹅”

既然金融科技的本质是金融中介，有着道德风险与逆向选择的问题，但其微观层面的风险仍旧是信用风险、市场风险、操作风险、声誉风险等传统金融所蕴含的风险，但因金融科技具有鲜明的互联网科技特性，如低利润率、轻资产、高创新、上规模（网络效应）等，故金融科技的风险又不完全与传统金融相同，主要是强化了风险，改变了风险的分布。

（一）金融科技强化金融业的固有风险

首先，金融科技的轻资产即“轻”资本的特性强化了金融的高杠杆。以第三方支付行业为例，2009—2013 年某个具有代表性的网络支付机构的杠杆水平[①]均值为 23，最大值为 29，最小值为 13。而银行业的杠杆水平，法定不得超过 17。尽管银行业的杠杆率计算方法更为复杂，但通过简单横向比较就可推知，金融科技公司，特别是实质承担金融风险的金融科技公司或互联网金融公司首先面临资本充足率这一棘手问题。在此层面上，我们也就不难理解中国人民银行原行长周小川所指出的：互联网金融“所进行的影子银行活动存在期限转换问题，杠杆程度过高，资本要求也不同于传统银行”。

其次，如图 8－2 所示，互联网的低利润率强化了金融的流动性与收益性的平衡难度。按照大数定律管控流动性风险的传统方法将不再适用于“长尾分布”状态下的流动性管理，同时“长尾”人群的金融知识、

① 杠杆水平 =（总资产 – 总负债）/调整客户备付金余额的总资产。

风险意识和承受能力相对欠缺，更容易出现个体非理性和“羊群效应”，一旦出现风险，涉众多、影响大，加上缺乏资本充足率的监管，金融科技更容易产生偿付能力的问题，形成较大的违约风险。

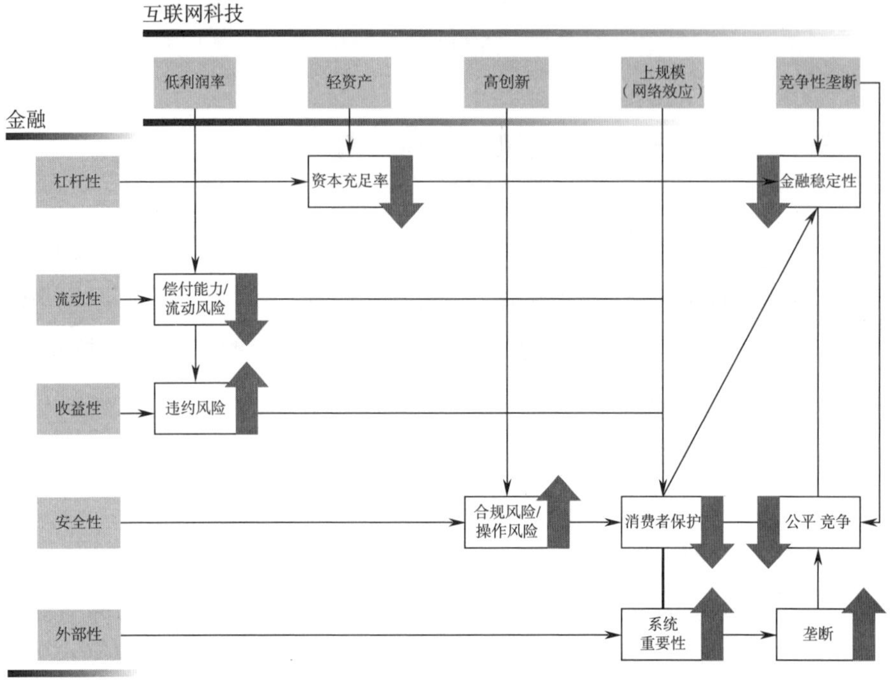

图 8－2　金融科技强化金融固有风险

再次，互联网的“高创新”容易产生较为严重的合规风险和操作风险。如前所述，抢先推出新产品是金融科技或互联网金融跨越网络效应“临界点”的重要手段。产品的率先推出，可能使次优的产品在竞争中取得先发优势而战胜其他竞品，甚至战胜最优的产品。金融科技或互联网金融企业高度强调“试错性创新”，使一些不够成熟的产品被推向市场，其间容易产生严重的操作风险与合规问题，加上其“上规模”的网络效应，即使产品中隐藏着较小的风险，也容易造成大规模的资金损失，从而损害广大消费者的利益，产生尖锐的金融消费者保护问题。

最后，互联网的“上规模”直接强化了金融的外部性。金融科技企业一旦跨越“临界点”，其面临的供需曲线则发生逆转，即需求函数向上倾斜，供给函数向下倾斜，进而形成边际报酬递增与边际成本递减的独特优势，领军企业迅速变成“系统重要性”机构，甚至垄断市场，造成严重的市场公平竞争问题。同时，由于“长尾人群”多属弱势群体，这时的领军企业既是“大而不倒”，又是“太敏感而不能倒”，这不仅威胁金融稳定，还有可能阻碍社会改革。

（二）金融科技造成金融风险复杂化

金融科技和互联网金融，不仅强化了金融的固有风险，将风险复杂化，还改变了风险分布的常态。正如塔勒布（Nassim Nicholas Taleb）在其著作《黑天鹅：如何应对不可预知的未来》（*The Black Swan：the Impact of Highly Improbable*）中所指出的，传统经济金融的理论与现实基础是正态分布或高斯分布，其风险管理方法论也是以此为基础的，但人类社会、经济、金融历史中的极端风险事件或称“黑天鹅”事件（Black Swan Event）是不在正态分布的理论框架中的，风险分布的常态由正态分布转化为极值分布甚至幂律分布（Power law，最典型的“长尾”分布），使“黑天鹅”事件发生渐频，经济金融的稳定性受到严重挑战。

以第三方支付为例，银行卡收单业务是传统的金融支付的主要形态，网络支付业务则是新兴的金融支付的主要形态。有研究通过样本数据分析，代表性银行卡收单机构的日交易金额符合正态分布，而代表性网络支付机构的日交易金额不符合正态分布，而是符合对数正态分布，也就是说，网络支付机构的日交易金额呈现出明显的“长尾”特征，其右尾较正态分布要“长”很多。进一步对比发现，网络支付较传统的银行卡收单业务更“容易”（更大概率）发生异常大金额的交易。转换成风险管理的专业术语则是，网络支付的在险值（VaR）比传统的银行卡收单的要大，即网络支付机构的流动性风险敞口比传统机构的大，且网络支付发生极端异常风险的概率要比传统形态的大（赵鹞，2016）。

尽管这种数据研究不如实证研究那样严谨、全面，但仍有“窥一斑知全豹”的作用，即金融科技和互联网金融的发展与壮大，正在改变金融风险的分布特征，即由正态分布为主转向由极值分布为主。从统计学的角度看，正态分布是一种渐变过程和平稳过程，极值分布是一种突变（灾变）过程和激荡过程，对数正态分布则是这两种分布的中间状态，可以认为在众多相互独立的因素中有某个或某些因素起到了突出的作用，但未达到左右全局的程度。

事实上，权威研究表明，自然、社会和互联网空间或网络空间中，高度的集群性、不均衡的节点分布以及中心节点结构是常态，也就是说在互联网空间或网络空间中，节点间的平等是幻象，网络空间实质是被一些高度链接的中心节点所主导，以致正态分布不是常态，幂律分布才是主流（见图8－3）。

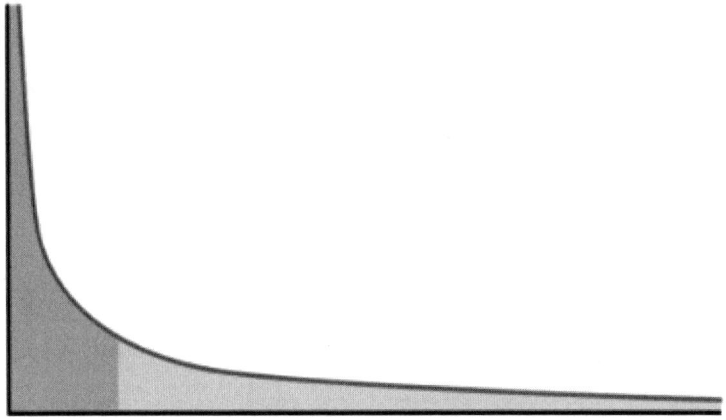

图8－3 幂律分布

因此，在自组织机制中“生根”，在网络空间中展业，在云平台上发展的金融科技或互联网金融将日益不同于在线下环境中成长起来的传统金融，其风险形态正在发生根本转变，幂律分布造成的“长尾”特征将引致金融风险的极值分布，增大金融市场的波动性。并且，相比于传统金融的星形简单网络，金融科技和互联网金融所形成的交易网络日益复杂化，识别某节点所蕴含的风险和传染能力难度增加。故而，以正态分布为基本方法论的金融风险管理体系将不再适用于金融科技或互联网金融。

第二节　分布式账本技术在金融领域创新面临的挑战

以区块链为代表的分布式账本技术（DLT）作为一种可以分布式存储、多地备份及去中心化的技术方案，被认为可以用于消除交易中的中介信用。其主要通过点对点、没有任何中间方、可追溯但难以篡改的交易方式，试图构建起一个所谓“高度可信”的数据库。目前一些观点认为区块链技术在加密资产、支付与结算、数字资产等金融领域具有创新性的应用前景。本节将通过回顾金融创新的简史，得出降低交易成本与减少信息不对称是判断金融创新与否的重要标准。因此，本节基于交易成本与信息不对称的视角对区块链技术在金融领域实践创新面临的挑战进行分析。

一、金融创新简史：基于信息不对称与交易成本视角的回顾

信息不对称（Information Asymmetry）是契约经济学与信息经济学的核心概念，最早由美国经济学家阿罗（Kenneth J. Arrow）于 1963 年提出，后来很多经济学者对其进行了深入的研究，讨论了信息不对称现象的原因以及其对市场运行带来的影响，如 1979 年著名经济学家阿克洛夫（George Akerlof）在其著作《柠檬市场》中，从二手车市场入手，首次提出了“信息市场”概念；Spence（1981）研究了劳动力人才市场存在的用人单位与应聘者之间的信息不对称的情况；Stiglitz（1981）将信息不对称这一理论应用到保险市场，认为被保险人与保险公司间存在信息的不对称，这客观上造成车主在买过车险后疏于保养，使保险公司赔不胜赔；Simon（1991）认为，人的有限理性使信息不可能在所有参与者之间完全、有效地公开，导致信息的不完备和不对称；Hayek（1997）认为，信息不对称产生的原因包括社会分工造成不同市场参与者获取信息和认知信息的能力不对称、市场参与者认为信息搜寻成本高于预期收益

等；Stiglitz（2007）认为，导致信息不对称形成与存在的原因主要是私人信息和搜寻成本的存在。信息不对称从时间上划分为事前信息不对称和事后信息不对称，事前信息不对称会引起逆向选择（Adverse Selection）问题，事后信息不对称会造成道德风险（Moral Hazard）问题。

交易成本（Transaction Cost）最初是由Coase（1937）在其著名的论文《企业的性质》（*The Nature of the Frim*）中提出来的，认为交易成本是发现相对价格的成本、市场上发生的每一笔交易的谈判费用以及利用价格机制的其他方面的成本。交易成本区别于一般的生产成本，从本质上说，只要有交易互换活动，就会有交易成本的存在。其他经济学家在Coase（1937）的交易成本概念的基础上，对交易成本的含义进行了进一步的诠释，如North（1988）细化了交易成本的内涵；Jensen和Meckling强调了代理成本（Agency Cost）的存在等。

总之，信息不对称与交易成本在市场交易中普遍存在。而历史上的金融创新都围绕着解决这两个问题，先后经过了五个阶段（见表8-2）。

表8-2　金融创新的发展

阶段	时期	代表性金融创新历史事件
第一阶段	原始阶段：1587年之前	货币的产生
第二阶段	起步阶段：1587年之后	银行中介的产生；汇票、股票、债券的产生
第三阶段	成长阶段：1933—1972年	跟单信用证正式成形；可转让支付命令账户（NOW）、可转让定期存款单（CD）、货币市场存款单（MMC）、小储蓄存款单（SSC）等新型存款工具和自动转账服务
第四阶段	高速成长阶段：1972—2008年	金融衍生品市场的兴起和繁荣；欧元诞生；金融服务电子化
第五阶段	成熟与不断创新阶段：2008年之后	第三方支付、P2P等金融科技的兴起

第一阶段为原始阶段，其代表性金融创新事件是货币的产生。货币的产生过程恰恰是解决物物交换中存在的信息不对称与交易障碍的过程。在物物交易中，交换的“双重偶合”，即买卖双方交换的商品恰好是彼

此所需，才能达成交易。但是，因为信息的有限性使此时的交换是个棘手的问题。可能对一些手持生活必需品的人来说，交换更容易一些，然而这些生活必需品（如粮食）往往不易储藏、质量不稳定且价值低，这样会影响到后期的持有成本。尤其是一些高价值的大宗交易难以实现，因为需要大量的人力与物力，造成高昂的交易成本。但是货币的出现，缓解了这些难题从而促进商品交易的发展。

第二阶段为金融创新的起步阶段，代表性金融创新事件是意大利威尼斯于1587年出现了第一家世界公认的银行。银行作为金融中介机构具有以下优势：（1）钱物交易发展为转账结算，解决了携带大额资金的风险，降低了交易成本；（2）积聚社会资金，可以把资金化零为整或化整为零，解决了资金拥有者与资金需求者之间的资本金额不匹配问题，大大降低了资金交易的流程与成本；（3）专业的信息收集及分析并决定资金的投向，从而降低了资本拥有者进行投资的信息搜寻成本，缓解了资金拥有者与需求者之间直接交易的信息不对称与风险问题。

第三个阶段是金融创新的成长阶段，时间跨度从1933年国际商会《跟单信用证统一惯例》（第82号出版物）的出版实施到1972年美国芝加哥商业交易所下属的国际货币市场（IMM）外汇期货合约的推出。现代跟单信用证的正式成形、应用及推广是金融发展史上的重大创新，其解决了国际贸易中进出口双方因为无法即时交换出现的信息不对称等问题，从而极大地推动了国际贸易的发展。

第四个阶段是金融创新的高速发展阶段，时间跨度是从1972年开始，到2007年美国次贷危机爆发为止。在这一阶段，全球金融市场之间联系更加紧密，全球金融市场开始一体化，该时期金融的创新主要体现在产品创新和技术创新两个方面。一方面，金融产品的创新，期权、期货、货币互换、利率互换等各种金融衍生品兴起、繁荣；另一方面，信息时代的来临使金融服务电子化，全球外汇市场成为24小时运营的市场，从而使传统的金融服务突破时间和地点的束缚，从线下交流转变为线上交流，这种交流方式提高了获取市场信息的效率，缓解了信息不对称问题，极大地降低了交易成本。

第五个阶段是金融创新的成熟和不断前进阶段。在这一阶段，第三方支付、P2P 网络贷款等互联网金融、金融科技形式开始兴起。第三方支付如 PayPal、支付宝的出现解决了线上交易双方因为信息不对称而产生的信用问题，第三方支付作为一个资产池为双方的交易起到了担保作用，从而促进双方交易的顺利进行。P2P 网络贷款的产生主要也是因为一些企业尤其是微小企业从银行融资比较困难，而 P2P 网络贷款把企业的融资需求打包，找专业的公司担保，再化整为零直接通过网络卖给投资者，这样便快速、高效地解决了部分企业的融资需求，从而降低了企业的财务成本和资金交易的成本。

从金融创新的发展历史可以看出，缓解信息不对称、降低交易成本既是金融创新的动力，又是金融创新的方向。无论是金融产品的创新，还是制度的创新或是技术的创新都在一定程度上缓解了由信息不对称及交易成本引发的市场交易摩擦。因此，是否降低交易成本、是否减少信息不对称成为判断金融创新与否的重要标准。那么区块链技术在金融领域能降低交易成本与减少信息不对称吗？

二、加密资产：是可行的货币形式创新吗？

（一）加密资产难以向货币形态演进

货币作为金融的基础，其形式发展至今，经历了贵金属形式、金银形式，以及如今代表国家信用的纸币形式。但是不管货币的形式如何变化，其作为信用的本质，以及其价值尺度、交换媒介、价值储藏等功能一直未曾变化。货币作为交换媒介成功地克服了物物交换中时间与空间的不匹配问题，以及“双重偶合”问题，提高了交易的效率，降低了交易的成本，并且随着互联网技术的快速发展，各种电子转账交易方便、低廉且快捷。但是以比特币为代表的加密资产进行转账交易的效率低且昂贵，数据显示比特币网络确认的交易每秒最多 7 笔，而 VISA 每秒可以处理多达2.5万笔交易，支付宝实际处理能力则可高达8.59万笔/秒，由此可见，加密资产并不能提高市场交易的效率。与此同时，加密资产的价格波动频繁，如2017年初以来，比特币对美元的每日价值的波动大约是新加坡元对美元汇率波动的20倍，频繁的价格波动造成加密资产并不适合作为价值储藏。因此加密资产并不具备一般等价物的交换媒介与价值储藏功能。

如今纸币形式的货币需具备国家信用、主权权威，并且其发行人需能充当“最后贷款人”。只有这样，货币才能够在市场上作为一般等价物存在。而加密资产如比特币的数量有上限，全网共有2100万枚比特币，目前已挖出约1600万枚，虽然有些人认为比特币像黄金、白银一样稀缺，如果能够成为货币，就不会存在货币超发与通货膨胀，但是比特币的获取靠“挖矿”。据测算一台普通个人计算机（PC）的算力，从概率上来看要200年才能挖到一次矿，因此其作为货币的获得成本太昂贵，并且伴随着人类社会经济的发展、贸易的扩大，比特币的数量上限难以提高市场的交易效率，更不能解决“最后贷款人”的问题。此外，加密资产运营商的真实性与可信度往往难以验证与考察，数据显示，截至2015年5月14日，比特币的核心源代码50%由三位未知姓名与国籍的程序员编写，且前七位程序员编写的代码占据了总量的近70%。由此可知，比特币的控制权被少数的软件工程师掌握，但是公众却无法获悉其名字、国籍等信息。这些神秘的工程师掌握着信息优势，他们的“道德风险”问题是无法实施监督的。很显然，相对于发行货币的中央银行权威，少数工程师或“炒家”无法取得公众的信赖，也不具备高度权威，更没有信用的背书。因此，目前还没有任何市场与国家广泛地接受加密资产作为交换媒介。

由此可见，“加密资产”不管其形式如何，并不具备货币的本质与功能，更不能充当交换媒介，缓解交易中的信息不对称问题与降低交易的成本，相反降低了交易的效率，增加了交易的时间与成本。所谓“加密资产”并不是货币，也并不属于金融范畴内货币形式的创新。

（二）稳定币的兴起

现阶段，加密资产的最新发展是稳定币（Stable Coin）。全球市场有代表性的稳定币分别是 Tether（USDT）、TrueUSD（TUSD）、Dai（DAI）、SteemDollars（SBD）、bitUSD（BITUSD）、nUSD（NUSD）、bitCNY（BITCNY）、Digix Gold Token（DGX）等。就各类稳定币的运行机制而言，可分为三大类：

第一类是所谓的法定货币抵押稳定币（Fiat Collateralized Stablecoin），即稳定币的发行者以 1∶1 的美元作为质押物发行等额的稳定币，其单位币值（稳定币的价格）为 1 美元。具体而言就是稳定币的用户向稳定币的发行者以美元购买等额的稳定币，其所支付的美元被存管（Custodian）在发行者开立的银行账户里，这类代表性的稳定币，包括 Tether、TrueUSD、Circle-USDC、GEMINI Dollar-GUSD 等。事实上，这类所谓的稳定币的实质就是虚拟预付卡，其发行者高度中心化且高度不透明，有极强的动机进行超额、非足值的稳定币发行，甚至将客户支付的美元挪作他用以牟利，因此该类稳定币有着极大的潜在的挤兑风险。遗憾的是，此类稳定币，是现有的稳定币的主流，却毫无（金融）创新可言，只是区块链世界里的预付卡罢了。

第二类是所谓的加密资产抵押稳定币（Crypto-asset Collateralized Stablecoin），即将前述的法定货币抵押替换成有着较好流动性的加密资产抵押，如比特币、以太坊。稍有不同的是，抵押的比特币、以太坊等加密资产以智能合约的方式实现存管功能，保障抵押物的安全性。由于抵押物本身就是高波动性的投机资产，该类稳定币的中心化发行者常常需要超额抵押以对冲抵押物价格的过大波动，并且通过智能合约的形式实现稳定币价格的相对稳定，类似中央银行管理浮动的方式。此类代表性的稳定币包括 Dai、bitUSD、nUSD、bitCNY 等。姑且不论智能合约的安全性，仅就抵押物机制而言，此类稳定币至少存在两个大的缺陷：一是超额抵押的有效性不仅受到该类稳定币使用规模的限制，还与加密资产市场的波动密切相关。当市场出现极端波动时（金融市场的极端波动与加密资产市场相形见绌)，稳定币的发行者必须有足够的资金、资本进行远超常规的超额抵押才能熨平稳定币价格的波动。二是智能合约引发的“羊群效应”。事实上，此类稳定币与2008年国际金融危机之前的货币基金具有相似之处，特别是投资（抵押）标的过于集中，同时叠加智能合约本身的信息分发（Information Distribution）特征使此类稳定币更容易产生“羊群效应”，使其内在机制极不稳定。

第三类是所谓的非抵押稳定币（Non-collateralized Stablecoin），即发行者妄图使用智能合约模拟中央银行调控货币供给以稳定物价的方式“稳定”稳定币价格，并且煞有介事地使用所谓铸币税（美元）作为平准基金（Reserve）以高卖低买自己的稳定币的方式熨平其价格涨跌。很明显，此类稳定币运行的本质是最原始的庞氏骗局，即如果没有持续扩大的用户规模以做大平准基金，则发行者不可能持续稳定币价。更为危险的是，此种“稳定机制”极容易被做空，发行者拥有的那点基金完全不足以应对集体做空。

事实也的确如此。2022年5月10日，加密资产Luna价格出现崩盘式下跌，最低价格一度跌至23.5美元，虽然在2022年下半年出现一定程度的回暖，但其价格仍在30美元左右徘徊，日内跌幅高达43.25%。而相较于Luna的巨幅下跌，更令人惊恐的还是去中心化算法稳定币UST的脱钩。UST的价格在2022年5月10日上午8点半左右跌落谷底，最低价格一度跌至0.66美元，这对于稳定币系统来说无疑是毁灭性的打击。2022年9月14日，韩国法院下令逮捕加密资产Luna的开发者Do Kwon等6人，随后Luna应声暴跌，日内跌幅超31%。同时，UST原本试图通过与姊妹代币Terra建立套利机制保持供需平衡，结果在遭遇赎回抛售后反而双双陷入“死亡循环”，近乎崩盘。随着UST的崩溃，Luna币的价值几乎跌至零，Do Kwon因此被投资者指控欺诈。[①]

通过对以上三类稳定币的分析，可以发现现在所谓的“稳定币”都

① 新浪财经，《韩国法院：逮捕LUNA币开发者》（https://finance.sina.com.cn/money/forex/forexroll/2022-09-15/doc-imqmmtha7306408.shtml）。

不是一般等价物意义上的货币，更不可能是法定货币的替代品。具有讽刺意味的是，纵使这些稳定币发行者有着“去中心化”的价值观，但它们也不得不面对现实，即去中心化的区块链技术并不能赋予稳定币去中心化的经济逻辑，相反稳定币的“稳定”机制是高度中心化，甚至高度不透明。穿透稳定币的表象，我们会发现稳定币无外乎就是搭建在区块链上的“预付卡”或“固定面值的货币基金”，而且现有的基于以太坊的稳定币平台无一例外地面临技术瓶颈：可扩展性（Scalability）、安全性（Security）和隐私保护（Privacy）问题，使其不可能替代现代化的电子支付系统与已经拥有强大处理能力的清算设施。

（三）“全球性稳定币”带来重大挑战

随着人类进入数字经济时代，货币也正在进入新的发展阶段。2019年6月，全球科技巨头脸书发布Libra白皮书，提出建立一套简单、无国界的稳定币和服务数十亿人的金融基础设施。鉴于这类稳定币可借助科技公司巨大的客户基础和网络效应实现迅速扩张，也被称为“全球性稳定币”。各国监管机构和国际组织均高度关注全球性稳定币的有关进展，并对其可能产生的风险和挑战保持警惕。2020年4月，经过与央行和有关监管机构近10个月的博弈，Libra协会发布了新版白皮书，此后将项目名称修改为Diem，以进一步降低监管阻力，提高项目的独立性。

研究者们对于Diem这样的全球性稳定币的认识并不一致，而且研究路径更多表现为“自上而下”（Top-to-bottom），而非“自下而上”（Bottom-up），这似乎缺乏经济学研究范式所特别强调的“微观基础”，其原因很简单，是因为Diem项目尚未真正落地，所有的相关研究只能从货币发展史中寻找规律与答案，或基于各种情景假设进行理论与逻辑推理。但总的看来，国内外都认为稳定币会给全球支付体系带来冲击，进而可能造成全球金融市场的冲击，乃至对未来国际货币体系都有关键性的影响，并且这种影响并不平均，发达国家与发展中国家可能遭受的影响、冲击也会在方向、程度与性质上不一样。

第一，一些研究认为Diem属于私人货币（Private Money）的范畴。

对于货币经济学者们而言，这些数字和加密形态的私人货币并不新鲜，甚至可追溯到 King（1983）所讨论的始于美国 1838 年《自由银行法》（*Free Banking Act*）和后来私人货币发展的高峰期（截至 1863 年）；与中央银行不同的是，由于私人货币只对其成员和股东负责，企业集团拥有的访问私人数据的特权和对货币发行网络的完全控制权使私人货币很难被视为具有公众信任和合法发行的货币。在由储备资产支持的机构发行稳定币的情况下，稳定币的稳定性取决于用户对发行机构的信任，这无疑将给 Diem 协会成员带来丰厚的铸币税收入（Seigniorage Revenue）同时产生严重的金融风险，特别是道德风险（Massad，2020；Mersch，2019；G7，2019）。

第二，同时有研究认为 Diem 会对支付系统产生一定的影响，并由此引发了一系列针对其监管方式的讨论。Frost 等（2020）以 17 世纪的阿姆斯特丹银行（Bank of Amsterdam）的历史教训为案例，类比讨论了缺乏最终贷款人和财政支持的全球性稳定币的 100% 发行准备机制并不能保证其作为支付系统的稳定性。

第三，Diem 的引入可能给监管界带来一系列挑战。这些挑战包括对金融稳定、消费者和投资者保护、数据隐私和保护、财务诚信，包括反洗钱与反恐怖主义融资和客户身份识别合规、逃税；“赢家通吃”、公平竞争和反垄断政策；市场诚信、健全和高效的治理，网络安全和运营风险，以及适当的法律依据等全方位的挑战（周小川，2019；Quarles，2019；Brainard，2019）。

第四，Diem 可能产生数字版的货币替代，是美元化（Dollarization）的翻版，对弱势货币、不可兑换货币、发展中国家货币将有替代作用，甚至 Diem 很有可能获得超主权的影响力，影响国际货币体系，侵蚀主权货币的地位。Diem 如果不被监管，也很有可能导致地下经济通道完全打开，成为非法交易的工具。[①]

---

① 财新网，《穆长春：Libra 须纳入央行监管框架》（https：//database. caixin. com/2019 - 07 - 06/101436323. html）。

（四）四个经济学难题

1. 币值稳定的难题。全球性稳定币与大多数加密资产最大的区别是其使用1:1的真实资产作为储备、担保，有限承诺使用者可以将持有的稳定币份额随时兑换为法定货币。当前，绝大多数稳定币与美元挂钩，也有与一篮子实物资产绑定或以特定的算法来“稳定”币值。可是，真的能够实现稳定吗？

在现有的货币中，可以找到一些类似的例子进行类比分析。法定货币的发行依靠的是政府信用，币值的稳定取决于政府的信誉。许多政府为了增强自己货币的信誉，选择以其他信誉更强的主权货币作为储备资产进行本币的发行。一般来说，带有储备资产的货币的币值的稳定性要好很多，比如实行挂钩美元的港元等。对于与一揽子货币（资产）挂钩的稳定币，最适合类比的是国际货币基金组织（IMF）推出的特别提款权（SDR）。在人民币2016年10月1日加入储备篮子之后，SDR的储备资产由美元、欧元、人民币、日元和英镑这五种货币所构成的一篮子货币构成，所占权重分别为43.38%、29.31%、12.28%、7.59%和7.44%[①]，其价值由这些货币的当期汇率确定。从这个意义来说，这与SDR的设定规则有很强的相似性。所以也有人把它称为eSDR或者dSDR。但是，二者仍然有着重要的区别，一是发行机构的性质不同，二是应用的场景不同。

一方面，SDR的发行是基于主权国家支持的国际组织的信用，而稳定币，如Diem的发行机构是Diem协会，与政府和IMF这样的国家/国际机构相比，显然是值得怀疑的。当然货币发行并不一定是政府或国际组织的“专利”，由商业机构发行货币也是有先例的。比如在中国香港，就是由汇丰银行、中银香港和渣打银行3家商业银行进行港元发行的。但是，中国香港实行的是联系汇率制度，即在港元发行时，使用等值的美元上缴香港金融管理局（HKMA）作为发行储备，联系汇率制的这种

① 2022年5月国际货币基金组织五年一次的特别提款权（SDR）定值审查的结果。

特点保证了港元对美元汇率的相对稳定。稳定币发行者宣称其也将采取等值储备的方式进行货币发行，以此保证稳定币与主权货币汇率的相对稳定。因此，这种稳定币值的思路与联系汇率制度是一致的，即通过100%储备资产保证汇率的稳定。但是，一旦稳定币作为一种“真正”的货币进入金融体系后，还能不能坚持等值的储备？这是值得怀疑的。事实上，即使是没有大规模进入货币金融体系的SDR，与货币篮子里权重最大的货币——美元相比，其汇率在中长期看也是有较大波动的（见图8－4）。当然，倘若未来的币值出现下降，其仍然是有一定的内在价值的，这个价值会随着储备资产的变化而变化。但是，从根本上讲，其与比特币等加密资产，发币的逻辑是不同的。同时，还要指出的是，基于一篮子储备的币值与兑换单一货币汇率之间如何进行协调定价，这个问题的解决也会相当复杂，并带来更多币值的不确定性。

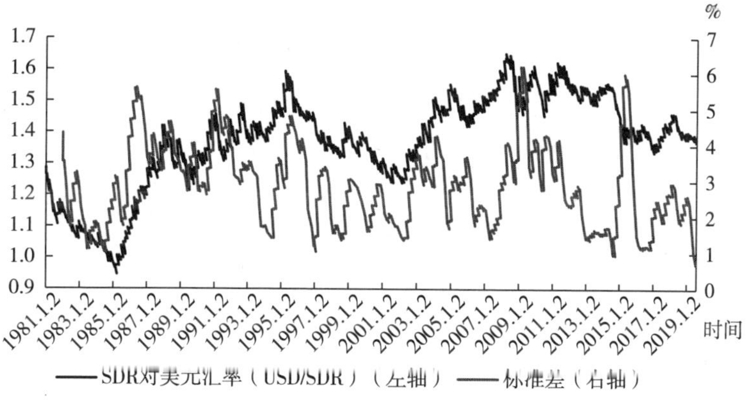

图8－4　SDR对美元的汇率（1981年1月2日—2019年1月2日）

（数据来源：IMF，https：//www. imf. org/external/np/fin/data/rms _ sdrv. aspx）

（标准差为1年期滚动标准差）

另一个可借鉴的案例是阿根廷。1991年3月，为了应对国内的通货膨胀高企，阿根廷开始实行联系汇率制，把汇率固定为1阿根廷比索兑换1美元。这种联系汇率制在最初确实起到了遏制通货膨胀的作用，实现了币值的稳定。但是由于阿根廷比索汇率高估，损害了出口竞争力，阿根廷的国际收支持续恶化，长期依靠外债来补充国际储备。到了2001年底，阿根廷比索贬值的压力使阿根廷出现了大规模的资本外逃；2001年12月1日开始，阿根廷政府决定实行限制提款和冻结存款的“小畜栏”（Corralito）政策，限定每位居民每月从个人活期户头上提取现金不得超过1500阿根廷比索，这更加恶化了市场的预期。2012年1月5日，在短短半个月时间内，阿根廷迫于比索的巨大贬值压力，被迫宣布放弃比索对美元的1:1汇率，标志着持续10年联系汇率制的失败。最初比索对美元汇率调整为1:1.4，贬值幅度达29%；此后不久又被迫转为完全浮动，到2003年比索对美元汇率为1:2.9，贬值幅度为75%。历史一再表明，当一种货币的联系汇率制一旦被打破或者放弃的时候，其币值将会变得非常不稳定，稳定币也面临同样的问题。

另一方面，SDR创立的目的是在会员国发生贸易逆差时，用于向国际货币基金组织的其他会员国换取外汇，以偿付国际收支逆差或偿还国际货币基金组织的贷款援助，而并没有应用到零售端的日常的生活中。而稳定币宣称的解决普惠金融的问题，则是瞄准零售支付场景。以Diem为例，脸书作为拥有23亿用户的超级社交媒体，加上与全球主要支付机构及电商平台等的合作，在零售端的推广与应用是其优势所在。它宣称将“建立一套简单的、无国界的货币和为数十亿人服务的金融基础设施”。如果Diem真的得到大规模的推广与使用，其“货币需求”就会迅速增加，这就不得不让人想到国际金融的重要理论“特里芬两难”（Triffin Dilemma）：试图建立的“货币体系”与当时布雷顿森林体系有一定的相似性，一是可赎回性（Redeemability），即承诺其与储备货币，特别是与美元的可自由兑换，并且保持稳定的价格，这与当年美联储承诺保证美元与黄金的官价如出一辙；二是其他加密资产价格与稳定币的挂钩，甚至使稳定币成为其他加密资产的价格尺度，这与当年成员国货币与美元挂钩并保持基本稳定的关系也是高度相似。不难想象，如果未来随着市场对稳定币需求增大，发行量增加，稳定币发行者难免不会像美国当年放弃官价兑换黄金一样，不再提供赎回更多的1:1的储备资产，以致稳定币的1:1储备发行制度难以持续，从而带来币值的大幅波动。

总的来说，相对于通常意义上理解的加密资产，稳定币的币值在多数情况下确实是稳定的。因为储备资产的存在，相应的是有内在价值的。如果是在初级阶段的小范围发行，其币值稳定是可以保证的。但是对于货币来说，如果仅是小范围的使用，则无法保证其通用性，这样的货币是没有意义的，最终也不会成为大规模发行成功的真正货币。但是如果其规模要想迅速扩大的话，那么很大概率会导致无法进行足额储备，币值的稳定性难以得到保证，这样就无法成为真正的稳定币，即长期来看，货币的网络效应和规模效应要求其做大规模，而这与其币值的稳定形成了矛盾。

2. 与主权货币共存的难题。全球性稳定币（Global Stablecoin, GSC）力推其在跨境支付的便利性——“在国外工作的人可以通过一种方便快捷的方式将钱汇回家，而大学生则可以像买咖啡一样轻松地支付房租”。的确，目前的国际支付安排（International Payment Arrangements）存在很多不足，跨境交易的便利性还亟待改善。但是，跨境支付除了要考虑便利性之外，还要考虑反洗钱和反恐怖主义融资，防范非法交易等法律合规问题。包括比特币在内的加密资产已经证明，其不能很好地解决这些问题，甚至会带来新的麻烦。对此，全球性稳定币并未提供新的解决方案。同时，对于许多目前仍然实施资本管制的国家来说，全球性稳定币还可能成为跨境资金流动甚至资本外逃等的工具，这是许多政府所不允许的。因此，在后续的监管中必须实行跨国合作，各国的央行和金融监管部门在制定监管政策的时候要考虑到国家间的政策溢出效应。可以预见的是，如果全球性稳定币得到大规模推广，就很可能对许多主权国家的货币构成威胁。世界上许多国家已经由于本国货币信用不足，出现了事实上的美元化（Dollarization）。同样，严格挂钩美元、欧元、英镑等“强势货币”的全球性稳定币合成这样一种“无国界货币”，对于许多国家的主权货币的冲击也会非常严重，可以预见的“良币驱逐劣币”的历史规律对许多属于“弱势货币”[①] 的主权货币将构成极大的威胁，我们称为“数字美元化”（Digital Dollarization）。尽管人们目前还不知道全球性稳定币储备资产构成与运作的更多设想，比如储备资产由哪些具体的货币及债券构成，但是鉴于目前国际货币体系尚未出现更明显的分化，美元及美元资产毫无疑问地保持独一无二的国际地位，那么美元在全球性稳定币储备资产中的占比自然处于高位，故而“Libra 化”本质还是美元化，只是更换为加密资产这种形式。自然而然的，全球性稳定币大规模发行，就是对美元化的推进，进一步巩固美元独霸的国际货币地位。

由此可见，对于美国以外的任何一个国家，如果全球性稳定币在其国内大幅流通，而本国货币又不在其储备资产中，本质上就是对该国法定货币的不同程度的替代。对于其法定货币包含在全球性稳定币储备资产中的国家，大规模使用全球性稳定币，本质上是两种货币体系在该国的流通。由于全球性稳定币与该国法定货币保持相对稳定的币值关系，甚至是固定的兑换比值，很难否认的是，这类似于历史上的金银复本位制（Bimetallism）。根据格雷欣法则会出现劣币驱逐良币的情况，从而最终变成选择本位制，即只有被高估的那种货币会进入流通。具体而言，考虑到被全球性稳定币储备资产纳入的主权货币属于“强势货币”，并且需要与全球性稳定币可以自由兑换[②]，那么国内市场主体就会面临两个汇率：一是全球性稳定币与当地法定货币的即期汇率，主要受当地的供需关系的影响，即“市场汇率”；二是诸如 Diem 协会或私人发行机构根据储备资产价值折算的以当地法定货币标价的全球性稳定币价格，即“官方汇率”。正如表 8－3 所列明的，这会产生两种可能的后果：其一，全球性稳定币的当地价格被高估，进而出现“劣币驱逐良币”的后果，全球性稳定币驱逐美元，成为流通货币。普遍而言，全球性稳定币持有

---

① 这里的“弱势货币”是指货币的信用不足、币值不够稳定或者自由兑换程度不够高。

② 根据白皮书，Diem 协会并不保证“Diem 总能兑换成相同数量的当地法定货币”。即便如此，全球众多的加密资产交易所也会开展全球性稳定币与当地法定货币的兑换活动，并根据市场供需关系确定其与当地法定货币兑换的汇率。

人不享有储备资产的投资收益，因而这将更加强化全球性稳定币在当地充作支付手段的功能，进而将当地法定货币的流通职能弱化，甚至排斥出市场。其二，如果全球性稳定币的当地价格被低估，美元将会驱逐全球性稳定币，保持作为流通货币的地位，全球性稳定币无法推广并发挥支付货币的功能。同时，投资者还可以在这样的情况下把全球性稳定币以官方价格兑换成储备资产，进行无风险套利。[①] 无风险套利的存在使储备资产被“侵蚀”，难以应对全部的赎回请求，产生流动性危机，进而重新回到全球性稳定币价格被高估的情况。

表 8－3　　　　复本位制情况说明

官方汇率	1 金 ＝ 2 银	1 GSC ＝ 2 美元
市场汇率（1）	1 金 ＝ 1 银	1 GSC ＝ 1 美元
	金：高估，劣币 银：低估，良币 金币驱逐银币	GSC：高估，劣币 美元：低估，良币 GSC 驱逐美元
市场汇率（2）	1 金 ＝ 3 银	1 GSC ＝ 3 美元
	金：低估，良币 银：高估，劣币 银币驱逐金币	GSC：低估，良币 美元：高估，劣币 美元驱逐 GSC，且可无风险套利

注：表中所列汇率仅为示意性说明。

如果全球性稳定币采纳的汇率制度是其与当地法定货币的浮动汇率，则其类似于并行货币制度（Parallel Currency）。历史上许多地区金和银都曾经作为铸币材料并行流通过，如 1663—1695 年的英格兰。也有学者认为，中国在清代初期曾经采用银和铜并行的制度。从理论上讲，在这样的情况下，大额的交易采用币值更大的金属（英格兰为金，中国清代初期为银），小额的交易采用价值更小的金属，二者各有其市场。由于加

---

① 事实上，这两个价格并不一定总是趋于一致的，而应该存在某个时间段内的价差（Spread），哪怕这种价差很小，维持的时间很短，但现代的量化交易技术仍可以捕捉并赚取价差的无风险套利收益。

密资产的便利性，可以预见的是在并行货币的情况下，全球性稳定币将会占据零售端的市场。但是并行货币制度也面临诸多难题，由于两种货币的汇率是浮动的，所以两种货币系统之间事实上是隔离的，二者的换算给使用者造成难题。所以，历史上这样的并行货币都很难长期实行下去。1695 年英格兰政府下令固定金和银之间的比例的时候，由于金价被高估，从而又变成了事实上的金本位。另外一个显而易见的难题是货币的总量难以确定，因为只有市场知道了两种货币的相对价值之后，货币量的加总才是有意义的。① 可见，全球性稳定币与主权货币并行的关系只能是不稳定的、短暂的。特别是对于其法定货币被纳入储备资产的国家，承认全球性稳定币导致的双本位制更会严重扰乱市场，这在历史上已经有诸多教训。

3. 对央行货币政策干扰的难题。全球性稳定币的储备将会承担“最后的买家”（The Last Buyer）的角色，某种意义上，即全球性稳定币的“中央银行”。那么全球性稳定币在市场对储备资产的买卖也就是它的“公开市场操作”，从而实现其“货币政策”。我们知道，央行通过公开市场操作实施货币政策的典型目的是降低失业（经济增长）、稳定物价等。而全球性稳定币“选择储备资产的目的是最大限度地减小波动性，让持有者信任该货币能够长期保值”，即其全球性稳定币“货币政策”的目标是币值稳定。那么，我们就无法保证全球性稳定币对于储备资产的买卖和中央银行对相应法定货币的公开市场操作是一致的。当二者存在冲突的时候，它的操作就会对中央银行货币政策的实施带来一定程度的干扰，这是各国央行所不愿意看到的。

具体来说，全球性稳定币的储备资产对于货币政策的影响可以分为两个阶段。第一阶段是初创阶段。这个阶段，全球性稳定币的数量是不稳定的，随着需求的增加和减少，根据其 1:1 储备资产的承诺，储备资产的规模也需进行相应的扩大和缩小，假设这一阶段全球性稳定币储备

① 哈耶克. 货币的非国家化［M］. 姚中秋，译. 北京：新星出版社，2007。第七章对此问题也有相关论述。

资产的结构不作调整，则储备资产中的相应货币和国债的需求需要成比例地增加和减小。当需求增加，即对储备资产需求增加时，相应货币的汇率面临更大的升值压力，国债的利率面临更大的下行压力。反之，当需求下降，即对储备资产需求减少时，相应货币的汇率面临更大的贬值压力，国债的利率面临更大的上行压力。同时，各国央行本身则需要根据国内的经济情况来调整国内利率水平。但全球性稳定币的总体需求与一国的经济情况并没有必然联系，因此其储备资产的增减将对各国实施货币政策形成一定程度地干扰。但是需要指出的是，在这个阶段，全球性稳定币的总规模尚小，因此推断其对各国货币政策的影响相对有限。第二个阶段是当全球性稳定币发展到一定阶段，总体规模相对稳定。这个阶段全球性稳定币的数量相对稳定，储备资产的规模也相对稳定，但是储备资产的结构会根据其投资资产的收益变化进行调整。储备资产主要面临两种金融风险，一是利率风险，二是汇率风险。因此，储备资产管理者从稳定资产价值、降低波动风险的资产管理目标出发，将主要使用非抛补利率平价理论（Uncovered Interest Parity）去指导投资实践。全球性稳定币的加密技术特征，使全球性稳定币在当地的价格与其在美国的价格满足相对购买力平价（Relative Purchasing Power Parity），那么全球性稳定币在两国的价格变化预期主要反映了两国货币汇率的预期变化[①]。同时，非抛补利率平价要求两国（国债）利率的差异等于两国货币汇率的预期变化。因此，在相对购买力平价条件下，全球性稳定币在两国的价格变化的预期值将等于两国（国债）利率之差。正像前述指出的那样，美元及美国国债将会在储备资产中占有较大份额。当美联储降息的时候，美元面临贬值的压力，美国国债的收益率也有下行的空间，全球性稳定币储备资产将会减少美元和美国国债的持有，转而增加其他货币及资产持有，如欧元。对欧元及欧元区国债的需求增加，会增大欧

① 比特币是符合相对购买力平价的，见赵鹞、马伟的《比特币价格是否符合一价定律？——新兴市场国家与发达国家的比较》一文，收录于《“智能＋金融”政策与实践：中国金融科技青年论文》，社会科学文献出版社（2019）。根据全球性稳定币的特点，我们推断其也将符合相对购买力平价，否则会有无风险套利出现。

元升值的压力，压低欧元区国债的利率，从而带来欧元区利率下行的压力。总的来说，庞大的全球性稳定币储备资产将发挥货币政策国际传导渠道（International Transmission Channel）的作用，使美联储的利率调整行为对其他国家的利率也造成直接影响，即强化了美联储货币政策的全球传导效应，弱化了其他国家的货币政策相对于美国的自主性。

对于非常规货币政策（Unconventional Monetary Policy），特别是负利率政策（NIRP），全球性稳定币所能发挥的对冲效应是非常直接显著的。其一，全球性稳定币会造成银行存款“脱媒”。显然，当储蓄存款作为一种“惩罚”的负利率时，人们起码会将自己的储蓄转换成无息的全球性稳定币储备资产，以躲避负利率的“惩罚”，银行存款将流失到全球性稳定币储备资产中去。其二，如前所述，在央行通过公开市场操作引导市场利率进入负利率区间的过程中，全球性稳定币储备资产的扩张与熨平价值波动的投资行为会在一定程度上抵消央行前瞻性指引（Forward Guidance）的效果，还会引起银行金融机构的连锁反应。[①] 其三，负利率政策的资产负债表效应（Balance Sheet Effect）会使银行和各类投资机构选择更长久期（Duration）、更高风险收益（Excessive Risk-taking）的资产，并增加对安全资产（Safe Assets）的投资比重。在此过程中，即使全球性稳定币储备资产对安全资产的大规模需求不会产生“羊群效应”，也会在整体上提升全球资产的风险水平，弱化央行的宏观审慎政策效果。

4. 与央行数字货币竞争的难题。不可否认的是，如果全球性稳定币在零售支付应用上取得成功，那么它与法定货币是存在竞争关系的，并且存在前文所述的全球性稳定币与主权货币的矛盾，因而作为新型法定货币的法定数字货币（Central Banking Digital Currency，CBDC）也会受到全球性稳定币的不利影响。具体到发展中国家，由于其货币多数处于

① 在负利率政策下，商业银行并不愿意对其存款人施加负利率“惩罚”，因为这样会流失它们的存款与客户，因而这种零售存款利率的向下刚性（Downward Rigidity）会阻碍负利率政策的利率渠道传导（Interest Transmission Channel）至贷款利率，造成与负利率政策意图相反的效果，即信贷规模并没有因为负利率政策而出现增长。

“弱势”，有的尚未实现可自由兑换，在某种程度上相对于全球性稳定币及储备资产中的“强势货币”偏弱。因而在成为真正的国际货币之前，发展中国家的货币，包括央行数字货币仍旧会受到“强势货币”的侵蚀。①

三、国际结算领域：降低交易成本？还是减少信息不对称？

在跨境与跨国贸易中，因为是远距离的非面对面交易，买卖双方直接结算会产生严重的由信息不对称引发的信用问题：出口方担心发货后收不到货款怎么办？进口方担心支付后收不到货物怎么办？即便收到货物，其货物质量不合格怎么办？而目前流行的跟单信用证以银行的第三方信用作担保，来取代贸易双方的企业信用，从而解决了这一因为双方信息不对称而产生的信用问题。因此跟单信用证在国际贸易与结算中得到广泛推广与应用。当然也由此可见，在国际贸易与结算中，相对于交易成本，因为信息不对称产生的信用问题是最重要、最需要解决的问题。区块链作为一种点对点的支付方式，不依赖第三方金融中介机构，虽然没有烦琐的手续管理和交易额度的限制，也不存在汇率问题，可以在一定程度上降低国际结算的成本，但是区块链点对点支付（如比特币）的账户信息完全匿名，交易双方无法获悉对方的实际身份信息，也没有权威的中心机构控制，更没有权威的担保机构，由于信息不对称会引发严重的道德风险问题：如支付完成后，进口方收到的货物质量不达标将很难追责，这会引发出口方的“道德风险”；如果支付待完成，但是进口方在收到货物后，以出口方的货物质量有问题作借口拒绝支付怎么处理？

① 人民银行原行长周小川在“中国外汇管理改革与发展”研讨会上表示：未来有可能出现一个更加国际化的强势货币，有可能与目前主要主权货币产生兑换关系，甚至成为全球主要流通货币。未来 Libra 成功与否还不知道，还有可能被更好的想法或更严格、更稳定、效率更高的电子货币取代。但我们相信，从最近几年的趋势来看，有不少机构正试图建立这样一种更全球化的货币，届时就会出现强币侵蚀弱币的问题（资料来源：https：//finance. sina. com. cn/blockchain/roll/2019 - 07 - 09/doc- ihytcitm0741491. shtml，访问时间 2019 年 8 月 10 日 21：26）。

因此，在国际贸易与结算中，第三方的权威担保是交易能够顺利进行下去的前提条件，跟单信用证正是通过引进银行的信用作为担保来解决这一问题，而区块链的特点恰恰是消除中介信用、避免第三方的介入。因而在国际结算中，区块链虽然可能具有降低国际结算的成本、避免汇率的冲击等优势，但是其并不能解决在国际贸易与结算中由信息不对称引发的信用难题。因此，区块链技术目前还难以在国际结算邻域进行创新与应用。

此外，贸易尤其是非面对面的贸易中，点对点的支付一直被证明是无法持续的。如最初的线上交易，都是买卖双方的直接支付结算，但是这种支付结算方式无法保证消费者在付钱后发现所购买商品的质量问题，因此支付宝的产生，作为第三方的一个担保，缓解了这一信息不对称引发的信用难题。可见，历史证明点对点的直接支付无法解决支付中的信息不对称问题。

四、国内支付清算领域：中心化还是去中心化?

在中心化的支付系统里，由一个权威的清算中心（主要是各国的央行）对交易进行记录与结算，如图 8 - 5（a）所示。而区块链技术的本质是强调去中心化，其在支付领域的运用流程如图 8 - 5（b）所示：

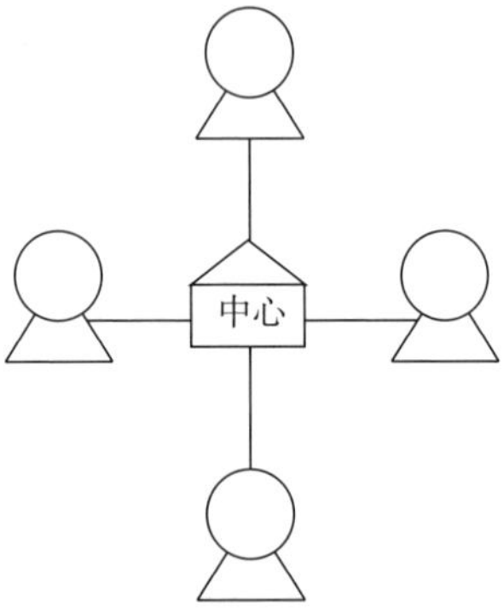

（a）中心化的支付方式

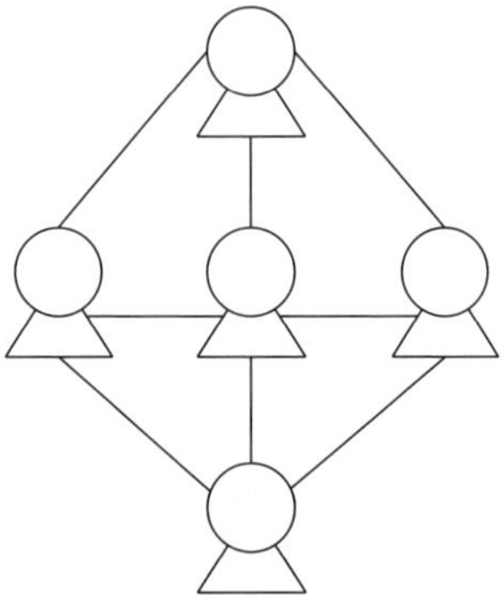

（b）区块链的支付方式（去中心化）

图 8 - 5　中心化与区块链支付方式

与中心化支付体系相比，区块链的交易需要得到全网的监督和确认，而且需要承载复制之前产生的全部信息，因此每个节点都需要保存之前的区块信息，由此传递下去，每个区块需写入的信息无限增大，从而会产生区块容量的问题。区块容量问题会使区块链技术用于支付清算领域时“高效”与“去中心化”的特征无法并存。而经济社会发展所需的支付清算规模却在不断扩大，如2015年创造1元GDP所需的支付系统业务规模从2014年的53.23元上升为64.77元，其增长率达到了21.7%，是2007年以来的最高值，到2016年前三季度支付业务金额则是同期GDP总量的71倍。由此可见，区块链技术若在国内支付领域应用，必须具有超级的计算和数据处理能力，而目前区块链技术（如比特币）确认的交易速度是每秒最多7笔，无法满足社会庞大的资金支付清算需求。因此，区块链作为技术手段被用于支付系统，难以提高支付的效率，相反却降低了支付效率，增加了交易的时间与成本。由此也可以看到，“中心”有“中心”的好处，“去中心”未必是提高效率、降低成本的最佳选择，而且在“中心”支付体系发挥主导作用的今天，再重新构建一个“去中心化”的支付体系是不太现实的，也是高成本的。

五、数字资产：是金融交易模式的创新吗？

一些说法认为资产所有者可以把自己的股票、债券等金融资产进行整合，然后纳入区块链平台中，成为链上数字资产，最后可以形成一个完全市场化的不含有中心机构的金融资产流通网络。这样一来，资产所有者无须通过各种中介机构就能直接发起交易，没有任何中间方，从而可以降低交易成本。但是区块链所宣扬的这种降低交易成本的直接交易并没有第三方机构介入实现链上数据与链下资产的同步交互，也就是说实体资产与链上数据资产之间并没有建立起可信的渠道，因而无法确保这些金融资产的合法性、真实性，也无法获悉这些金融资产的真实价值等相关有用信息。所以这种基于区块链技术的数字资产直接交易不但没有缓解信息不对称的问题，反而加重了信息的不对称问题。如果引入第三方解决，那么其交易模式与传统的金融资产交易模式本质上并没有差异。

第三节　金融科技监管

由前文可知，金融科技新业态在重塑金融业同时，也会引发一些风险与问题。另外，当前金融业务客观上已形成了跨行业、跨市场、跨国界的新态势，金融风险环境日趋复杂，风险传导的形式、渠道多样化，加剧了潜在金融风险。因而为确保金融科技行业的可持续发展，需要尽快解决其监管问题（Milne 和 Parboteeah，2016）。随着越来越多的新型金融科技公司涌入金融业，关于监管的两大问题开始显现：一是这些新型金融科技公司如何适应现有的金融监管框架（Zetzsche 等，2017）；二是它们采用的非传统的避免监管的商业模式，给金融监管机构带来新的挑战和风险（Blaseg，2018）。其中，第二类监管问题最为突出。

一、金融科技新业态给监管机构带来的挑战

金融科技正在以前所未有的速度改变着金融业，同时也给金融监管机构提出挑战。首先，金融科技公司采用的是不同于传统的然而能够逃避监管的商业模式，因而金融监管机构面临新的风险类型与影响金融稳定的因素，因此需要新的工具来应对数字化金融带来的新风险（Jagtiani 和 John，2018）。但是，传统的监管机构与法规过于缓慢僵化，无法成功监管金融科技，它们的监管与指挥不仅缓慢，而且会抑制金融创新（Bradley，2018）。因此，将传统的监管战略应用于新的技术生态是比较困难的（Brummer 和 Yadav，2019）。金融科技公司主要瞄准的是金融服务供应链中的离散点（如支付），不再提供一站式服务，而是“去中介化”，并对金融业务进行分解，从而导致金融服务供应链的“碎片化”，

这使监管机构在金融部门中公平分配监管负担的任务更具挑战性（Brummer 和 Yadav，2019），因而造成一个无法回避的事实，即金融科技行业与传统银行业相比，非常缺乏监管（Arner 等，2016；Chen，2016；Stern 等，2017）。因此，金融科技贷款的监管负担远低于银行（Thakor，2020），金融科技行业存在着监管套利（Buchak 等，2018），如金融科技部门并没有受到存款准备金率等监管要求的深刻影响。这意味着传统银行业面临不公平的监管待遇，从而极大可能造成银行在与金融科技公司竞争中处于劣势，使金融科技新业态的“破坏性效应”对银行业造成极大的负面影响。

其次，金融科技新业态加速了市场垄断的形成，并能改变市场的竞争结构，但是监管机构却未能适应这种新的竞争环境（Van Loo，2017）。特别是，针对 P2P 在线借贷的监管问题日益突出，Warren（2016）以美国为例，认为美国对 P2P 在线贷款“碎片化”监管模式造成监管的不协调，增加了监管的成本，因此可能扼杀未来的产业创新。Chaffee 和 Rapp（2012）同样指出目前针对 P2P 借贷的监管比较混乱，并且监管方案在不断变化，这样会使 P2P 借贷平台的未来存在高度不确定性。

另外，监管机构还需考虑金融服务中效率与安全之间的权衡问题（Caruana，2016），这也进一步对监管部门提出重大挑战。如 Ozili（2018）认为，在数字金融业务中保护客户数据的成本可能超过提供服务的成本，这对数字金融提供商的效率和盈利能力产生严重影响。在此情形下，监管部门的监管需要在效率和安全性之间进行权衡，以调和二者之间的矛盾。

可见，监管机构很难对金融科技新业态进行适当的监管（Brummer 和 Yadav，2019；Van Loo，2017）。Brummer 和 Yadav（2019）通过回顾金融监管的历史，认为针对金融创新的监管面临三难困境（Trilemma），即在明确规则、维护市场完整、鼓励金融创新这三个方面，监管者最多只能实现其中两个方面，而金融科技新业态的“大数据、人工智能和非中介化”特征加剧了这一难题。他们认为，数据推动着金融科技公司的投资、交易、对冲和借贷等决策，它们通过挖掘和利用越来越多的数据资源，如新闻网站、手机数据、社交媒体、购物偏好和个人习惯，来获得必要的信息。这些数据比以往任何时候更丰富、更新颖，但是这些数据可能是不准确的、过时的，甚至可能是被操纵的。同时，人工智能和机器学习又通过自动算法加剧这一风险，不良的数据输入会给金融市场带来一种新的模型风险——编程风险。自动算法是基于一组假设、参数、统计模型与决策的程序运行，这些假设、参数、统计模型和决策中的任何一个都可能是错误的、不准确的或不精确的。总之，他们认为大数据与人工智能在金融领域的运用造成信息的不确定性；在各国监管机构维护市场完整、鼓励金融创新的前提下，“非中介化”金融科技公司涌入金融市场，使制定清晰、明确的监管规则成为难题。

可见，在数字互联网金融领域，很难建立一个适用于数字金融领域、规范各种金融创新的统一监管框架（Jagtiani 和 John，2018）。数据的复杂性与技术的前沿性使针对金融科技的监管更具有挑战性，同时造成金融科技监管缺乏统一的标准（Treleaven，2015）。监管制度的不健全不仅会阻碍行业增长和进一步创新，而且也给消费者、贷款人以及随着行业增长的整个市场带来了风险，因而尽管对于最优的监管制度，目前还没有明确或简单易行的答案，但监管机构至少应该考虑如何用更全面、更合理的监管模式来应对风险（Warren，2016）。

二、监管科技（RegTech）：金融监管的未来

在这种背景下，监管科技（RegTech）作为科技与监管的结合，其目的是通过科技手段，服务监管需求、提高监管效率，被认为可以在很大程度上应对金融科技新业态所引发的风险隐患。它主要通过利用大数据、人工智能、云计算等现代信息技术丰富金融监管手段，提升对各种复杂金融风险的甄别、防范和化解能力。

当前，监管科技主要用于用户身份识别、市场交易行为监测、合规

数据报送、法律法规跟踪、风险数据融合分析、金融机构压力测试等方向。监管科技给金融监管带来一些新变化：一是使金融监管更加灵敏，监管科技能够利用云计算，实现相关应用的快速灵活部署，并且能够对复杂数据进行快速地耦合与组合。二是使金融监管更加实时化，监管科技能够通过实时监控各种指标数据，及时生成报告和解决方案，提高风险甄别和处理能力，及时消除各类金融风险，从而提高事中监管效率。三是使金融监管更加智能化，监管科技可以高效率、快速地识别风险，并对数据进行深入挖掘，从而释放数据潜力。四是使金融监管更加标准化，监管科技可以使监管流程更加简化与合规，并实现监管数据的共享与数据结构的统一，从而对监管合规数据形成统一的标准，进而实现宏观监管和机构内部监管的统一。五是使金融监管更加数字化，信息数字技术的应用可以实现报告数字化与合规流程的自动化，能够快速收集、分析和处理复杂的数据，实现由了解客户（KYC）到了解数据（KYD）的转变。

因此，监管科技提高了金融监管部门的监管效率，主要表现在以下五个方面：一是提升了监管能力。监管科技可以通过实时对数据进行收集、处理和共享，提前防范和感知金融风险，有效监测金融违规操作与潜在风险。二是推动监管创新，监管的科技应用场景和解决方案更加丰富，能够有力推动监管规则、监管框架、监管方向的不断创新。三是增强监管部门之间的有效合作，实现从机构监管向功能监管的过渡。四是降低监管成本，实现监管流程的自动化和智能化，减少繁重工作带来的成本和人力的投入，金融机构减少合规成本。五是防范监管套利，监测监管漏洞和不合规业务，有效防范金融机构规避监管、牟取超额利益的行为。

然而，金融监管机构在采用监管科技方面还面临很多挑战。一是人才缺乏问题，监管科技虽然可以提高监管质量，但是监管机构需要储备相关的 IT 人才。如 Enriques（2017）强调，监管机构在监管科技方面面临的四大挑战：人力资源、内部治理、网络安全风险、监管目标制定，其中人力资源挑战放在第一位。二是产品与服务提供层面，相关产品与服务的应用效果和数据安全能力还有待验证，需要关注技术与传统监管框架的融合问题，特别是数据高度集中后的泄露风险。如图 8－6 所示，当前监管科技主要事关四方——监管机构、金融科技公司、传统金融机构、监管科技公司。其中，部分监管科技公司既是监管数据、信息与服务的提供商，又属于金融科技公司，同时还是被监管对象，因此存在一定的“自己监管自己”的问题，从而使监管科技的权威性受到一定挑战，同时加大了数据泄露的风险。三是成本层面，金融机构与监管机构都面临系统不断更新的成本压力，系统与技术改造难度大，并且成本高。四是政策层面，监管政策的一致性和连续性还有待于提高，金融监管机构之间的合作还需要加强，监管制度框架的衔接也需要强化，监管适度弹性有待提高。

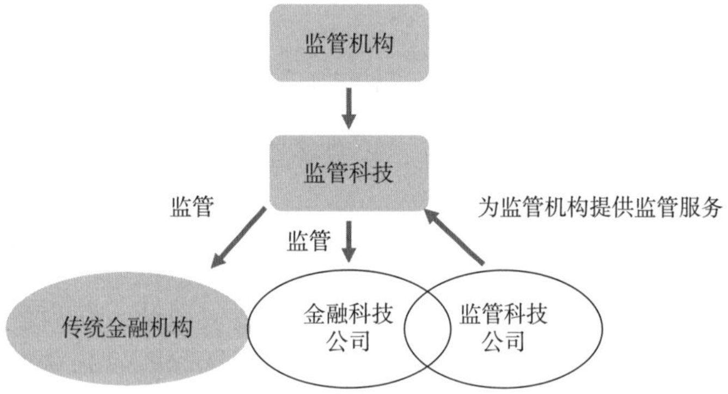

图 8－6　监管科技生态圈

因此，也有学者认为监管科技虽然可以改善监管，但目前还存在很多障碍使监管科技在某些领域难以被采用，如监管科技无法解决企业文化伦理问题（Packin，2018）。还有一些监管科技企业只是热炒概念，扰乱了市场秩序。总之，监管科技的未来还有很长的一段路要走，但是它是金融监管下一步发展的方向与趋势。

三、国内外监管科技实践探索

（一）国外监管科技发展情况

监管科技在国际上起步较早，且应用相对比较成熟。不少国家甚至专设一个或多个监管机构负责加强监管科技的建设力度，统筹规划监管科技的产业布局，扶持监管科技企业发展进步。自 2016 年后，监管科技得到进一步的快速发展，美国、加拿大、澳大利亚、新加坡等国家相继发布促进监管科技发展的相关政策。如美国国家经济委员会于 2017 年发布《金融科技监管白皮书》，其中专门提出在应用科技提升金融监管方面的目标与原则。从监管科技在全球主要国家的发展情况来看，由于不同地区的金融行业发展水平和监管需求存在差异，所以监管科技发展的侧重点也各具特点。

美国的监管科技技术创新能力突出，更侧重于研究和跟踪科技底层技术架构，并着重强调趋势前沿追踪。英国侧重于监管沙盒的实践应用，鼓励并大力指引金融科技公司在监管科技领域创新，侧重建设创新中心和监管沙盒。加拿大利用监管科技推动监管框架变革修订，成立专属科技实验室进行研究，侧重监管业务流程改造、监管框架修订和监管沙盒应用。澳大利亚大力发展和推动监管科技应用实验、监管部门、独立的创新中心及监管科技创业公司联合组建行业协会，培育监管科技。新加坡成立了专业组织推动监管科技应用合作，新加坡金融管理局成立 FinTech 与创新组织（FTIG）负责金融科技的政策、发展和监管。

（二）中国监管科技发展情况

与欧美国家相比，中国的监管科技起步比较晚，但是随着中国金融科技的快速发展，监管科技也随之快速成长，中国各金融机构与监管科技公司不断在金融各领域积极进行探索。如中国人民银行反洗钱监测中心正在建设反洗钱监测分析二代系统大数据综合分析平台；银保监会将分布式架构运用于 EAST 数据仓库，将现场检查方案与大数据相结合；

证监会运用大数据分析打击内幕交易，使线索分析处理精准度大幅提升，线索来源大幅拓宽。

同时在政策层面，中国政府重视监管科技的应用，大力支持监管科技的发展与应用，把强化监管科技应用实践作为丰富金融监管的重要手段。中国人民银行于2017年成立金融科技委员会，提出“要强化监管科技（Reg Tech），积极利用大数据、人工智能、云计算等技术丰富金融监管手段，提升跨行业、跨市场交叉性金融风险的甄别、防范和化解能力”，① 加强金融科技和监管科技研究与应用。

第四节　金融科技“三问”

金融科技受到各方关注，各界均期待金融科技能够创造不同于“传统金融”的新故事。然而金融科技的发展也面临一些问题，本书基于历史发展实践的视角，谨慎提出以下金融科技发展的“三问”。

一、金融科技缓解了金融危机吗？

有学者认为当前社会正在面临第四次科技与产业革命，人工智能、区块链、云计算、大数据（ABCD）就是这次科技与产业革命的先声。但是通过回顾1919—2008年，即第二次工业革命后期、第三次工业革命与第四次科技与产业革命前夜所经历的银行危机（见图8－7），在金融科技发展的第一条主线里（金融科技发展1.0时代与2.0时代），在这近100年间，科技进步极大地改变了银行业的组织、运营、产品与风险管理，银行业也完成了从算盘银行到信息银行的巨大转变，但银行危机发生的频次在这100年里没有趋势性地下降，发生银行危机的周期明显缩短。至少从图8－7中看不到科技的长足进步在银行业的应用（金融科

---

① 资料来源：《央行：积极运用大数据、人工智能、云计算、区块链等技术加强数字监管能力建设》，搜狐财经网（https：//www.sohu.com/a/140653980_260616）。

技）缓解（降低）了银行业发生危机的现实与可能。那么，金融科技能够改写历史吗？

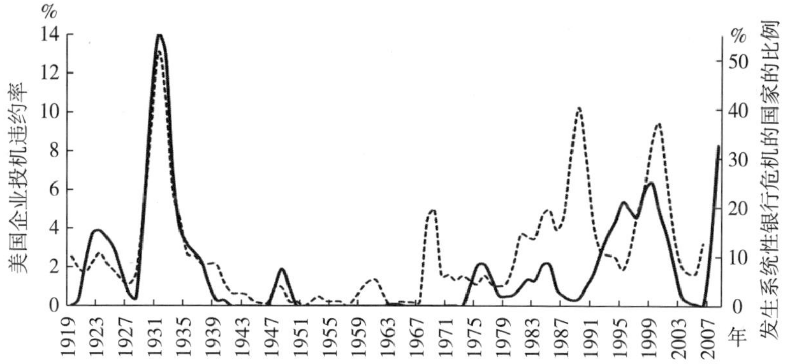

图 8－7　发生银行危机的国家占比

（数据来源：Rogoff R. This Times Is Different: Eight Centuries of Financial Folly［M］. 2009：252.）

（注：图中实线为发生系统性银行危机的国家的比例，虚线为美国企业投机违约率）

二、金融科技降低了单位成本吗？

很多学者认为，金融科技“ABCD”极大地降低了金融中介的经营成本，提升了金融中介的运营效率，这使金融科技本身有着更为明显的普惠金融优势。纽约大学 Phillippon（2016）研究认为，美国的金融中介机构在 1886—2015 年近 130 年间，其单位成本维持在 2% 附近，并且没有趋势性变化，即每 1 美元的金融中介资产需要约 2 美分的成本。其他国家的情况也与美国类似（Bazot，2013）。可见，这 130 年间巨大的科技进步，特别是 20 世纪中期发生的电子与信息技术革命在银行业的成功应用并没有降低其单位成本，反而在 2000 年之前有趋势性上升，几乎与 20 世纪 20 年代的算盘银行的单位成本相当。Phillippon（2016）研究表明，金融中介的生产效率在很长的时期里并没有突破性的提升。那么，金融科技“ABCD”能创造更低的单位成本（显著低于历史水平），扩大金融中介的生产可能性边界（PPF）从而实现商业可持续的普惠金融吗？

三、监管科技缓解了金融监管强度吗?

综上所述，200 年间科学技术的巨大进步并没有在宏观与微观层面改变金融行业的本质特征，也没有显著提升金融行业的效率，对于以“ABCD”为基础的金融科技，甚至在某些方面强化了金融的固有风险(见图 8－2)，这无疑将增大金融中介机构的风险成本。现阶段的金融监管框架是以最低资本要求、监督检查与市场纪律为三大支柱的，特别是 2008 年国际金融危机后，巴塞尔银行监管委员会提出并强化了资本要求、杠杆率、拨备率和流动性要求的四大监管工具。其中，资本要求是信贷机构抵御外部冲击的最后屏障，杠杆率则是抑制其顺周期的“拉马缰绳”。在此背景下，面对金融科技的挑战，如果监管科技能有效降低现行监管资本要求、放松杠杆率，如通过技术手段替代或大幅减少被周期性检查的金融中介的最低资本，同时实时监测金融活动微观主体和市场整体的杠杆率，准确发现并预警过度顺周期行为，则可以降低金融业的准入门槛与经营要求，使资本实力较弱的初创型金融科技企业也有机会与能力从事金融中介业务，从而真正彻底地实现金融业供给侧结构性改革。那么，当金融监管部门对初创型和中小信息科技企业纷纷涉足金融表现出极大的监管容忍时，是坚持还是扬弃金融监管三大支柱与四大监管工具呢?

第五节　本章小结

本章首先围绕金融科技应用带来的风险新特征展开讨论，认为金融基础设施改变引发技术新风险、金融科技新业态成为系统性风险新来源、金融科技威胁消费者信息安全、金融科技平台产生垄断新风险。

其次从信息不对称与交易成本的视角，分析发现：(1) 区块链技术所支撑的加密资产存在信息不对称问题引发的道德风险，且其没有公开的权威发行与背书，从而无法解决“最后贷款人”等问题，因此其并不能作为货币来充当交换中介；（2）贸易中点对点支付清算方式恰恰是金融发展过程中所淘汰的支付结算方式，区块链技术的支撑并不能解决点对点交易双方由于信息不对称而产生的信用问题；（3）区块容量问题使区块链无助于提高交易的效率，相反却增加了交易的时间与成本；（4）区块链技术支撑的数字资产交易需在实体资产与链上数据之间建立起可信的渠道，但这需要引入第三方机构，而这与区块链“消除中介，降低交易费用”的特点相悖，与传统的金融资产交易模式没有区别。由此可见，区块链技术在金融领域可能的应用场景，目前看来并不能有效地减少信息不对称与降低交易成本，相反却降低了交易的效率、加重了信息不对称问题。

最后，本章指出，金融科技正在以前所未有的速度改变着金融业，同时其发展带来一系列的问题，这些问题的存在也给金融监管者带来前所未有的挑战。同时，数据的复杂性与技术的前沿性加剧了针对金融科技的监管难度。因此，在金融科技、数字互联网金融领域，很难建立一个适用于数字金融领域、规范各种金融创新的统一监管框架。对于什么是最优的监管制度，目前还没有明确或简单易行的答案。在这种背景下，监管科技作为科技与监管的结合，被寄予很高期望，认为其可以在很大程度上应对金融科技新业态所引发的风险隐患。

2008 年国际金融危机至今，相较于制造业低迷，全球互联网经济进入新的繁荣期，创造这种繁荣的资本力量空前强大并与金融资本合流、诞生出有着互联网科技 DNA 的金融科技。于是，金融科技被寄予很高期望，但是本书基于历史发展实践的视角，谨慎提出关于金融科技发展的“三问”。

第九章　结论与展望

本书将金融科技问题纳入经典“金融发展与内生经济增长”理论分析框架，对金融科技发展呈现出的两种力量（传统金融机构的持续性金融科技创新，与以金融科技公司为代表的金融科技新业态）进行了区分，以金融科技公司为代表的金融科技新业态作为主要研究对象，从理论层面探讨了金融科技新业态影响传统金融业发展及社会经济增长的机制与途径，并采用中国的数据进行了相应的实证检验。本章将对这些研究内容进行总结，并提出相应的政策建议，最后指出研究的局限及进一步研究的展望。

第一节　本书研究结论

首先，本书介绍了金融科技的历史演变、国外金融科技的发展现状以及中国金融科技发展的现状，从而说明金融发展已进入了“金融科技时代”。其次，本书对相关研究文献进行了系统梳理，回顾了金融发展理论的历史演进、国际金融危机以来学术界对金融发展存在“消失效应”的关注、金融科技新业态影响传统金融业发展的相关研究。再次，在内生增长理论框架下，通过将金融部门细分为金融科技公司与传统金融中介，建立起一个异质性金融中介、一般均衡的多部门内生增长模型，以此从理论层面探讨了金融科技新业态对传统金融中介、经济增长的影响，并对相应的理论分析结果进行了验证。最后，本书就金融科技应用可能引发的风险与挑战等进行了进一步的研究与分析，并提出相应的政策建议。具体研究结论如下：

第一，金融发展进入“金融科技时代”，非银行金融科技公司涌入金融业是当前“金融科技时代”的主要特征。本书介绍了国外金融科技发展的特征事实，发现世界各国都在积极发展金融科技，接纳金融科技新业态，以防错失发展本国金融市场及促进社会经济增长的历史机遇；介绍了中国金融科技的发展现状、重点回顾了中国金融发展历程以及金融科技在中国的兴起、中国金融科技中心的建设等情况，表明中国已成为金融科技发展的最大受益国之一，金融科技的发展水平已居世界领先地位，并发现金融科技发展加快了中国金融市场转型与金融体系变革、推动了支付领域的深刻革命、提高了金融服务的效率等。总之，金融科技的发展与创新对传统金融业产生革命性的影响，全球金融业发展进入“金融科技时代”。

另外，技术与金融的融合由来已久，科技也一直影响着金融业。在金融科技 1.0 时代与 2.0 时代，金融业的科技革新主要由以银行为代表的传统金融中介机构主导，但是进入金融科技 3.0 时代，大量具有技术优势的新型科技公司进入金融领域，直接向企业或公众灵活高效地提供金融产品和服务。正是这些新型金融科技公司对传统金融业产生了颠覆性的影响。此时金融领域的科技革新并非由传统的金融中介主导，变革主要来自传统金融业之外的新型科技公司，因此非银行金融科技公司涌入金融业是当前金融科技革命的主要特征。

第二，金融科技公司的技术外溢效应促进了传统金融中介效率的提高，这一事实是金融科技公司与传统金融中介竞争与合作相互作用的结果。本书以金融科技公司效率领先这一事实为重要前提，在内生增长理论框架下，通过将金融中介细分为金融科技公司与传统金融中介，建立起一个异质性金融中介、一般均衡的内生经济增长模型，以此从理论层面探索金融科技对传统金融中介的动态影响。研究发现，当其他条件不变时，金融科技公司的技术溢出对传统金融中介的效率起到积极的促进作用，即金融科技公司对传统金融中介存在“技术外溢效应”。本书还采用2011—2018年的北京大学数字普惠金融指数作为金融科技新业态发展水平的代理变量，运用DEA-Malmquist方法测算得到全国115家上市商业银行的全要素生产率，以此来代理商业银行的技术效率，用系统GMM计量方法，就金融科技新业态的发展对商业银行效率的影响进行了实证分析，实证结果也证实金融科技的发展与进步会对传统金融中介产生积极的促进作用。

第三，金融科技新业态能够直接促进社会经济的增长，与此同时，其与传统金融机构相互影响与相互作用，二者的协同发展也可以有效促进经济的增长。此外中国金融科技的发展对传统金融业的“消失效应”有一定的纠偏作用。本书通过建立理论模型，确立了金融科技与经济增长的具体函数关系，理论研究发现，以金融科技公司为代表的新业态有助于提高储蓄转化为投资的效率、有助于改善资本的配置效率，对宏观经济增长有直接的促进作用，即直接的影响效应。同时，金融科技新业态可以赋能传统金融机构，并与传统金融机构相互影响与相互作用，新旧金融之间的协同发展也可以有效促进经济的增长。本书进一步采用北京大学数字普惠金融指数来代理金融科技发展水平（$fintech_{it}$），用银行贷款余额变动占GDP比例来衡量传统金融的发展（TFD_{it}），并控制了开放度、外商直接投资、政府支出、消费等变量的影响，实证研究同样发现$fintech_{it}$的估计系数显著为正，表明金融科技对经济增加有显著的促进作用；当加入交叉项$fintech_{it} \times TFD_{it}$，此时$fintech_{it}$估计系数$\widehat{\beta_1}$仍然显著为正，与此同时，交叉项的估计系数$\widehat{\beta_2}$为0.0016也在1%的显著性水平上显著。这表明金融科技新业态与传统金融机构相互影响与相互作用，二者的协同发展可以有效地促进经济的增长。

本书还发现，传统金融发展指标TFD_{it}与经济增长成负相关关系，2013年以来中国传统金融发展对经济增长的促进作用“消失”。然而加入金融科技指标，交叉项$fintech_{it} \times TFD_{it}$的估计系数$\widehat{\beta_2}$为正，这表明中国金融科技的发展对传统金融业的“消失效应”有一定的纠偏作用。

第四，金融科技发展通过促进人力资本积累、技术进步进而推动社会经济的增长。通过本书的理论模型分析，人力资本积累、技术进步是金融科技促进社会经济增长的内生传导渠道。本书还采用系统 GMM 计量方法，参考“金融发展与内生经济增长”关系研究中常用的实证分析逻辑，构建动态面板计量模型，实证回归结果显示，金融科技发展通过人力资本与技术进步渠道显著地促进了宏观经济的增长。

对于人力资本传导渠道，金融科技领域的快速发展与兴起促进了相关人工智能、机器学习和深度学习等现代信息技术领域的人才培育，加快了金融科技相关人力资本的积累速度，并通过毕业就业、创业、转换雇主等途径使金融科技人才向其他社会部门的转移和扩散。在此过程中，人才溢出带动知识溢出，故技术得以扩散。由此，金融科技的创新发展通过人力资本发展带来积极的技术外溢效应，从而提高了社会其他部门如传统金融部门、研发部门等的平衡增长率，进而促进了整体社会经济的增长。

对于技术进步传导渠道，一方面，金融科技繁荣促进了新一代数字技术的快速进步与发展，加快了现代数字信息产业的发展以及传统产业的数字化转型，提高了生产的效率，从而推动了社会经济的增长。另一方面，随着金融科技的兴起，许多非银行新型金融科技公司涌入金融业，提高了投资效率，拓宽了技术创新的融资渠道，并能支持技术创新成果的转化，从而促进了技术创新及社会经济的增长。

第五，金融科技单方面的过度发展会对经济增长产生负面影响。本书将金融科技公司相对于传统金融中介的效率优势纳入理论模型，发现这种效率优势的单方面扩大对经济增长存在抑制作用。这种抑制作用的机制是，如果传统金融中介不能加大金融科技创新力度，与金融科技公司的效率差距不断扩大，那么其发展将被“破坏性效应”主导，从而抑制金融科技公司“技术外溢效应”的最大化发挥，降低金融部门的整体效率，进而降低实体经济的平衡增长。进一步的数值模拟实验确认金融科技新业态对经济增长的消极影响，并且发现如果金融中介部门的资本转化效率与其差距越大，则稳态时生产部门的产出与金融部门的产出均呈现下降的趋势。这说明如果金融中介部门不能紧跟金融科技部门的脚步，向金融科技部门学习，会首先消极影响到金融中介部门本身的转化效率与产出，继而会降低社会总产出。

本书还采用$fintech_{it}$的平方项$fintech_{it}^2$作为解释变量，实证发现金融科技新业态对经济增长的影响呈现倒“U”形特征，即金融科技新业态的发展如果超过一定门限，那么对经济增长的影响将变为消极作用。这一实证结果再次表明金融科技新业态单方面的过度发展会对经济增长产生一定的消极作用。

第六，金融科技的广泛应用使金融风险呈现出新特征，这给金融监管者带来前所未有的挑战。本书探讨了金融科技应用带来的风险，认为金融科技发展使金融基础设施改变，进而引发技术新风险；金融科技新业态成为系统性风险新来源；金融科技威胁消费者信息安全；金融科技平台产生垄断新风险。金融科技发展带来的风险与问题给金融监管者带来前所未有的挑战。同时，数据的复杂性与技术的前沿性加剧了针对金融科技的监管难度。因此，在金融科技、数字互联网金融领域，很难建立一个适用于数字金融领域、规范各种金融创新的统一监管框架。对于什么是最优的监管制度，目前还没有明确或简单易行的答案。在这种背景下，监管科技作为科技与监管的结合，将成为金融监管的未来，可以在一定程度上应对金融科技新业态所引发的风险隐患。

第二节　政策建议

根据以上的研究发现，本书提出以下政策建议：

首先，高度重视金融科技的发展。本书理论与实证研究表明，金融科技的发展与进步会对传统金融中介、经济增长产生积极的促进作用，因此越来越多的国家和地区发布了金融科技发展规划与蓝图，高度重视信息科技公司直接提供金融服务这种金融创新的范式转换所带来的巨大经济效应。对于中国来说，需要做到以下几点：

（1）社会各方应对金融科技采取积极推动、包容并蓄的态度，坚持技术为金融服务，力求提高金融服务的效率。金融科技公司与传统金融中介的竞争也并不完全是金融风险，金融科技公司为传统金融中介的数字化转型带来了积极的“技术外溢效应”，为传统金融中介的内生增长增添了新的外部动力。金融科技产业发展是中国经济由传统经济迈向数字经济的重要机遇与挑战，其发轫于信息科技巨头和具有创新活力的初创型企业，本身就是数字经济的有生力量，应坚持“守正创新、服务实体”的指导原则，通过政策、制度加以引导，使其更好地服务实体经济，成为数字经济的助推器。

（2）积极构建金融科技产业生态，产品应用与技术拓展双向协同。发挥中国金融科技产业的领先优势，推动资源共享、优势互补并逐步构建行业数据库和产业数据链，建立发展金融科技信用平台。加大金融科技研发和转化，开展金融科技核心技术研究，推动发展分布式数据库等金融科技底层技术攻关研发，扶持专利技术成果转化，借助各类平台，积极拓展金融科技示范应用场景。同时就研发中各方发展的难点痛点，进行产用对接，搭建多维度、深层次的需求沟通平台，既将金融需求高效传导给产业方，又把产业科技成果及时输出到应用侧，有效打通产业链上下游壁垒，畅通供需衔接渠道，实现资源高效配置和技术高质量供给。

（3）加强国际交流与合作，积极组织和参与国内外金融科技标准的编制。定期开展国内外金融科技研究跟踪和技术交流与合作，吸引专业人才，通过举办金融科技系列交流论坛、专题研讨等方式形成品牌效应，借鉴其他国家和地区的经验，建立技术、市场、管理等方面的研究交流平台，为金融科技发展和监管提供建议。积极参与金融科技标准化建设，参与金融科技相关行业标准的研究、编制、宣传、实施等工作，支撑产品认证、人才认证、质量检测等体系的建立和完善，推动中国金融科技标准化建设。

（4）传统金融机构需加快利用各类科技手段，锐意创新，提升效率，与金融科技公司形成既有竞争又有合作的良性互动关系。单方面强调金融科技公司与传统金融中介的竞争关系或合作关系，并不是金融科技新业态对金融行业乃至对经济社会影响的全部，金融科技公司为传统金融中介的数字化转型带来了积极的影响。面对金融科技公司的冲击，传统金融机构应该加快金融科技的应用，着力于金融科技生态的构建，加大金融科技人才的引进力度，主动缩小与金融科技公司的服务效率差距。

其次，要防范金融科技风险，做好市场监管。金融科技的快速发展与广泛应用使金融风险呈现出新特征，因此要着力防范金融风险，做好金融市场监管，以促进金融科技的健康安全发展。具体要做到以下六个方面：

（1）优化金融生态环境。良好的金融生态环境是金融稳定与安全的基础，是提高金融科技整体竞争力与实现金融科技可持续发展的重要前提，是充分发挥金融体系功能、保持经济金融良性互动的基本条件，也是进一步改善和优化投融资环境、吸引信贷资金和外来投资、增强经济比较优势和竞争力的关键所在。但是，金融生态环境建设又是一项长期复杂的系统工程，需要政府、银行、企业等各方面广泛协作配合。第一，从创造和改善金融环境条件入手，构建多层次、互补性、广覆盖的良好的金融生态环境，提高金融资源配置效率，拓宽融资渠道，优化融资结构，深化金融改革，落实金融服务政策措施。第二，需要完善金融生态环境的评价指标体系，涉及经济发展、政府政务服务、法治与社会信用、地方政策支持等金融生态外部环境和金融生态内生环境等多项具体指标，需要梳理制定金融生态环境建设晋级升位责任分解表、金融生态环境建设评价指标责任分解表、金融生态环境建设重点工作责任分解表，明确各参与主体单位工作职责和目标任务，建设金融生态环境长效工作机制。

（2）积极探索金融科技监管的新思路，推动以监管沙盒为核心的金融科技监管试点。监管沙盒允许一定数量的金融科技企业在真实环境中实践其创新产品、业务流程及商业模式，而监管机构根据其在沙盒中的表现，对监管规则进行调整，使监管与时俱进的同时不会对消费者造成损害，最终实现金融科技创新与有效管控风险的双赢局面。监管沙盒的程序包括筛选测试对象，提供试验环境与测试期限，提交试验方案及保障措施，行政机构同步观测等几个部分。金融科技监管沙盒机制需与金融科技服务实现无缝对接。测试对象来自部分金融科技公司，试验环境来自区块链、大数据、云计算等金融科技。试验方案要契合现实、与时俱进。行政机关通过与金融科技公司合作，观测试验结果，进而颁发相应业务许可或要求退出测验，并根据测试过程，探索制定金融科技监管的相关规定。特别需要借助区块链、大数据、云计算等技术，研究探索制定统一标准的监管规则和数据报送要求，实现数据信息互联互通，推动风险防控从事后向事前事中转变，进而提高监管时效性。

（3）配套风险准备金制度。为鼓励金融科技公司加大科技创新力度，需要在监管沙盒制度的基础上，配套现有的风险金、担保等制度，以实现监管机制平稳、有效落实。为保证投资者的资金安全，监管沙盒内的测试企业从每个交易项目中按一定比例提取金额（通常不超过项目融资金额的5%），配合企业所在平台配套出资，共同组成风险保障的“资金池”。当项目出现违约时，对投资人进行先行赔付。

（4）完善金融机构监管政策。监管机构应重点关注金融机构的技术基础设施监管，对金融机构的基础性和关键性信息系统进行定级备案和等级测试，完善金融机构防火墙、入侵检测、数据加密以及灾难恢复等网络安全设施建立和管理制度，并进行定期监督检查。同时关注金融机构其他技术相关风险，如数据信息真实性验证风险、第三方签名风险、电子认证风险、数据使用风险等。支持金融机构积极探索运用大数据、人工智能等技术优化风控模型，加强风险态势感知，实现可疑交易自动化拦截与风险应急处置，提升金融业务风险防范能力。鼓励金融机构利用通道加密、双向认证等技术手段加大金融信息保护力度，保证金融信息的机密性与完整性。建立个人金融信息风险防控机制和内控制度，定期对易发生信息泄露的环节进行排查，保障用户身份、财产、账户、信用、交易等数据资产安全。

（5）加强对金融科技的穿透式监管。穿透式监管是指，在监管过程中打破“身份”标签，将资金来源、中间环节和资金最终流向穿透联结起来，根据业务功能和法律属性明确监管规则，避免因监管规则的不统一导致监管套利。建议以“金融科技矩阵”作为穿透式监管的分析工具。如图9－1所示，横轴代表近年来日益成熟的金融科技，纵轴表示细分的金融功能，横纵轴交汇处（区域）即具体的金融科技业务或业态。例如，“人脸支付”从技术角度看主要使用人工智能技术（生物特征识别）①，从功能角度看仍旧是支付服务。因此，“人脸支付”定位于“人工智能”与“支付服务”交汇处的D11区域（见图9－1），对其监管重

金融功能 ＼ 技术进步	大数据	云计算	人工智能	联网技术	分布式数据库
用户体验	B2	C2	D2	E2	F2
人机交互	B3	C3	D3	E3	F3
信息安全	B4	C4	D4	E4	F4
数据资产	B5	C5	D5	E5	F5
运营管理	B6	C6	D6	E6	F6
风险管理	B7	C7	D7	E7	F7
信贷投资	B8	C8	D8	E8	F8
资产管理	B9	C9	D9	E9	F9
直/间融资	B10	C10	D10	E10	F10
支付服务	B11	C11	D11	E11	F11
基础设施	B12	C12	D12	E12	F12

图9－1　金融科技矩阵

① 当然，现在基于终端的任何数字技术与应用都离不开大数据、云计算与联网技术，但这不是“人脸支付”所使用的最突出的技术，因而不是主要矛盾或矛盾的主要方面。

点在于支付介质的虚拟化与授权验证的唯一性、不可撤销性与最终性，而属于中后台流程的清结算过程没有发生任何改变。具体而言，“人脸支付”所涉及的监管重点包括两个方面：一是支付介质虚拟化之后所产生的支付信息安全、支付介质的跨机构交换；二是人脸作为不可更改、不可回收的支付授权验证方式所产生的非授权支付的责任划分、消费者权益保护方面的法律问题。

（6）提高数据收集和评估能力，解决“数据差距”（Data Gap）。在大数据背景下，推进以数据监管为核心的技术治理方案，保证数据搜集的时效性与评估的准确性，是推进新时代下金融监管的核心路径之一。随着监管思路从“准入监管”向“行为监管”的逐步转变，监管机构的监管重点可逐步转移到日常交易的监管中。利用技术实现对于监管数据的触达、辨别和获取，提升监管能力，完善动态监管。如在支付清算行业中，加大对超出正常水平的交易跟踪分析；通过数据分析特定交易人的信用能力以限制其交易水平；等等。引导鼓励行业自律组织建立和完善行业内信息数据和技术共享机制，建立技术监督管理机制，推动行业技术及其管理制度的创新。建立严格规范的数据使用机制、加密机制和脱敏机制，实现监管需求和信息保护之间的平衡。

第三节　本书研究的局限与进一步研究的展望

本书将金融科技问题纳入经典“金融发展与内生经济增长”理论分析框架，从理论层面探讨了金融科技新业态影响传统金融业发展及社会经济增长的机制与途径，并采用中国的数据进行了相应的实证检验。但是本书对于金融科技影响传统金融业发展及社会经济增长的机制与途径的讨论，仅从金融科技公司技术溢出、内生传导等视角进行了研究，而对于其他视角下的分析，受制于篇幅与数据，没有展开讨论。

以上本书研究存在的局限性也将是下一步研究的内容之一。与此同时，本书在研究过程中还发现以下四个方面的研究可以进行进一步的拓展：

第一，金融科技公司函数的构建，即如何刻画金融科技公司利润最大化行为，使其既体现金融科技公司的特点与优势，又能涵盖现有金融中介机构的功能。这可能是现有金融科技相关研究亟待解决的理论问题之一。

第二，数字货币等金融科技新业态如何影响货币政策与宏观经济增长。例如，央行发行数字货币会对货币乘数产生重要影响，但是数字货币是放大了乘数效应还是降低了乘数效应，目前还没有确定的结论；央行数字货币是否影响银行的信用创造，目前学界还没有统一共识；央行发行数字货币是有助于货币政策的实施，使货币政策传导机制更强大，还是会导致利率传递机制的扭曲，目前学界也有分歧。总之，数字货币对宏观经济影响的研究既没有可供借鉴的历史经验，也鲜有实证数据去分析央行发行数字货币的成本和收益，或者去评估数字货币下货币政策不同的传导方式，因此，央行数字货币对货币政策的影响机制成为未来金融理论研究急需突破的一个方向。

第三，银行与金融科技借贷平台在信贷供应方面的竞争如何动态影响金融市场与经济增长？对最终消费者和投资者的福利如何影响？这些又将如何影响社会整体福利？现有的文献研究中对以上相关问题的讨论还远远不足，这也是当前金融科技理论研究的重要难题之一。

第四，金融科技对“资本市场理论”的冲击。现代资本市场理论的基石是 Fama（1970）的有效市场假说。有效市场假说建立在严格的假设前提下，即投资者是理性的，投资者之间的信息是完全对称的，市场也是没有摩擦的。但是因为现实金融市场中的各种不理性行为，学术界对有效市场理论基本假设的质疑日益增多。在这种背景下，行为金融学迅速发展，以此来解释资本市场中的因认识偏差所产生的各种非理性行为。如 Shefrin 和 Statman（1999）针对资本资产定价模型（CAPM）不符合现实的假设条件提出了行为资产定价模型（BAPM），将信息交易者和噪声交易者以及二者在市场上的交互作用同时纳入行为资产定价模型。

然而随着金融科技的发展，大数据、人工智能、机器学习等信息技术手段在金融领域日渐渗透，金融交易中的信息不对称问题得到大幅度缓解，高频交易等新的基于金融科技的交易方式更是使信息接近是完全的。因此，金融科技的发展会造成金融市场中理性交易者增多、非理性交易者减少，最大限度地减少甚至消除交易过程中的不完全监测和信息不对称等问题，让金融体系的运转更加便利、透明，从而行为金融理论产生的假设前提在消失，很大可能又回归到 Fama（1970）有效市场假说的假设前提。在这种背景下，有效市场假说是不是又可以成为整个资本市场理论的理论基础，以解释资本市场中的投资与交易？相关的研究探讨还需要进一步深入。

参考文献

［1］陈强．高级计量经济学及 Stata 应用［M］．北京：高等教育出版社，2014.

［2］封思贤，郭仁静．数字金融、银行竞争与银行效率［J］．改革，2019（11）：75－89.

［3］冯元照．论金融发展不足对中国经济增长的影响及对策［J］．山东社会科学，2011（1）：100－103

［4］郭卫．农村金融抑制与金融深化问题研究［J］．金融理论与实践，2002（11）：38－40.

［5］郭晔，黄振，姚若琪．战略投资者选择与银行效率——来自城商行的经验证据［J］．经济研究，2020，55（1）：181－197.

［6］郭云南，徐谦，刘明艳．金融发展对经济增长的传导机制：人力资本、技术进步效应的分解［J］．浙江社会科学，2012（12）：9－17，159.

［7］胡海峰，倪淑慧．金融发展过度：最新研究进展评述及对中国的启示［J］．经济学动态，2013（11）：88－96.

［8］黄宪，黄彤彤．论中国的"金融超发展"［J］．金融研究，2017（2）：26－41.

［9］刘瑞凝，张倩倩，邹金晖．数字普惠金融对实体经济资本配置效率的影响［J］．当代经济，2019（12）：52－56.

［10］刘锡良，文书洋．中国存在过度金融化吗［J］．社会科学研究，2018（3）：28－36.

［11］马勇，陈雨露．金融杠杆、杠杆波动与经济增长［J］．经济研究，2017，52（6）：31－45.

［12］米建国，李建伟．中国金融发展与经济增长关系的理论思考与实证分析［J］．管理世界，2002（4）：23－30，36.

［13］钱海章，陶云清，曹松威，等．中国数字金融发展与经济增长的理论与实证［J］．数量经济技术经济研究，2020，37（6）：26－46.

［14］［日］青木昌彦，奥野正宽编著．经济体制的比较制度分析［M］．魏加宁，等，译．北京：中国发展出版社，1999.

［15］盛天翔，范从来．金融科技、最优银行业市场结构与小微企业信贷供给［J］．金融研究，2020（6）：114－132.

［16］索有．“金融过度发展”：理论与实证研究［D］．大连：东北财经大学，2016.

［17］谭政勋，李丽芳．中国商业银行的风险承担与效率——货币政策视角［J］．金融研究，2016（6）：112－126.

［18］滕磊，马德功．数字金融能够促进高质量发展吗？［J］．统计研究，2020，37（11）：80－92.

［19］汪可．金融科技对商业银行经营影响的理论与实证分析［D］．北京：对外经济贸易大学，2019.

［20］王艳芳，赵鹍．“区块链＋金融”不是真正意义上的金融创新——基于信息不对称与交易成本的视角［J］．南方金融，2018（10）：25－32.

［21］王艳芳．金融发展对经济增长内生传导渠道影响的检验［J］．统计与决策，2019，35（16）：168－171.

［22］邢天才，孙进，鄢莉莉．经济周期战略对商业银行盈利能力的影响［J］．国际金融研究，2013（5）：88－96.

［23］薛莹，胡坚．金融科技助推经济高质量发展：理论逻辑、实践基础与路径选择［J］．改革，2020（3）：10.

[24] 杨琳．金融发展与实体经济增长［M］．北京：中国金融出版社，2002.

[25] 杨汝岱．中国制造业企业全要素生产率研究［J］．经济研究，2015，50（2）：61－74.

[26] 杨友才．金融发展与经济增长——基于中国金融发展门槛变量的分析［J］．金融研究，2014（2）：59－71.

[27] 易纲．大科技公司是金融游戏规则改变者［N/OL］．21 世纪经济报道，2022－11－29. https：//finance. sina. com. cn/china/gncj/2020－11－02/doc-iiznezxr9459573. shtml.

[28] 易信，刘凤良．金融发展、技术创新与产业结构转型——多部门内生增长理论分析框架［J］．管理世界，2015（10）：24－39，90.

[29] 余晶晶，何德旭，仝菲菲．竞争、资本监管与商业银行效率优化——兼论货币政策环境的影响［J］．中国工业经济，2019（8）：24－41.

[30] 中国人民银行数字货币研究所课题组．泰达币（USDT）与人民币汇率相关性研究［J］．金融研究，2022（6）：55－73.

[31] 张大永，张志伟．竞争与效率——基于中国区域性商业银行的实证研究金融研究［J］．金融研究，2019（4）：111－129.

[32] 张健华，王鹏．中国银行业广义 Malmquist 生产率指数研究［J］．经济研究，2010，45（8）：128－140.

[33] 张金清，陈卉．中国金融发展与经济增长关系的适度性研究［J］．社会科学，2013（5）：39－49.

[34] 张文远，马宁．银行竞争、银行创新与银行风险承担［J］．经济经纬，2019，36（1）：142－149.

[35] 张勋，万广华，张佳佳，等．数字经济、普惠金融与包容性增长［J］．经济研究，2019，54（8）：71－86.

[36] 朱波．金融发展与内生增长［M］．成都：西南财经大学出版社，2007.

[37] 赵鹞，王艳芳．金融科技新业态对经济增长的影响机制研究［J］．金融论坛，2022，27（5）：52－61，72.

[38] 赵鹞，马伟．论脸书 Libra 的货币经济学难题［J］．南方金融，2019（9）：3－11.

[39] 赵鹞．FinTech 的特征、兴起、功能及风险研究［J］．金融监管研究，2016（9）：57－70.

[40] ABDULLAH N, REDZUAN F, DAUD N A. E-Wallet: Factors InfluencinOg User Acceptance towards Cashless Society in Malaysia among Public Universities [J]. Indonesian Journal of Electrical Engineering and Computer Science, 2020, 20 (1): 67－74.

[41] AGHION P, HOWITT P. MAYER-FOULKES D. The Effect of Financial Development on Convergence: Theory and Evidence [J]. The Quarterly Journal of Economics, 2005, 120 (1): 173－222.

[42] AGHION P, HOWITT P. A Model of Growth through Creative Destruction [J]. Econometrica, 1992, 60 (2): 323－351.

[43] AIGNER D, LOVELL C, SCHMIDT P. Formulation and Estimation of Stochastic Frontier Production Function Models [J]. Journal of Econometrics, 1977 (6): 21－37.

[44] ALAEI S, MALEKIAN A, MOSTAGIR M. A Dynamic Model of Crowdfunding [R]. Proceedings of the 2016 ACM Conference on Economics and Computation, 2016.

[45] ALLEN F, CARLETTI E. Credit Risk Transfer and Contagion [J]. Journal of Monetary Economics, 2006, 53 (1): 89－111.

[46] ANG J B. Financial Development, Liberalization and Technological Deepening [J]. European Economic Review, 2011, 55 (5) : 688－701.

[47] ANSARI S S, KROP P. Incumbent Performance in the Face of a Radical Innovation: Towards a Framework for Incumbent Challenger Dynamics [J]. Research Policy, 2012, 41 (8): 135－1374.

[48] ARCAND J L, ENRICO B, UGO P. Too Much Finance? [J]. Journal of Economic Growth, 2015, 20 (2): 105 – 148.

[49] ARELLANO M, BOVER O. Another Look at the Instrumental Estimation of Error-Components Models Variable [J]. Journal of Econometrics, 1995, 68 (1): 29 – 51.

[50] ARELLANO M, BOVER O. Another Look at the Instrumental Variable Estimation of Error-Components Models [J]. Journal of Econometrics, 1995, 68 (1): 29 – 51.

[51] ARNER D W, BARBERIS J, BUCKLEY R P. 150 years of Fintech: An Evolutionary Analysis [J]. Jassa Finsia Journal Applied Finance, 2016 (3): 22 – 29.

[52] Arvidsson N. The future of cash [A]. In the Rise and Development of FinTech [M]. London: Routledge, 2018.

[53] ATENIESE G, FAONIO A, MAGRI B, et al. Certified Bitcoins [R]. Paper Presented at the Applied Cryptography and Network Security, 2014.

[54] Au Y A, Kauffman R J. The Economics of Mobile Payments: Understanding Stake-Holder Issues for an Emerging Financial Technology Application [J]. Electronic Commerce Research and Applications, 2008, 7 (2): 141 – 164.

[55] BAGEHOT W, LOMBARD S. A Description of Money Market [M]. London: HS King, 1873.

[56] BALAN S, OTTO J, MINASIAN E, et al. Data Analysis of Cybercrimes in Businesses [J]. Information Technology and Management Science, 2017, 20 (1): 64 – 68.

[57] BANERJEE A, NEWMAN A. Risk-Bearing and The Theory of Income Distribution [J]. Review of Economics Studies, 1991, 58 (2): 211 – 235.

[58] BARAJAS A, BECK T, DABLA-NORRIS E, et al. Too Cold, Too Hot, or Just Right ? [R]. Assessing Financial Sector Development Across the Global. IMF Working Paper No. 13/81, 2013.

[59] BARRDEAR J, KUMHOF M. The macroeconomics of central bank issued digital currencies [J]. Journal of Economic Dynamics and Control, 2022, 142: 104 -148.

[60] BARRO R, SALA-I-MARTIN X. Economic Growth [M]. London: The MIT Press, 2004.

[61] BARTH J R, CAPRIO G, LEVINE R. Banking Systems Around the Globe, "Do Regulation and Ownership Affect Performance and Stability? [R]. World Bank Policy Research Working Paper No. 2325, 1999.

[62] Battese G E, Coelli T J. A Model for Technical Inefficiency Effects in a Stochastic Frontier Production Function for Panel data [J]. Empirical Economics, 1995, 20 (2): 325 -332.

[63] BAXTER L G. Adaptive Financial Regulation andRegtech: A Concept Article on Realistic Protection for Victims of Bank Failures [J]. Duke Law Journal, 2016 (66): 567 -604.

[64] Beck H. Banking Is Essential, Banks Are Not. The Future of Financial Intermediation in The Age of The Internet [J]. Netnomics, 2001, 3 (1): 7 -22.

[65] Beck T, LEVINE R. Stock Markets, Banks, and Growth: Panel Evidence [J]. Journal of Banking and Finance, 2004, 28 (3): 423 -442.

[66] Beck T, Degryse H, Kneer C. Is More Finance Better? Disentangling Intermediation and Size Effects of Financial Systems [J]. Journal of Financial Stability, 2014, 10 (1): 50 -64.

[67] BEGLEY T, SRINIVASAN K. Small Bank Lending Amidst the Ascent of Fintech and Shadow Banking: A Sideshow? [R]. Working Paper of Washington University in St. Louis, 2019.

[68] BELLEFLAMME P, LAMBRT T, SCHWIENBACHER A. Crowdfunding: Tapping The Right Crowd [J]. Journal of Business Venturing, 2014, 29 (5): 585 -609.

[69] BELLEFLAMME P, OMRANI N, Peitz M. The Economics of Crowdfunding Platforms [J]. Information Economics and Policy, 2015 (33): 11 -28.

[70] BEN GAMRA S. Does Financial Liberalization Matter for Emerging East Asian Economies Growth? Some New Evidence [J]. International Review of Economics and Finance, 2009, 18 (3): 392 -403.

[71] BENCIVENGA V R, SMITH B D. Financial Intermediation and Endogenous Growth [J]. The Review of Economic Studies , 1991, 58 (2): 195 -209.

[72] BERENTSEEN A, SCHAR F. The Case for Central Bank Electronic Money and the Non-Case for Central Bank Cryptocurrencies 100 Federal Reserve Bank of St. Louis [DB/OL], https: //research. stlouisfed. org/publications/review/2018/02/13.

[73] BETTINGER A. FinTech: A Series of 40 Time Shared Models Used at Manufacturers Hanover Trust Company [J]. Interfaces, 1972, 2 (4): 62 -63.

[74] BJERG O. Designing New Money-The Policy Trilemma of Central Bank Digital Currency [R]. CBS Working Paper, 2017 -06 -13, https: // papers. ssrn. com/sol3/papers. cfm? abstract _ id =2985381.

[75] BLASEG D, KOETTER M. Friend or Foe? Crowdfunding Versus Credit When Banks Are Stressed [R]. Halle: Halle Institute for Economic Research Discussion Paper No. 8, 2015.

[76] BLUNDELL R, BOND S R. Initial Conditions and Moment Restrictions in Dynamic Panel Data Models [J]. Journal of Econometrics, 1988 (87): 115 -143.

[77] BOLTON P, SANTOS T, SCHEINKMAN J A. Cream Skimming in Financial markets [R]. National Bureau of Economic Research Working Paper No. 16804, 2011.

[78] BOOT A W A. The Future of Banking: From Scale & Scope Economies to Fintech [J]. European Economy -Banks, Regulation and the Real Sector, 2017, 3 (2): 77 –95.

[79] BORDO M, LEVIN A. Central Bank Digital Currency and the Future of Monetary Policy [R]. NBER Working Paper No. 23711, 2017.

[80] BRADLEY C G. Fintech's Double Edges [J]. Chicago-Kent Law Review, 2018, 93 (1): 61 –96.

[81] SAIEDI E, MOHAMMADI A, BROSTRM A. Distrust in Banks and Fintech Participation: The Case of Peer-to-Peer Lending [R]. Swedish House of Finance Research Paper, 2018.

[82] BRUMMER C, YADAV Y. Fintech and the Innovation Trilemma [J]. Georgetown Law Journal, 2019, 107 (2): 235 –308.

[83] BUCHAK G, MATVOS G, PISKORSKI T, et al. Fintech, Regulatory Arbitrage, and the Rise of Shadow Banks [J]. Journal of Financial Economics, 2018, 130 (3): 453 –483.

[84] BUEYUEKKARABACAK B, Valev N T. The Role of Household and Business Credit in Banking Crises [J]. Journal of Banking and Finance, 2010, 34 (6): 1247 –1256.

[85] CAI C W. Disruption of Financial Intermediation by Fintech: A Review on Crowd-Funding and Blockchain [J]. Accounting & Finance, 2018 (58): 965 –992.

[86] CALLESEN P. Can Banking be Sustainable in the Future? A Perspective from Danmarks Nationalbank [Z/OL]. https: //www. bis. org/review/r171031c. htm, 2022 –11 –29.

[87] CANER M, HANSEN B E. Instrumental Variable Estimation of a

Threshold Model [J]. Economic Theory , 2004 (20): 813 –843.

[88] CAPELLE-BLANCARD G, LABONNE C. More Bankers, More Growth? Evidence from OECD Countries [J]. Economic Notes, 2016, 45 (1): 37 –51.

[89] CASSAR G. the Fnancing of Business Start-Ups [J]. Journal of Business Venturing, 2004, 19 (2): 261 –283.

[90] CECCHETTI S, KHARROUBI E. Reassessing the Impact of Finance on Growth [R]. BIS Working Papers No. 381, 2012.

[91] CHAFFEE E C, RAPP G C. Regulating Online Peer-To-Peer Lending in the Aftermath of Dodd-Frank: In Search of an Evolving Regulatory Regime for an Evolving Industry [J]. Washington & Lee Law Review, 2012, 69: 485.

[92] CHEN M A, WU Q, YANG B. How Valuable Is FinTechInnovation? [J]. The Review of Financial Studies, 2019 (5): 5.

[93] CHEN S S. Revisiting the Empirical Linkages Between Stock Returns and Trading Volume [J]. Journal of Banking & Finance, 2012, 36 (6): 1781 –1788.

[94] CHEN L. From Fintech Tofinlife: The Case of Fintech development in China [J]. China Economic Journal, 2016, 9 (3): 225 –239.

[95] CHIU J. The Economics of Cryptocurrencies: Bitcoin and Beyond [R]. Bank of Canada Working Paper Series, 2017.

[96] CHIU H. FinTech and Disruptive Business Models in Financial Products, Intermediation and Markets-Policy Implications for Financial Regulators [J]. Journal of Technology Law & Policy, 2016, 21 (1): 55 –112.

[97] CHOW G. Lin A. Accounting for Economic Growth in Taiwan and Mainland China: A Comparative Analysis [J]. Journal of Comparative Economics, 2002, 30 (3): 507 –530.

[98] CHRISTENSEN C M . The innovator's dilemma : the Revolutionary

Book That will Change the Way You Do Business [J]. Journal of Information Systems, 2013 (27): 333 -335.

[99] CHUDIK A, MOHADDES K, PESARAM M H, et al. Is There a Debt-threshold Effect on Output Growth? [J]. Review of Economics and Statistics, 2017, 99 (1): 135 -150,

[100] CLARK C L. Shopping without Cash: The Emergence of the E-purse [J]. Economic Perspectives, 2005, 29 (4): 34 -51.

[101] VÍTOR CONSTNCIO. The future of Finance and the Outlook for Regulation [R]. Financial Regulatory Outlook Conference, 2017.

[102] CONTINI D, CROWE M, MERRITT C, et al. Mobile Payments in the United States: Mapping out the Road Ahead [R]. Fedearal Researve Bank Working Paper, 2011.

[103] COURNÈDE B, DENK O, HOELLER P. Finance and Inclusive Growth [R] . OECD Economic Policy Paper No. 14. , 2015b.

[104] COURNÈDE B, DENK O. Finance and Economic Growth in OECD and G20 countries [R]. OECD Economics Department Working Papers 1223, 2015a.

[105] DAHLBERG T, MALLAT N, Ondrus J, et al. Past, Present and Future of Mobile Payments Research: A Literature Review [J]. Electronic Commerce Research and Applications, 2008, 7 (2): 165 -181.

[106] DANIELSSON J, MACRAE R, UTHEMANN A. Artificial Intelligence, Financial Risk Management and Systemic Risk [R]. SRC Special Paper, 2017, 13.

[107] DASH E, BELSON K. Ring up My Bill, Please: Mobile Payment Via Cellphone [N]. The New York Times, 2006.

[108] DAVOODALHOSSEINI, S M. Central Bank Digital Currency and Monetary Policy [J]. Journal of Economic Dynamics and Control, 2021 (4): 104 -150.

[109] DE GREGORIO J. Borrowing Constraints, Human Capital Accumulation, and Growth [J]. Journal of Monetary Economics, 1996, 37 (1): 49 -71.

[110] DE GREGORIO J, KIM S J. Credit Markets with Differences in Abilities: Education, Distribution, and Growth [J]. International Economic Review, 2000, 41 (3): 579 -607.

[111] DE LA TORRE A, ERIK F, ALAIN I. Financial Development: Structure and Dynamics [J]. World Bank Economic Review, 2013, 27 (3): 514 -541.

[112] DE ROURE C. , PELIZZON L, TASCA P. How Does P2P Lending Fit Into the Consumer Credit Market? [R]. Deutsche Bundesbank Discussion Papers 30, 2016.

[113] DEIDDA L, FATTOUH B. Non-Linearity between Finance and Growth [J]. Economics Letters, 2002, 74 (3): 339 -345.

[114] DEMETRIADESA P, LUINTEL K B. Financial restraints in the South Korean miracle [J]. Journal of Development Economics, 2001, 64 (2): 459 -479.

[115] DORFLFLEITNER G, HORNUF L, SCHMITT M, et al. FinTech in Germany [M]. Berlin: Springer. 2017.

[116] DRASCH B J, SCHWEIZER A, URBACH N. Integrating the Troublemakers: A Taxonomy for Cooperation between Banks and Fintechs [J]. Journal of Economics and Business, 2018, 100: 26 -42.

[117] DUCAS E, WILNER A. The Security and Financial Implications of Blockchain Technologies: Regulating Emerging Technologies in Canada [J]. International Journal, 2017, 72 (4): 538 -562.

[118] DUCTOR L, GRECHYANA D. Financial Development, Real Sector, and Economic Growth [J]. International Review of Economics & Finance, 2015, 37: 393 -405.

［119］ DWYER G P. The Economics of Bitcoin and Similar Private Digital Currencies ［J］. Journal of Financial Stability, 2015, 17: 81, 91.

［120］ EASTERLY W, ISLAM R, STIGLITZ, J. Shaken and Stirred, Explaining Growth Volatility ［R］. Annual Bank Conference on Development Economics. World Bank, Washington D. C. 2000.

［121］ FABRIS N. Cashless Society-The Future of Money or a Utopia? ［J］. Journal of Central Banking Theory and Practice, 2019 (8): 53 – 66.

［122］ FAMA E. Multiperiod Consumption-investment Decision ［J］. American Economic Review, 1970 (60): 163 – 174.

［123］ FOLEY S, KARLSEN J, PUTNINŠ T. Sex, Drugs and Bitcoin: How Much Illegal Activity is Financed through Cryptocurrencies? ［J］. Review of Financial Study, 2019, 32 (5): 1798 – 1853.

［124］ FROST J, GAMBACORTA L, SONGSHIN H, et al. Big Tech and the Changing Structure of Financial Intermediation ［J］. Economic Policy, 2020, 100 (34): 761 – 799.

［125］ FRY J, CHEAH E T. Speculative Bubbles in Bitcoin Markets? An Empirical Investigation into the Fundamental Value of Bitcoin ［J］. Economics Letters, 2015 (130): 32 – 36.

［126］ FSB. Financial Stability Implications from FinTech: Supervisory and regulatory issues raised by FinTech ［R］. FSB Working Paper, 2017.

［127］ FUENTE A, MARIN J M. Innovation, Bank Monitoring, and Endogenous Financial Development ［J］. Journal of Monetary Economics, 1996 (38): 269 – 301.

［128］ FUNG B S, HANNA H. Central Bank Digital Currencies: A Framework for Assessing why and How ［R］. 2016. https: //www. bankofcanada. ca/2016/11/staff-discussion paper – 2016 – 22/.

［129］ FUSTER A, PLOSSER M., SCHNABL P, et al. The Role of Technology in Mortgage Lending ［J］. The Review of Financial Studies, 2019,

32 (5): 1854 - 1899.

[130] GAI K, QIU M, SUN X. A Survey on FinTech [J]. The Journal of Network and Computer Applications, 2018 (103): 262 - 273.

[131] GAI K, QIU M, SUN X, et al. Security and Privacy Issues: A Survey on Fintech [C]. In: Lecture Notes in Computer Science, Argentina, 2017: 236 - 247.

[132] GAI P, KAPADIA S, MILLARD S, et al. Financial innovation, macroeconomic stability and systemic crises [J]. The Economic Journal, 2008, 118 (527): 401 - 426.

[133] GALBIS V. Financial Intermediation and Economic Growth in Less-developed Countries: A Theoretical Approach [J]. The Journal of Development Studies, 1977, 13 (2): 58 - 72.

[134] GALOR O, ZEIRA J. Income Distribution and Macroeconomics [J]. Review of Economic Studies, 1993, 60 (1): 35 - 52.

[135] GAO, United States Government Accountability Office. Virtua leconomoes and currencies: Additional IRS Guidance Could Reduce Tax Compliance Risks [R]. United States Government Accountability Office working paper, 2013.

[136] GENNAIOLI N, SHLEIFER A, VISHNY R. Neglected risks, financial innovation, and financial fragility [J]. Journal of Financial Economics, 2012, 104 (3): 452 - 468.

[137] GIMPEL H, D R, RÖGLINGERr M. Understanding FinTech Start-ups: A Taxonomy of Consumer-oriented Service Offerings [J]. Electronic Markets, 2018, 28 (3): 245 - 264.

[138] GINGER, ZHEJIN. Artificial Intelligence and Consumer Privacy [R]. NBER Working Paper in: The Economics of Artificial Intelligence: An Agenda, 2019.

[139] GOLDSMITH R W. Financial Structure and Economic Develop-

ment [M]. Yale: Yale University Press, 1969.

[140] GOLDSTEIN I, JIANG W. Andew K. G. To FinTech and Beyond [J]. The Review of Financial Studies, 2019, 32 (5): 1647 - 1661.

[141] GOMBER P, KOCH J A, SIERING M. Digital Finance and Fin-Tech: Current Research and Future Research Directions [J]. Journal of Business Economics, 2017 (87): 537 - 580.

[142] GORTON G, WINTON A. Financial Intermediation [A]. in Handbook of the Economics of Finance [M]. eds: G. Constantinides & M. Harris & R. Stulz, Amsterdam: Elesevier. 2002.

[143] GOUVEIA O C, ENESTOR D S, SANTIAGO F, et al. Central Bank Digital Currencies: Assessing Implementation Possibilities and Impacts [R]. Technical Report, 2017, https://ideas.repec.org/p/bbv/wpaper/1704.html.

[144] GREENWOOD J, SMITH B D. Financial Markets in Development, and the Development of Financial markets [J]. Journal of Economic Dynamics and Control, 1997, 21 (1): 145 - 181.

[145] GREENWOOD R, JOVANOVIE B. Financial Development, Growth and the Distribution of Income [J]. Journal of Political Economic, 1990, 98 (5): 1076 - 1107.

[146] GREGORIO J D, GUIDOTTI P E. Financial Development and Economic Growth [J]. World Development, 1995, 23 (3): 433 - 448.

[147] GROSSMAN G M, HELPMAN E. Endogenous Product Cycles [J]. Economic Journal, 1991 (101): 1214 - 1229.

[148] GULAMHUSEIWALA I, BULL T, LEWIS S. FinTech Is Gaining Traction and Young, High-income Users Are the Early Adopters [J]. The Journal of Financial Perspectives, 2015, 3 (3): 1 - 17.

[149] GUO J, CHOW A. Virtual Money Systems: A Phenomenal Analysis [R]. Paper Presented at the 10th IEEE Conference, 2008.

[150] GURLEY J G, SHAW E S. Money in a Theory of Finance [M]. Washington, DC: Brookings Institution, 1960.

[151] GURLEY J G, SHAW E S. Financial Aspects of Economic Development [J]. The American Economic Review, 1955, 45 (4): 515 -538.

[152] HAMSEN B. Threshold Effects in Non-Dynamic Panels: Estimation, Testing and Inference [J]. Journal of Econometrics, 1999, 93 (2): 345 -368.

[153] HANSEN B E. Sample Splitting and Threshold Estimation [J]. Econometrics, 2000 (68): 575 -603.

[154] HARTMANN M. E-Payments Evolution [A]. In: Handbuch E-Money, E-Payment & M-Payment. [M]. eds. Lammer T, Heidelberg: Physica-Verlag. 2006.

[155] HAVRYLCHYK O, CARLOTTA M, Talal-Ur R, Marianne V. What Drives the Expansion of the Peer-to-peer Lending? [EB/OL]. 2017. https://papers.ssrn.com/sol3/papers.cfm?abstract_id=2841316.

[156] HELLMAN T, MURDOCK K, STIGLITZ J. Financial Restraint: Towards a New Paradigm [A]. In: The Role of Government in East Asian Economic Development Comparative Institutional Analysis [M]. eds. M. Aoki, H-K. Kim & M. Okuno-Fujiwara, Oxford: Clarendon Press, 1997: 163 -207.

[157] HEMMADI M. FinTech is both friend and FOE [J]. Can Bus, 2015, 88 (6): 10 -11.

[158] HICKS J. A Theory of Economic History [M]. Oxford: Oxford University Press, 1969.

[159] HOCHSTEIN M. Fintech (the Word, That Is) Evolves [R]. 2015a, American Banker Working Paper No. 1077098.

[160] HOCHSTEIN M. Friday Flashback: Did Citi Coin the Term "Fintech"? Gems from Our Archives [R]. 2015b. American Banker Working Paper No. 1076875.

[161] HODULA M. Does Fintech Credit Substitute for Traditional Credit? Evidence from 78 Countries [J]. Finance Research Letters, 2022, 46: 1 -5 (No. 102469).

[162] HOPSTAKEN A. When Finance Meets Inter net: The Marketplace Lending Industry [R]. HJCO Capital Partners Alternative Investment Research paper, 2016.

[163] IMF. Fintech: The Experience so Far [R]. IMF Policy Paper, 2019, No. 19/255.

[164] IMF. Financial Intermediation and Technology: What's Old, What's New? [R]. IMF Working Paper, 2020, No. WP/20/161.

[165] JAGTIANI C, C LEMIEUX. Do Fintech Lenders Penetrate Areas That Are Underserved by Traditional banks? [J]. Journal of Economics and Business, 2018 (100): 43 - 54.

[166] JAGTIANI J, JOHN K. Fintech: The Impact on Consumers and Regulatory Responses [J]. Journal of Economics and Business, 2018 (100): 1 -6.

[167] JAPPELLI T, PAGANO M. Saving, Growth, and Liquidity Constraints [J]. The Quarterly Journal of Economics, 1994, 109 (1): 83 - 109.

[168] JERZMANOWSKI M. Finance and Sources of Growth: Evidence from the U. S. States [J]. Journal of Economic Growth, 2017, 22 (1): 97 - 122.

[169] JESSE McWATERS F. The Future of Financial Services-How Disruptive Innovations Are Reshaping the Way Financial Services are structured [C]. Davos: World Economic Forum, 2015: 1 - 178.

[170] JHAVERI M H, CETIN O, GAÑÁN C, et al. Abuse Reporting and the Fight Against Cybercrime [J]. ACM Computing Survey, 2017 (49): 1 -27.

[171] KAPUR B K. Formal and Informal Financial Markets, and the Neo-structuralist Critique of the Financial Liberalization Strategy in Less Developed Countries [J]. Journal of Development Economics, 1992, 38 (1): 63 -77.

[172] KARNOUSKOS S. Mobile Payment: A Journey through Exiting Procedures and Standardization Initiatives [J]. IEEE Communications Surveys and Tutorials, 2004, 6 (4): 44 -66.

[173] KETTERER J A, GABRIELA A. Digital Central Bank Money and the Unbundling of the Banking Function [R]. Technical Report. Inter-American Development Bank, 2016.

[174] KHODAWANDI D, POUSTTCHI K, WIEDEMANN D G. Akzeptanz mobiler bezahlverfahren in Deutschland (acceptance of mobile payments in Germany) [R]. In Mobile Commerce-Anwendungen und Perspektiven Proceedings, 2003.

[175] Kim J J, HONG S P. A study on the Biometric-based Single sign-on System Using FIDO (Fast Identity Online) in FinTech Environments [J]. International Journal of Applied Engineering Research, 2015 (10): 41772 - 41775.

[176] KIN J J, HONG S P. The Data Processing Approach for Preserving Personal Data in Fintech-driven Paradigm [J]. International Journal of Security and its Applications, 2016, 10 (10): 341 -350.

[177] KINDLEBERGER C P, PANICS, CRASHES: A History of Financial Crises [M]. New York: Basic Books, 1978.

[178] KING A. Fintech: Throwing Down the Gauntlet to Fnancial services [EB/OL]. http: //www. unquote. com/unquote/analysis/74596/fintech-throwing-down-the-gauntlet-to-financial-services, 2017 -2 -20.

[179] KING R, LEVINE R. Finance, entrepreneurship and Growth: Theory and Dvidence [J]. Journal of Monetary Economics, 1993, 32: 513 -542.

[180] KREMER S, BICK A, NAUTZ D. Inflation and growth: New Evidence from a Dynamic Panel Threshold Analysis [J]. Empirical Economics, 2013, 44 (2): 861 -878.

[181] KRUGMAN P R. A Model of Innovation, Technology Transfer, and the World Distribution of Income [J]. Journal of Political Economy, 1979 (87): 253 -266.

[182] KRUGMAN P, Wells R. Macroeconomics in Modules [M]. NewYork: Worth Publishers, 2011.

[183] LEE S. Fintech and Korea's Fnancial Investment Industry [R]. South Korean: KCMI—Capital Market Opinion, 2015.

[184] LEVINE R. Bank-based Versus Market-based Financial Systems: Which Is Better? e [J]. Journal of Financial Intermediation, 2002 (11): 398 -428.

[185] LEVINE R. Finance and Growth: Theory and Dvidence [A]. in: Philippe Aghion & Steven Durlauf (ed.), Handbook of Economic Growth [M]. Vol. 1, Chapter 12, PP. 865 -934, Amsterdam: Elsevier, 2005.

[186] LI G, DAI J S, Park E M, et al. A Study on the Service and trend of Fintech Security Based on Text-mining: Focused on the Data of Korean Online News [J]. Journal of Computer Virology and Hacking Techniques, 2017 (13): 249 -255.

[187] LI Y., SPIGT R, SWINKELS L. The Impact of FinTech Start-ups on Incumbent Retail Banks' Share Prices [J]. Financial Innovation, 2017 (3): 2 -42.

[188] LIM A S. Inter-consortia Battles in Mobile Payments Standardization [J]. Electronic Commercial Research, 2008, 7 (2): 202 -213.

[189] LOAYZA N, RANCIERE R. Financial Development, Financial Fragility, and Growth [J]. Journal of Money, Credit and Banking, 2006, 38 (4): 1051 -1076.

[190] LOIACONO G, RULLI E. ResTech: Innovative Technologies for Crisis Resolution [J]. Journal of Banking Regulation, 2022, 23: 227 – 243.

[191] LUCAS R E. On the Mechanics of Economic Development [J]. Journal of Monetary Economics, 1988, 22 (1): 3 – 42.

[192] LUTHER W J. Bitcoin and the future of Digital Payments [J]. The Independent Review, 2016, 20 (3): 397 – 404.

[193] MALLAT N. Exploring Consumer Adoption of Mobile Payments—A Qualitative Study [J]. The Journal of Strategic Information Systems, 2007, 16 (4): 413 – 432.

[194] MANDA V K, MARGANA S. 2019, Transformation Towards Cashless Economy-An Indian Perspective [R]. In Proceedings of 10th International Conference on Digital Strategies for Organizational Success, Available at SSRN: https: //ssrn. com/abstract = 3319884.

[195] MANGANELLI S, POPOV A. Financial dependence, global growth opportunities, and growth revisited [J]. Economics Letters, 2013, 120 (1): 123 – 125.

[196] MARKOWITZH . Porfolio Selection [J]. The Journal of Finance, 1952 (7): 77 – 91.

[197] MATHIESON D J. Financial Reform and Stabilization Policy in a Developing Economy [J]. Journal of Development Economics, 1980, 7 (3): 359 – 395.

[198] McKINNON R L. Money and Capital in Economic Developmen [M]. Washington, D C: The Brookings Institution, 1973.

[199] MEANING J, BEN D, JAMES B. , Emily C. Broadening Narrow Money: Monetary Policy with a Central Bank Digital currency [R]. Bank of England Working Paper, 2018.

[200] MERRITT C, Mobile Money Transfer Services: The Next Phase in the Evolution in Person-to-person payments [J]. Journal of Payments Strategy

& Systems, 2011 (5): 143 – 160.

[201] MERTON R C. Financial Innovation and the Management and Regulation of Financial Institutions [J]. Journal of Banking & Finance, 1995, 19 (3 – 4): 461 – 481.

[202] MILIAN E Z, SPINOLA M, De CARVALHO, et al. Fintechs: A literature review and research agenda [J]. Electronic Commerce Research and Applications, 2019 (34): 1 – 21.

[203] MILNE A, PARBOTEEAH P. The business Models and Economics of Peer-to-peer Lending [J]. ECRI Research Report Paper, 2016: 17.

[204] MINSKY H P. The modeling of financial instability: An introduction in Modelling and Simulation [C]. In Proceedings of the Fifth Annual Pittsburgh Conference, Instruments Society of America, 1974, Vol. 5: 267 – 272.

[205] MISHRA S., NARAYAN P. A Nonparametric Model of Financial System and Economic Growth [J]. International Review of Economics and Finance, 2015 (39): 175 – 191.

[206] MOLLICK E. The Dynamics of Crowdfunding: An Exploratory Study [J]. Journal of Business Venturing, 2014, 29 (1): 1 – 16.

[207] MOLNÁR J. What Does Financial Intermediation Theory Tell Us About Fintech? [J]. Budapest Management Review, 2018, 49 (5): 38 – 46.

[208] MOON W Y, KIM S D. Adaptive Fraud Detection Framework for Fintech Based on Machine Learning [J]. Advanced Science Letters, 2017 (23): 10167 – 10171.

[209] NAKASHIMA T. Creating credit by Making Use of Mobility with FinTech and LoT [J]. IATSS Research, 2018 (42): 61 – 66.

[210] NAVARETTI G, CALZOLARI G, POZOLLO A. Fintech and Banks: Friends or Foes? [J]. European Economy: Banks Regulations Real

Sector, 2017 (2): 9 -30.

[211] NOVALES A, FERNANDEZ E, Ruiz, J. Economic Growth: Theory and Numerical Solution Methods [M]. Berlin: Springer-Verlag, 2009.

[212] OKAMURA T, TERANISHI I. Enhancing FinTech Security with Secure multi-party Computation Technology [J]. NEC Technical Journal, 2017 (11): 46 -50.

[213] OWEN A L, TEMESVARY J. Heterogeneity in the Growth and Finance Relationship: How Does the Impact of Bank Finance vary by Country and Type of Lending? [J]. International Review of Economics and Finance, 2014 (31): 275 -288.

[214] OXFORD ENGLISH DICTIONARY. Fintech [DB/OL]. Accessed 19 July 2019. http: //www. oxforddictionaries. com /definition /english/ fintech.

[215] OZILI P K. Impact of Digital Finance on Financial Inclusion and Stability [J]. Borsa Istanbul Review, 2018, 8 (4): 329 -340.

[216] PACKIN N G. RegTech, Compliance and Technology Judgment Rule [J]. Chicago-Kent Law Review, 2018, 93 (1): 193 -218.

[217] PAGANO M. Financial Markets and Growth: an Overview [J]. European Economic review, 1993, 37 (2): 613 -622.

[218] PANIZZA U. Nonlinearities in the Relationship between Finance and Growth [J]. Comparative Economic Studies, 2018, 60 (1): 44 -53.

[219] PARK J, PARK J. Blockchain Security in Cloud Computing: Use Cases, Challenges, and solutions [J]. Symmetry, 2017, 9 (8): 164 - 177.

[220] PATRICK H T. Financial Development and Economic Growth in Underdeveloped Countries [J]. Economic Development and Cultural Change, 1966, 14 (2): 174 -189.

[221] PHILIPPON T. Financiers vs. Engineers: Should the Financial Sector be Taxed or Subsidized [J]. Macroeconomics, 2010, 3: 158 - 182.

[222] PHILIPPON T. The FinTech Opportunity [R]. NBER (The National Bureau of Economic Research, USA) Working Paper No. 22476, 2016.

[223] QIU M , GAI K, ZHAO H, et al. Privacy-preserving Smart Data Storage for Financial Industry in Cloud Computing [J]. Concurrency and Computation, 2018, 30: 1 - 10.

[224] RAJAN R G, ZINGALES L. Financial Dependence and Growth [J]. American Economic Review, 1998, 88 (3): 559 - 586.

[225] RAU R. Law, Trust, and the Development of Crowdfunding [R]. University of Cambridge Working Paper, 2018.

[226] RICHER C, KRAUS S, BOUNCKEN, R. B. Virtual Currencies Like Bitcoin as a Paradigm Shift in the Field of Transactions [J]. International Journal of Business and Economics Research, 2015, 14 (4) : 575 - 585.

[227] RIN M D, HELLMANN T. Banks as Catalysts for Industrialization [J]. Journal of Financial Intermediation, 2002, 11 (4): 366 - 397.

[228] RIOJA F, VALEV N. Does one Size Fit All?: A Reexamination of the Finance and Growth Relationship [J]. Journal of Development Economics, 2004, 74 (2): 429 - 447.

[229] ROBB A M, ROBINSON D. T. The Capital Structure Decisions of New Frms [J]. Review of Financial Studies, 2014, 27 (1): 153 - 179.

[230] RODRIK D. Now's the Time to Sing the Praises of Financial innovation [EB/OL]. available at http: //rodrik. typepad. com, 2008.

[231] RODRIK D. , SUBRAMANIAN, A. Why Did Financial Globalization Disappoint? [R]. IMF Staff Papers, 2009.

[232] ROMER P. Advanced Macroeconomics [M]. New York: McGraw-Hill. , 1996.

[233] ROMER P. Increasing Return and Long Run Growth [J]. Jour-

nal of Political Economy, 1986, 94 (5): 1002 – 1037.

[234] ROUSSEAU P, WACHTEL P. What is Happening to the Impact of Financial Deepening on Economic Growth? [J]. Economic Inquiry, 2011, 49 (1): 276 – 288.

[235] SAINT-PAUL G. Technological Dualism, Incomplete Financial Markets and Economic Development [J]. Journal of International Trade & Economic Development, 1992, 1: 13 – 26.

[236] SANTEMERO A M, SEATER J J. Is There an Optimal Size for the Financial Sector? [J]. Journal of Banking & Finance, 2000, 24 (6): 945 – 965.

[237] SCHUEFFEL P. Taming the Beast: A Scientific Definition of Fintech [J]. Journal of Innovation Management, 2016, 4: 2 – 54.

[238] SCHUMPETER J A. The Theory of Economic Development [M]. Cambridge: Cambridge University Press, 1911.

[239] SCHWIENBACHER A, LARRALDE B. Alternative Types of Entrepreneurial Finance [M]. In Handbook of Entrepreneurial Finance, Oxford: Oxford University Press, 2012.

[240] SEHRAWAT M, GIRI A K. An Empirical Relationship between Financial Development Indicators and Human Capital in Some Selected Asian Countries [J]. International Journal of Social Economics, 2017, 44 (3): 337 – 349.

[241] SHAW E S. Financial Deepening in Economic Development [M]. Oxford: Oxford University Press, 1973.

[242] SHEFRIN H, STATMAN M. Behavioral Portfolio Theory [M]. Cambridge: Cambridge University Press, 2000.

[243] SOEDARMONO W, HASAN I, ARSYAD N. Non-Linearity in the Finance-Growth Nexus: Evidence from Indonesia [J]. International Economics, 2017 (150): 19 – 35.

[244] STERN C, MAKINEN M QIAN Z. FinTechs in China-With a Special Focus on Peer to Peer Lending [J]. Journal of Chinese Economic and Foreign Trade Studies, 2017, 10 (3): 215 -228.

[245] STOKEY N L. Human Capital, Product Quality, and Growth [J]. The Quarterly Journal of Economics, 1991, 106 (2): 587 -616.

[246] TANG H. Peer-to-peer Lenders Versus Banks: Substitutes or Complements? [J]. Review of Financial Studies, 2019, 32 (5): 1900 - 1938.

[247] TEE H H, ONG HB. Cashless Payment and Economic Growth [J]. Financial Innovation, 2016, 2 (1): 1 -9.

[248] THAKOR A. Fintech and Banking: What Do We Know? [J]. Journal of Financial Intermediation, 2020 (41): 1 -13.

[249] THAKOR R, MERTON R C. Trust in Lending [R]. In: Proceedings of the 2019 AFA Meeting (Atlanta), 2019.

[250] THAKOR R, SRIVASTAVA M. Adoption Readiness, Personal Innovativeness, Perceived Risk and Usage Intention Across Customer Groups for Mobile Payment Services in India [J]. Internet Research, 2014, 24 (3): 369 -392.

[251] TOBIN J. On the Efficiency of the Fnancial System [J]. Lloyds Bank Review, 1984 (153): 1 -15.

[252] TORNJANSKI V, MARINKOVIĆ S, SĂVOIU G, et al. A Need for Research Focus Shift: Banking Industry in the Gge of Digital Disruption [J]. Econophysics, Sociophysics & Other Multi disciplinary Sciences Journal, 2015, 5 (3): 11 -15.

[253] TRAYNOR P, BUTLER K, BOWERS J, et al. FinTech Sec: Addressing the Security Challenges of Digital Financial Services [J]. IEEE Security and Privacy, 2017 (15): 85 -89.

[254] TRELEAVEN P. Financial Regulation of Fintech [J]. The Jour-

nal of Financial Perspectives, 2015, 3: 114 – 121.

[255] TURNER C, TAMURA R, MULHOLLAND S E. How Important are Human Capital, Physical Capital and Total factor Productivity for Determining State Economic Growth in the United States, 1840 – 2000? [J]. Journal of Economic Growth, 2013, 18 (4): 319 – 371.

[256] VALENTINYI Á, HERRENDORF B. Measuring Factor Income Shares at the Sectoral Level [J]. Review of Economic Dynamics, 2008, 11 (4): 820 – 835.

[257] VAN LOO R. Making FinTech more competitive [M]. UCLA Law Review, 2018 (65): 232 – 279.

[258] WAGNER W. The Liquidity of Bank Assets and Banking Stability [J]. Journal of Banking and Finance, 2007, 31 (1): 121 – 139.

[259] WALKER A. Banking without Banks: Exploring the Disruptive Effects of Converging Technologies That Will Shape the Future of Banking [J]. Journal of Securities Operations & Custody, 2014, 7 (1): 69 – 80.

[260] WANG Q. Fix-Effect Panel Threshold Modle Using Stata [J]. The Stata Jornal, 2015, 15 (1): 121 – 134.

[261] WARREN W S. The Frontiers of Peer-to-Peer Lending: Thinking About a New Regulatory Approach [J]. Duke Law & Technology Review, 2016 (14): 298 – 316.

[262] WEIR C S, ANDERSON J N, JACK M A. On the Role of Metaphor and Language in Design of Third Party Payments in E-Banking: Usability and Quality [J]. International Journal of Human Computer Study, 2006, 64 (8): 770 – 784.

[263] WELLTRADO. Global Blockchain-Backed Loans Marketplace ICO [R]. White Paper March, 2018.

[264] WIKIPEDIA. Financial Technology [DB/OL]. https: //en. wikipedia. org/wiki/Financial _ technology, 2016.

[265] WOLF M. Why dealing with the huge debt overhang is so hard [N]. Financial Times, 2009 -01 -27.

[266] YOUNG A. Gold into Base Metals: Productivity Growth in the People' s Republic of China during the Reform Period [J]. Journal of Political Economy, 2003 (111): 1220 -1261.

[267] ZEIRA J. Informational Overshooting, Booms, and Crashes [J]. Journal of Monetary Economics, 1999, 43 (1): 237 -257.

[268] ZHANG J, LIU P. Rational Herding in Microloan Markets [J]. Management Science, 2012, 58 (5): 892 -912.

[269] ZHE JIN G, WAGMAN L. Big Data at the Crossroads of Antitrust and Consumer Protection [J]. Information Economics and Policy, 2021 (54): 100 -865.

后　记

在本书撰写过程中得到不少领导和同仁的指点与帮助。首先要特别感谢中投公司原副总经理、中国人民银行金融研究所原所长谢平博士。他应邀为本书撰写了序言，并提出了十分有见地的、重要的研究建议，这给予作者巨大的鼓舞，决心在金融科技研究领域持续耕耘。还要感谢北京师范大学经济与工商管理学院贺力平教授。书中关于货币经济的内容得到贺教授的指导，使得相关内容得以完善。同时，本书得到国务院发展研究中心金融研究所“我国金融科技的现状、趋势与发展战略研究”课题组的帮助，在此一并致谢！

金融科技是一个博大精深的新兴研究课题，本书只是对此进行了一个初步的探讨。受时间与能力的限制，书中难免有不足之处，敬请同仁批评指教。另外，在本书的出版过程中，得到河北省哲学社会科学工作办公室的大力支持。本书为作者 2022 年承担的河北省社会科学基金项目，项目编号为：HB22YJ042。

本书作者

2022 年 10 月 1 日